El libro del ego

OSHO

El libro del ego
Liberarse de la ilusión

TRADUCCIÓN DE Flora Casas

Grijalbo

Título original: *The Book of Ego – Freedom from Illusion*

Primera edición: mayo, 2004
Segunda edición: setiembre, 2004
Tercera edición: enero, 2007

© 2000, Osho International Foundation
 Todos los derechos reservados
 Publicado por acuerdo con Osho International Foundation, Bahnhofstr. 52, 8001 Zúrich, Suiza
© 2004, Random House Mondadori, S. A.
 Travessera de Gràcia, 47-49. 08021 Barcelona
© 2004, Flora Casas Vaca, por la traducción

El material de este libro ha sido seleccionado entre varias de las charlas dadas por Osho ante una audiencia durante un período de más de treinta años.
Todos los discursos de Osho han sido publicados íntegramente en inglés y están también disponibles las grabaciones originales en audio. Las grabaciones de audio y el archivo completo de textos se pueden encontrar en la biblioteca de la www.osho.com.

OSHO® es una marca registrada de Osho International

Quedan rigurosamente prohibidas, sin la autorización escrita de los titulares del «Copyright», bajo las sanciones establecidas en las leyes, la reproducción parcial o total de esta obra por cualquier medio o procedimiento, comprendidos la reprografía y el tratamiento informático, y la distribución de ejemplares de ella mediante alquiler o préstamo públicos.

Printed in Spain – Impreso en España

ISBN-13: 978-84-253-3867-0
Depósito legal: B. 3.455-2007

Fotocomposición: Anglofort, S. A.

Impreso en A & M Gràfic, S. L.
Santa Perpètua de Mogoda (Barcelona)

Encuadernado en Lorac Port, S.L.

GR 3 8 6 7 0

Índice

Prólogo	9
1. El ego	15
2. Los ideales	39
3. El éxito	63
4. La mente	77
5. La identificación	95
6. El poder	105
7. La política	121
8. La violencia	131
9. La terapia	143
10. La meditación	175
11. El amor	187
12. La ausencia de ego	197
13. La iluminación	215
14. La normalidad	235
15. La libertad	249
Notas	263
Acerca del autor	267
Osho® Meditation Resort	269

Prólogo

Lo SENCILLO no supone un reto para el ego del ser humano; lo difícil sí es un reto, y lo imposible un reto de verdad. Se puede saber hasta qué punto deseas un ego grande por el reto que hayas aceptado, por tu ambición: es mensurable; pero lo sencillo carece de atractivo para el ego, supone la muerte del ego.

Y el hombre ha elegido las complejidades incluso donde no hay necesidad de complejidad, por la sencilla razón de que con ella puede seguir desarrollando y fortaleciendo su ego. Se hace cada día más importante en la política, la religión, la sociedad, en todo.

Toda la psicología está orientada a fortalecer el ego. Incluso esos idiotas de psicólogos se empeñan en que la persona necesita un ego fuerte, y por eso la educación es un programa para fomentar la ambición mediante castigos y premios, para llevarte por un determinado camino. Tus padres esperan demasiado de ti desde el principio. Pueden pensar que les ha nacido un Alejandro Magno, o que su hija no es ni más ni menos que la reencarnación de Cleopatra. Los padres te condicionan desde el principio para que, a menos que demuestres tu valía, seas un inútil. Al hombre sencillo se le considera un simplón.

El hombre sencillo no ha sido hasta ahora el objetivo de la sociedad humana. Y el hombre sencillo no puede ser el objetivo, porque nacemos sencillos. Todo niño es sencillo, como una pizarra en blanco. Después, los padres empiezan a escribir en esa pizarra lo que debe ser el niño con el tiempo. Después los profesores, los sacerdotes, los dirigentes... Todos se empeñan en que seas alguien, porque si no, habrás malgastado tu vida.

Y resulta que es justo lo contrario.

Eres un ser. No necesitas convertirte en otro. En eso consiste la sencillez: seguir a gusto con nuestro propio ser y no iniciar el interminable camino de convertirse en otro.

En ningún sitio llegarás a pensar: «Ha acabado el viaje. He llegado a la cima que deseaba». Nadie ha sido capaz de hacer eso en el transcurso de la historia de la humanidad, por la sencilla razón de que el hombre se mueve en un círculo, de modo que siempre hay alguien por delante de ti en un sentido u otro.

Puedes llegar a presidente de Estados Unidos, pero ante Mohamed Alí te sentirás inferior. No posees esa fuerza animal. Si Mohamed Alí le da un buen puñetazo en la nariz a Ronald Reagan, lo tumba. Puedes llegar a primer ministro de un país, pero ante Albert Einstein parecerás un pigmeo, no un primer ministro, sino un pigmeo.

La vida es multidimensional. Resulta imposible extenderse en todas direcciones y ser el primero en todo. Es absolutamente imposible; la existencia no funciona así.

El ego es la enfermedad del ser humano.

Por ciertos intereses, hay gente que desea que sigas enfermo. No quieren que seas sano y completo, porque ser sano y completo representa un peligro para esos intereses creados. Por eso nadie quiere ser sencillo, nadie quiere ser un don nadie. Y mi propuesta consiste en que debes sentirte a gusto contigo mismo, que debes aceptar tu ser.

Convertirse en otro es la enfermedad, y ser, la salud. Pero ser sencillo, completo, sano, gozoso, es algo que no has probado. Esta sociedad no te ha dejado en paz un solo momento, y únicamente conoces un camino, el camino del ego.

Te han dicho que tienes que ser un Jesucristo. Existen sociedades que intentan que todos sean dioses. ¡Qué mundo tan demente! Tenéis que escapar de esa programación. Si queréis disfrutar, relajaros, sentir paz y experimentar la belleza de la existencia, tiene que desaparecer ese falso ego.

No quiero quitaros nada más. Solo deseo quitaros el ego, que al fin y al cabo es una fantasía. Y también quiero daros vuestro ser. Naturalmente, no tengo que dároslo, puesto que ya lo tenéis. Solo hay que espabilaros para que despertéis a la enorme belleza de la inocencia.

No se arriesga nada, y vais en pos de unas sombras que nunca alcanzaréis, mientras olvidáis todos los tesoros que habéis traído al mundo con vosotros. Antes de satisfacer el ego, la muerte habrá acabado con vosotros. La vida es demasiado corta y no debe desperdiciarse en juegos tan estúpidos como el del ego.

Y solo es cuestión de comprensión.[1]

El ego es un iceberg. Fúndelo. Fúndelo en las profundidades del amor para que desaparezca y tú pases a formar parte del océano.

1
El ego

¿QUÉ ES EL EGO?

El ego es justo lo contrario de tu verdadero ser. El ego no eres tú, sino el engaño creado por la sociedad para que te entretengas con esa baratija y no te plantees preguntas sobre lo verdadero. Por eso insisto tanto en que, a menos que te liberes del ego, jamás llegarás a conocerte.

Naciste con tu auténtico ser. Después empezaron a crearte un falso ser: eres cristiano, eres católico, blanco, alemán, perteneces a la raza elegida por Dios, estás destinado a dominar el mundo, etcétera. Crean una falsa idea de quién eres. Te ponen nombre y en torno a ese nombre crean ambiciones, condicionamientos.

Y poco a poco —porque lleva casi una tercera parte de la vida— actúan sobre el ego en el colegio, en la iglesia, en el instituto, en la universidad... Cuando acabas la universidad has olvidado por completo tu ser inocente. Eres un gran ego que ha superado la universidad con matrícula de honor y está preparado para salir al mundo.

Ese ego tiene toda clase de deseos y ambiciones, y quiere estar siempre por encima de todo. Ese ego se aprovecha de ti y no permite ni que vislumbres tu auténtico ser, cuando tu vida está precisamente ahí, en la autenticidad. De ahí que el ego solo produzca tristeza, sufrimiento, lucha, frustración, locura, suicidios, asesinatos... toda clase de crímenes.

Quien va en pos de la verdad tiene que empezar por este punto: descartar cuanto la sociedad le ha dicho que es. Tú no eres eso, porque nadie sino tú puede saber quién eres; ni tus padres, ni tus profesores, ni los sacerdotes. Salvo tú mismo, nadie puede penetrar en la intimidad de tu ser, nadie sabe nada de ti, y todo lo que han dicho sobre ti es falso.

Déjalo a un lado. Desmantela todo ese ego. Al destruir el ego, descubrirás tu ser, y ese descubrimiento es el mayor que se puede dar, porque supone el inicio de una nueva peregrinación hacia la felicidad absoluta, hacia la vida eterna.

Se puede elegir, entre la frustración, el sufrimiento, la tristeza, seguir aferrándose al ego y alimentándolo, o la paz, el silencio y la felicidad; pero para eso hay que recobrar la inocencia.[2]

Los niños nacen sin ego

Los niños nacen sin ego. El ego lo enseñan la sociedad, la religión, la cultura. Seguramente habréis observado a los niños pequeños. No dicen: «Tengo hambre». Si el niño se llama Bob, dirá: «Bob tiene hambre. Bob quiere ir al baño». No tiene sentido del «yo». Se refiere a sí mismo en tercera persona. Bob es como la gente lo llama, y él se llama a sí mismo Bob. Pero llegará un día... Cuando empiece a hacerse mayor le enseñaréis que eso no está bien. «Bob es como te llaman los demás; tú no tienes que llamarte Bob a ti mismo. Tienes una personalidad distinta y tienes que aprender a decir "yo".»

El día en que Bob se convierte en «yo» pierde la realidad del ser y cae en el oscuro abismo del delirio. En cuanto empieza a referirse a sí mismo como «yo» se pone en funcionamiento una energía completamente distinta. El «yo» quiere crecer, fortalecerse; quiere esto, lo otro. Quiere elevarse cada vez más en el mundo de las jerarquías, siente el imperativo de conquistar más y más territorios.

Si alguien tiene un «yo» mayor que el tuyo, te crea un complejo de inferioridad. Haces todos los esfuerzos posibles por demostrar que «yo soy superior a ti», «yo soy más santo que tú», «yo soy más grande que tú». Dedicas tu vida entera a algo absurdo, que ni siquiera existe. Inicias un sendero de sueños, y seguirás avanzando por él, haciendo crecer tu «yo» cada día más, lo que te creará la mayor parte de tus problemas.

Incluso Alejandro Magno tenía enormes problemas. Su «yo» interno quería ser el conquistador del mundo, y casi llegó a conquistarlo. Digo «casi» por dos razones. En su época, no se conocía la mitad del mundo, por ejemplo América. Y además, entró en la India, pero no la conquistó; tuvo que retirarse.

No era muy mayor, solo tenía treinta y tres años, pero durante aquellos treinta y tres años se había limitado a pelear. Se había puesto enfermo, aburrido de tanta batalla, de tanta muerte, de tanta sangre. Quería volver a su patria para descansar, y ni siquiera logró eso. No llegó a Atenas. Murió en el camino, justo un día antes de llegar allí, veinticuatro horas antes.

Pero ¿y la experiencia de toda su vida? Cada vez más rico, más poderoso, y después su absoluta impotencia, al no ser capaz ni siquiera de retrasar su muerte veinticuatro horas... Había prometido a su madre que una vez que hubiera conquistado el mundo volvería y lo pondría a sus pies como regalo. Nadie había hecho semejante cosa por una madre, de modo que era algo único.

Pero aun rodeado de los mejores médicos se sintió impotente. Todos dijeron:

—No sobrevivirás. En ese viaje de veinticuatro horas morirás. Será mejor que descanses aquí, y quizá tengas alguna posibilidad. Pero no te muevas. Ni siquiera creemos que el descanso te sirva de mucho... Te estás muriendo. Te acercas cada vez más, no a tu patria, sino a tu muerte, no a tu hogar, sino a tu tumba.

»Y no podemos ayudarte. Podemos curar la enfermedad, pero no la muerte. Y esto no es una enfermedad. Eres casi como un cartucho descargado. En treinta y tres años has gastado tu energía vital en luchar contra esta nación y contra la otra. Has desperdiciado tu vida. No es enfermedad, sino simplemente que has gastado tu energía vital, inútilmente.

Alejandro era un hombre muy inteligente, discípulo del gran filósofo Aristóteles, que fuera su tutor. Murió antes de llegar a la capital. Antes de morir le dijo a su comandante en jefe:

—Este es mi último deseo, que debe cumplirse.

¿Cuál era aquel último deseo? Algo muy extraño. Consistía en lo siguiente:

—Cuando llevéis mi ataúd a la tumba, debéis dejar mis manos fuera.

El comandante en jefe preguntó:

—Pero ¿qué deseo es ese? Las manos siempre van dentro del ataúd. A nadie se le ocurre llevar un ataúd con las manos del cadáver fuera.

Alejandro replicó:

—No tengo muchas fuerzas para explicártelo, pero para abreviar, lo que quiero es mostrar al mundo que me voy con las manos vacías. Pensaba que era cada día más grande, más rico, pero en realidad era cada día más pobre. Al nacer llegué al mundo con los puños apretados, como si sujetara algo en mis manos. Ahora, en el momento de la muerte, no puedo irme con los puños apretados.

Para mantener los puños apretados se necesita vida, energía. Un muerto no puede mantener los puños cerrados. ¿Quién va a cerrarlos? Un muerto deja de existir, se le ha escapado toda la energía, y las manos se abren por sí solas.

—Que todo el mundo sepa que Alejandro Magno va a morir con las manos vacías, como un mendigo.

Pero me da la impresión de que nadie ha aprendido nada de esas manos vacías, porque en las épocas posteriores a Alejandro la gente ha seguido haciendo lo mismo, si bien de distintas maneras.

EL EGO ES EL ORIGEN DE TODOS LOS PROBLEMAS DE LA PERSONA, de todos los conflictos, las guerras, los celos, el miedo, la depresión. Sentirse fracasado, compararse continuamente con los demás hiere a todos, y hiere terriblemente, porque no se puede tener todo.

Si hay alguien más guapo que tú, te hiere; si alguien tiene más dinero que tú, te hiere; si alguien es más culto que tú, te hiere. Existen millones de cosas que pueden herirte, pero no lo sabes, esas cosas no son las que te hieren, a mí no me hieren. Te hieren a ti por tu ego.

El ego no para de temblar de puro miedo, porque sabe muy bien que es un recurso artificial creado por la sociedad para que sigas corriendo en pos de unas sombras.

Este juego del ego es la política de subir cada vez más alto.

El ego y todos sus juegos... El matrimonio es uno de sus juegos, el dinero es otro de sus juegos, y también el poder. Todos son juegos del ego. Hasta ahora la sociedad no ha parado con sus juegos; es como si existieran unos Juegos Olímpicos incesantes, por todo el mundo. Todos intentan subir y todos les tiran de las piernas, porque en la cima del Everest no hay sitio para tantos.

Es una lucha a muerte, y llega a ser tan importante que acabas olvidando que ese ego te fue implantado por la sociedad, por tus profesores. ¿Qué hacen desde la guardería hasta la universidad? Fortalecer tu ego. Cuantos más títulos añaden a tu nombre, más importante te sientes.

El ego es la mayor de las mentiras, que tú has aceptado como una verdad; pero los intereses creados lo favorecen, porque si todos aceptaran la ausencia del ego, la competición olímpica que se desarrolla en el mundo entero sencillamente se paralizaría. Nadie querría subir al Everest, sino que disfrutaría del sitio donde está y se alegraría de ello.

El ego te mantiene a la espera: mañana, cuando triunfes, te alegrarás. Naturalmente, hoy tienes que sufrir, tienes que sacrificarte. Si quieres triunfar mañana, tienes que sacrificarte hoy. Has de merecerte el triunfo, y para eso haces toda clase de ejercicios. Solo es cuestión de sufrir durante algún tiempo y después te alegrarás. Pero ese mañana nunca llega. Nunca ha llegado.

Mañana simplemente significa lo que nunca llega. Supone retrasar la vida, una estrategia estupenda para seguir sufriendo.

El ego no puede sentir alegría en el presente, no puede existir en el presente; solo existe en el futuro, en el pasado, es decir, en lo que no es. El pasado ya no existe, el futuro aún no existe; ambos carecen de existencia. El ego solo puede existir con lo no existente, porque en sí mismo no existe.

En el momento puramente presente no hallarás ningún ego en tu interior, sino una alegría silenciosa, una nada silenciosa y pura.[3]

La idea de un centro separado constituye la raíz del ego

La idea de un centro separado constituye la raíz del ego. Cuando un niño nace, llega al mundo sin un centro propio. Durante los nueve meses en el vientre de la madre funciona con el centro de la madre como el suyo propio; no está separado. Después nace. Entonces resulta práctico considerar que se tiene un centro separado, propio; en otro caso, la vida será muy difícil, casi imposible.

Para sobrevivir y para luchar por sobrevivir en la batalla de la vida, todos necesitan cierta noción de quiénes son. Y nadie tiene ni idea. En realidad, nadie puede tenerla, porque en lo más profundo somos un misterio. No podemos tener ninguna idea al respecto. En lo más profundo, no somos individuos, sino universales.

Por eso, si le preguntas a Buda: «¿Quién eres?», guardará silencio y no contestará. No puede hacerlo, porque él ha dejado de ser un individuo, es la totalidad; pero en la vida cotidiana incluso Buda tiene que emplear la palabra «yo». Si tiene sed, dirá: «Tengo sed. Ananda, tráeme un poco de agua; tengo sed». Por eso sigue empleando la significativa primera persona, el «yo». A pesar de ser ficticia, también tiene sentido, pero hay muchas ficciones con sentido.

Por ejemplo, el nombre que nos ponen a cada uno. Eso es una ficción. Llegaste al mundo sin nombre, no con él; el nombre te lo ponen otros. Después, a base de repetirlo constantemente, empiezas a identificarte con él, pero es una ficción.

Pero decir que es ficticio no significa que sea innecesario. Es una ficción necesaria, porque si no, ¿cómo dirigirse a las personas? Si quieres escribir una carta a alguien, ¿a quién la diriges?

Un niño escribió una carta a Dios. Su madre estaba enferma, su padre había muerto y no tenían dinero; le pedía a Dios cincuenta rupias.

En Correos se quedaron perplejos cuando llegó la carta. ¿Qué hacer? ¿Dónde enviarla? Estaba dirigida a Dios. Así que la abrieron. Les dio pena el niño y decidieron reunir algo de dinero y enviárselo. No reunieron lo que el niño pedía, cincuenta rupias, sino cuarenta.

Llegó una segunda carta, también dirigida a Dios, y en ella el niño había escrito lo siguiente: «Estimado señor: por favor, la próxima vez mándeme el dinero directamente a mí, no a Correos. Se han cobrado diez rupias de comisión».

SERÍA COMPLICADO QUE NO TUVIÉRAMOS NOMBRE. Aunque en realidad nadie tiene nombre, se trata de una ficción muy útil. Se necesitan los nombres para que los demás te llamen, se necesita la primera persona, el «yo» para que te llames a ti mismo, pero es simplemente una ficción. Si profundizas en tu interior comprenderás que el nombre ha desaparecido, que ha desaparecido la idea del «yo», no queda más que una simple presencia, la existencia, el ser.

Y ese ser no es algo separador, no es tuyo ni mío; ese ser es de todos. Y en ello están incluidos los ríos, los árboles, las piedras, las montañas, todo. Lo incluye todo, sin excluir nada: el pasado, el futuro, la inmensidad del universo. Cuanto más profundices en ti mismo, más comprenderás que las personas no existen, que no existen los individuos. Lo que existe es la pura universalidad. En la circunferencia tenemos nombres, egos, identidades, y cuando pasamos de la circunferencia al centro desaparecen todas esas identidades.

El ego no es más que una ficción útil. Utilizadla, pero sin dejaros engañar por ella.[4]

¿Funcionamos siempre mediante el ego o en algunos momentos nos libramos de él?

Como el ego es ficticio, en algunos momentos te libras de él. Como es una ficción, solo puede mantenerse si tú lo mantienes. La ficción requiere un mantenimiento, al contrario que la verdad, y de ahí la belleza de la verdad. Pero una ficción hay que pintarla continuamente, apuntalarla aquí y allá, porque se desmorona sin cesar. Cuando consigues apuntalarla por un lado, empieza a desmoronarse por el otro.

Y eso es lo que hace la gente durante toda su vida, intentar que la ficción parezca la verdad. Si tienes más dinero, puedes tener un ego más grande, un poco más sólido que el de un pobre. El ego del pobre es pequeño; no se puede permitir un ego mayor. Si llegas a primer ministro o presidente de un país, tu ego se hincha al máximo y dejas de tener los pies en el suelo.

Nuestra vida entera, la búsqueda de dinero, poder, prestigio, esto y lo otro, no es sino la búsqueda de puntales, de apoyos, para mantener la ficción. Y en realidad sabemos que la muerte se aproxima. Hagamos lo que hagamos, la muerte lo destruirá; pero a pesar de los pesares, seguimos adelante: a lo mejor mueren todos los demás, pero tú no.

Y en cierto modo es verdad. Como siempre has visto morir a otros, pero no a ti mismo, parece que es verdad, y también lógico. Mueren esa persona y la otra, pero tú no. Tú siempre estás allí para lamentarte, para acompañarlas al cementerio y despedirte de ellas, pero después vuelves a tu casa.

No te dejes engañar, porque todas esas personas estaban haciendo lo mismo, y nadie es una excepción. Cuando llega la muerte, destruye la ficción de tu nombre, de tu fama. Cuando llega la muerte, simplemente lo borra todo; no queda ninguna huella. Intentemos lo que intentemos hacer con nuestra vida, no es más que escribir sobre el agua; ni siquiera sobre la arena, sino sobre el agua. No acabas de escribirlo cuando ya ha desaparecido. No te da tiempo ni a leerlo, porque desaparece enseguida.

Pero seguimos intentando construir castillos en el aire. Como se trata de una ficción, hay que mantenerla continuamente, con un esfuerzo constante, noche y día. Y nadie puede mantener semejante vigilancia veinticuatro horas al día. De modo que a veces, sin querer, vislumbras durante unos momentos la realidad sin el ego como barrera.

Sin la pantalla del ego se viven ciertos momentos especiales, aunque tú no lo quieras. Recuérdalo. Todo el mundo experimenta esos momentos de vez en cuando.

Por ejemplo: cuando alguna noche duermes profundamente, tan profundamente que no tienes sueños, el ego desaparece, desaparecen todas las ficciones. El acto de dormir profundamente, sin sueños, es como una muerte en pequeño.

Cuando se duerme sin soñar, el ego desaparece por completo, porque cuando no se piensa, no se sueña, ¿cómo seguir adelante con una ficción? Pero mientras dormimos pasamos muy poco tiempo sin soñar. En ocho horas de sueño sano ese lapso no sobrepasa las dos horas, pero ese tiempo nos revitaliza. Si dormimos dos horas profundamente, sin soñar, a la mañana siguiente nos sentimos renovados, vivos. La vida vuelve a resultar emocionante, el día parece un regalo. Todo parece nuevo, porque nos hemos renovado. Y todo parece maravilloso, porque estamos en un espacio maravilloso.

¿Qué ocurre en esas dos horas en las que dormimos profundamente, lo que el patanjali [y el yoga] denomina *sushupti*, dormir sin soñar? Que desaparece el ego, y con esa desaparición del ego te revitalizas, rejuveneces. Al desaparecer el ego, incluso en un estado de profunda inconsciencia, se nos concede una idea de Dios. Según el patanjali, no existe gran diferencia entre el *sushupti*, el dormir sin soñar, y el *samadhi*, el estado último que alcanza Buda. No existe gran diferencia, pero sí existe. Radica en la conciencia. Al dormir sin soñar se está inconsciente; en el *samadhi* se está consciente, pero es el mismo estado. Nos acercamos a Dios, al centro universal. Desaparecemos de la circunferencia y vamos al centro, y ese contacto con el centro nos rejuvenece.

23

Como el ego es una ficción, a veces desaparece. El momento más importante es cuando se duerme sin soñar, y por eso hay que tenerlo muy en cuenta y no perdérselo por ningún motivo.

La segunda gran fuente de las experiencias carentes de ego es el sexo, el amor. Ha sido destruido por los sacerdotes, lo han condenado, y ha dejado de ser una experiencia tan importante. Lleva tanto tiempo condenado que ha condicionado la mente de los seres humanos. Incluso cuando están haciendo el amor, en el fondo saben que están haciendo algo malo, y la culpa asoma por alguna parte. Es algo que les ocurre incluso a los más modernos, a la generación más joven.

Es posible que superficialmente te hayas rebelado contra la sociedad, que superficialmente no seas conformista, pero las cosas han calado hasta lo más profundo, y no se trata de rebelarse solo en la superficie. Puedes dejarte el pelo largo, pero eso no te va a servir de mucho. Puedes hacerte hippy y dejar de bañarte, pero no te va a servir de mucho. Puedes marginarte de todas las maneras imaginables, pero en realidad no te servirá de nada, porque las cosas han calado demasiado hondo y lo demás no son sino actos superficiales.

Llevan milenios diciéndonos que el sexo es el peor de los pecados, algo que ha pasado a formar parte de nuestro ser, de modo que aunque conscientemente sepas que no tiene nada de malo, el inconsciente te mantiene un tanto alejado, con miedo, cargado de culpa, y no puedes adentrarte en el sexo por completo.

Cuando te internas plenamente en el acto sexual, el ego desaparece, porque al llegar al culmen, al clímax, eres pura energía. La mente no puede funcionar. Se produce tal aumento de energía que la mente se pierde, sin saber qué hacer. Es perfectamente capaz de funcionar en situaciones normales, pero se detiene cuando ocurre algo muy nuevo y muy vital, y el sexo es lo más vital del mundo.

Si puedes profundizar en el sexo, el sexo desaparece. En eso consiste la belleza de hacer el amor, que es otra de las posibilidades de vislumbrar a Dios, como el sueño profundo pero mucho más valioso, porque en el sueño profundo se está inconsciente. En el acto del amor se está consciente, consciente pero sin la mente.

De ahí que la gran ciencia del tantra sea posible. El patanjali y el yoga funcionan siguiendo los pasos del sueño profundo; han elegido ese camino para transformar el sueño profundo en un estado consciente para que sepas dónde estás, de modo que sepas que estás en el centro. El tantra elige el sexo como ventana para abrirse a Dios.

El camino del yoga es muy largo, porque transformar el acto de dormir inconsciente en conciencia es muy arduo; se pueden tardar varias vidas...

Pero el tantra ha elegido un camino mucho más corto, el más corto, y también mucho más agradable. El sexo puede abrir esa ventana. Lo único que hace falta es destruir los condicionamientos que te han impuesto los sacerdotes. Los sacerdotes te han impuesto esos condicionamientos para poder ser mediadores y agentes entre Dios y tú, de modo que no haya contacto directo con él. Naturalmente, necesitas a alguien para establecer el contacto, y el sacerdote adquiere ese poder que lleva ejerciendo desde hace milenios.

Quien pueda ponerte en contacto con el poder, con el auténtico poder, será poderoso. Dios es el verdadero poder, el origen de todo poder. Los sacerdotes son poderosos desde hace milenios, más poderosos que los reyes. Ahora los científicos han ocupado el lugar de los sacerdotes, porque saben cómo abrir las puertas del poder oculto en la naturaleza. El sacerdote sabía conectarte con Dios, y el científico sabe conectarte con la naturaleza; pero en primer lugar el sacerdote ha de desconectarte, para que no siga en funcionamiento la línea individual, privada, entre Dios y tú. Ha destrozado tus recursos internos, los ha envenenado. Se hizo muy poderoso, pero la humanidad entera quedó sin deseo sexual, sin amor, culpabilizada.

Hay que librarse de esa culpa. Mientras hagas el amor, piensa en la oración, en la meditación, en Dios. Mientras hagas el amor, quema incienso, canta, baila. Tu habitación debería ser un templo, un lugar sagrado, y no tienes que apresurarte en el acto del amor. Profundiza en él, saboréalo lo más lenta y amablemente posible. Y te sorprenderás, porque tienes la llave.

Dios no te ha traído a este mundo sin llaves, pero hay que utilizar esas llaves, tienes que ponerlas en la cerradura y abrirla.

El amor es otro fenómeno, uno de los que posee mayor potencial, en el que desaparece el ego y eres consciente, plenamente consciente, vibrante, palpitante. Dejas de ser un individuo, te pierdes en la energía del todo.

Debes dejar que, poco a poco, se convierta en tu modo de vida. Lo que ocurre en el momento culminante del amor debe ser tu disciplina, no solo una experiencia, sino una disciplina. Entonces, hagas lo que hagas, te dirijas a donde te dirijas... por la mañana, cuando salga el sol, tendrás la misma sensación, la misma fusión con la vida. Tumbado en el suelo, con el cielo lleno de estrellas, experimenta la misma fusión. Tumbado sobre la tierra, siéntete uno con la tierra.

Poco a poco el acto amoroso te dará la clave para enamorarte de la existencia misma. Entonces el ego se conoce como ficción y se utiliza como tal, y si lo utilizas como ficción no hay peligro.

Existen otros momentos en los que el ego desaparece por sí mismo, en momentos de gran peligro, por ejemplo. Vas al volante de un coche y de repente ves que va a ocurrir un accidente. Has perdido el control del coche y no parece haber ninguna posibilidad de que te salves. Vas a estrellarte contra un árbol o contra un camión que viene en dirección contraria, o vas a caerte a un río: tienes la absoluta certeza. En esos momentos desaparece el ego, repentinamente.

Por eso atraen tanto las situaciones peligrosas. Hay gente que escala el Everest. Es una meditación profunda, y quizá lo entiendan o quizá no. El montañismo tiene gran importancia. Escalar montañas entraña riesgos, y cuantos más riesgos entraña, más fascinante resulta. En esa actividad se vislumbra la ausencia del ego. Siempre que el peligro anda muy cerca, la mente se detiene. La mente solo puede funcionar cuando no existe el peligro, pero no tiene nada que decir cuando existe. El peligro te vuelve espontáneo, y con esa espontaneidad comprendes de repente que tú no eres el ego.

También, como hay grandes diferencias entre las personas, si tienes sensibilidad estética, la belleza te abrirá las puertas. Solo con ver a una mujer o a un hombre hermosos, con un solo destello de belleza, el ego desaparece de repente. Hay algo que te sobrepasa.

Y lo mismo pasa al ver un loto en un estanque, el crepúsculo o un pájaro en pleno vuelo, cualquier cosa que desencadene tu sensibilidad interna, cualquier cosa que tome posesión de ti tan profundamente durante unos momentos que llegues a olvidarte de ti mismo, que seas y al mismo tiempo no seas, que te abandones... Entonces también desaparece el ego. Es una ficción, que tienes que llevar adelante. Si te olvidas de ella unos momentos, se escapa.

Y es bueno que existan esos momentos en los que se escapa y vislumbras lo verdadero y lo real. Por esos momentos se vislumbra que la religión no ha muerto. No se debe a los sacerdotes; por el contrario, ellos han hecho todo lo posible para matarla. No se debe a las personas religiosas, las que van a las iglesias, las mezquitas y los templos. En realidad no son religiosas; son unos farsantes.

La religión no ha muerto gracias a esos escasos momentos que experimentamos casi todos. Toma nota de ellos, absorbe su espíritu, permite que se produzcan más, crea espacios para que ocurran con más frecuencia. Ese es el verdadero camino para buscar a Dios. No vivir en el ego es vivir en Dios.[5]

Hay tres tús en ti

En ti hay tres tús: el primero, que es la personalidad. Este término procede del griego *persona*. En la tragedia griega se utilizaban máscaras, y la voz salía de detrás de la máscara. *Sona* significa «voz», «sonido», y *per*, «a través de la máscara». No se conoce la cara real, quién es el actor. Está la máscara, y por ella sale la voz. Parece que viene de la máscara, y no se ve la cara real. La palabra «personalidad» es muy hermosa, y procede de la tragedia griega.

Y eso es lo que ha ocurrido. En la tragedia griega solo había una máscara. Tú tienes muchas, una sobre otra, como las capas de una cebolla. Si te quitas una máscara tienes otra, y si te quitas esa tienes otra. Y si sigues escarbando, te sorprenderá cuántas caras llevas. ¡Un montón! Llevas varias vidas coleccionándolas, y todas te resultan útiles, porque tienes que cambiarlas muchas veces.

Si hablas con tu criado no puedes ponerte la misma cara que cuando hablas con tu jefe. Y quizá estén los dos en la misma habitación, pero cuando miras al criado tienes que utilizar una máscara y otra cuando miras a tu jefe. Cambias continuamente. Se ha convertido en algo casi automático; no hace falta que tú cambies, se cambia por sí solo. Cuando miras a tu jefe sonríes. Después miras al criado, tu sonrisa desaparece y adoptas una expresión dura, tan dura como la que te muestra tu jefe. Cuando él mira a su jefe, sonríe.

Puedes cambiar de cara muchas veces en cuestión de segundos. Hay que estar muy alerta para darse cuenta de las múltiples caras que tenemos: innumerables, incontables.

Ese es el primer tú, el tú falso, que también puede llamarse el ego. Te lo ha dado la sociedad, es un regalo de la sociedad, de los políticos, los sacerdotes, los padres y los pedagogos. Te han dotado de múltiples caras para facilitar tu vida. Te han arrebatado la verdad y te han dado un sustituto, y a causa de esas caras sustituibles no sabes quién eres. No puedes saberlo, porque las caras son tantas y cambian con tal rapidez que no puedes fiarte ni de ti mismo. No sabes exactamente qué cara es la tuya. En realidad, ninguna de esas caras son la tuya.

Y el zen dice: «A menos que conozcas tu cara original no sabrás qué es Buda». Porque Buda es tu cara original.

Naciste como un Buda y estás viviendo en la mentira.

Has de abandonar ese legado social. Tal es el significado de *sannyas*, la iniciación. Eres cristiano, hindú o musulmán, y tienes que abandonar esa cara, esa careta, porque no es la tuya, sino que te la han dado los demás y te han condicionado con ella. A ti no te preguntaron nada, no te pidieron permiso; te la impusieron por la fuerza, con violencia.

Todos los padres y los sistemas educativos son violentos, porque no te tienen en cuenta. Tienen ideas preconcebidas, saben qué es lo bueno y lo malo, y te lo imponen. Ya puedes gritar y revolverte; estás desvalido. El niño está tan desvalido y es tan delicado que lo pueden moldear. Y eso es lo que hace la sociedad. Antes de que el niño se haya fortalecido lo suficiente, ya tiene mil y un traumas; está paralizado, envenenado.

Cuando quieras ser religioso tendrás que abandonar todas las religiones. Cuando quieras relacionarte con Dios tendrás que abandonar todas las ideologías sobre Dios. Cuando quieras saber quién eres, tendrás que abandonar todas las respuestas que te han dado. Tienes que quemar todo lo que te han prestado.

Por eso se ha definido el zen de la siguiente manera: «Dirigido directamente al corazón humano. Ver la naturaleza y transformarse en un Buda. No apoyarse en las letras. Una transmisión distinta, aparte de las escrituras».

Una transmisión distinta, aparte de las escrituras; es decir, que ni el Corán ni el *Dhammapada*, ni la Biblia ni el Talmud ni el *Gita* te la pueden proporcionar. Ninguna de las escrituras sagradas te lo puede dar, y si crees en esas escrituras no alcanzarás la verdad.

La verdad está en ti, y es en tu interior donde has de encontrarla. «Ver la naturaleza y transformarse en Buda. Dirigido directamente al corazón humano.» No tienes que ir a ninguna parte. Y, como vayas a donde vayas, seguirás siendo el mismo, ¿qué sentido tiene? Puedes ir al Himalaya, y con eso no cambiará nada, porque te llevarás todo lo que tienes, todo lo que eres, todo en lo que te han convertido, lo llevarás contigo, artificialmente. Tus caras artificiales, los conocimientos que te han prestado, las escrituras, todo seguirá aferrado a ti. Incluso si te sientas a solas en una cueva del Himalaya no estarás a solas. Te rodearán los profesores, los sacerdotes, los políticos, tus padres, la sociedad entera. Quizá no lo veas, pero todos estarán allí, a tu alrededor. Y seguirás siendo cristiano, hindú o musulmán, y seguirás repitiendo palabras como un loro. Nada cambiará, porque así nada puede cambiar.

He leído un cuento bávaro muy bonito, que quizá conozcáis. Meditad sobre él. Es sobre un ángel de Munich.

Alois Hingerl, portero número 172 de la Estación Central de Munich, trabajó hasta tal extremo un día que cayó agotado, muerto. No sin cierta dificultad, dos angelitos lo llevaron al cielo, donde lo recibió san Pedro y le dijo que a partir de entonces sería el ángel Aloisio. Le regaló un arpa y le explicó las normas de la casa celestial.

—De ocho a doce de la mañana te dedicarás al regocijo —dijo—. Y de doce a ocho entonarás el hosanna.

—Pero ¿qué pasa aquí? —preguntó Aloisio—. ¿O sea, júbilo de ocho a doce y luego de doce a ocho el hosanna? Pues vaya... Y las copas, ¿cuándo?

—Ya se te dará el maná a su debido tiempo —respondió Pedro, un tanto molesto.

—¡Pues vaya plasta! —exclamó el ángel Aloisio—. ¿Regocijo de ocho a doce? ¡Y yo que creía que en el cielo no había que trabajar! —Pero acabó por sentarse en una nube y se puso a cantar, tal y como le habían ordenado—: ¡Aleluya, aleluya!

Pasó por allí un intelectual, planeando.

—¡Oye, tú! —gritó Aloisio—. ¿Nos tomamos un poquito de rapé? ¡Venga!

Pero al ángel intelectual le dio asco una idea tan vulgar. Susurró: «Hosanna», y se marchó.

Aloisio se puso furioso.

—¡Si será imbécil! —gritó—. Si no tienes rapé, pues no lo tienes y ya está, ¿vale? Pero por lo menos me contestas, ¿vale? ¡Si será cateto! ¡Hay que ver la gente que hay aquí arriba! ¡Dónde me he metido!

Y volvió a sentarse en su nube para continuar con el regocijo.

Pero el enfado que sentía se reflejaba en sus cánticos, y gritaba tan fuerte que el Padre Celestial, que estaba cerca, se despertó de la siesta y preguntó atónito:

—¿De dónde sale semejante ruido?

Llamó inmediatamente a san Pedro, que acudió a todo correr, y juntos escucharon los escandalosos cánticos del ángel Aloisio:

—¡Aleluya! ¡Maldita sea! *Scheisse!* ¡Aleluya! ¡Puta mierda! ¡Aleluya!

San Pedro llevó a rastras a Aloisio ante el Señor.

El Padre Celestial se lo quedó mirando largo rato y después dijo:

—Ya. Comprendo. Un ángel de Munich. ¡Justo lo que me imaginaba! Vamos a ver, ¿a qué viene tanto grito?

Era precisamente lo que estaba esperando Aloisio. Estaba tan furioso que se desató.

—¡Todo esto no me gusta nada! ¡No me gusta tener alas! ¡No me gusta cantar hosannas! ¡No me gusta que me den maná en vez de cerveza! Y que quede una cosa clara: ¡no me gusta cantar!

—San Pedro, esto no va a funcionar —dijo el Señor—. Pero tengo una idea. Vamos a darle el trabajo de mensajero para transmitir nuestros consejos celestiales al gobierno de Baviera. Así podrá ir a Munich un par de veces a la semana y su alma descansará en paz.

Cuando Aloisio oyó aquellas palabras se puso muy contento. Al poco tiempo le dieron el primer encargo de mensajero, llevar una carta, y bajó volando a la tierra.

Cuando volvió a pisar el suelo de Munich se sintió realmente en el cielo. Y, siguiendo sus antiguas costumbres, se fue inmediatamente al bar, donde su asiento de costumbre estaba vacío, esperándolo. La buena de Kathi, la camarera, seguía allí, y él pidió una cerveza, y otra y otra... y allí sigue sentado todavía.

Por eso el gobierno bávaro ha tenido que arreglárselas hasta el día de hoy sin la orientación divina.

Vayas a donde vayas serás tú mismo, en el cielo o en el Himalaya. No puedes ser de otra manera. El mundo no está fuera de ti; tú eres el mundo, de modo que vayas a donde vayas llevarás el mundo contigo.

El verdadero cambio que se tiene que producir no es de lugar, no tiene que producirse fuera, sino dentro. ¿A qué me refiero con el verdadero cambio? No me refiero a que tengas que mejorar, porque mejorar es otra mentira.

Mejorar significa que continuarás puliendo tu personalidad. Puede llegar a ser maravillosa, pero recuerda que, cuanto más maravillosa, más peligrosa, porque más difícil te resultará desprenderte de ella.

Por eso a veces un pecador se transforma en santo, pero las personas respetables nunca se transforman. No pueden, porque tienen una personalidad muy valiosa, con muchos adornos, muy pulida, y han invertido mucho en esa personalidad; su vida entera ha sido una especie de continua pulimentación. Les costaría demasiado abandonar esa maravillosa personalidad. Un pecador sí puede hacerlo, porque no ha invertido nada en ella. Aun más; está harto de ella, de tan fea como es. Pero ¿cómo podría desprenderse tan fácilmente una persona respetable, con tantas recompensas como le ha dado, con tantos beneficios como le ha reportado? Con ella ha ganado respetabilidad, le ha hecho ascender, va a llegar al culmen del éxito. Le resulta muy difícil dejar de ascender por los peldaños del éxito. Es una escalera sin fin, por la que se puede subir eternamente.

CUANDO HENRY FORD ESTABA A PUNTO DE MORIR, en su lecho de muerte, aún planeando nuevas industrias, nuevos negocios, alguien le dijo:

—¡Pero si se está usted muriendo! Según los médicos, no vivirá más de unos cuantos días. Ni siquiera están seguros de eso; podría morir hoy o mañana. ¿Y ahora qué? Ha dedicado su vida entera a esto, y tiene mucho dinero, mucho más de lo que puede gastar. Ese dinero no sirve para nada. ¿Por qué se empeñó en crear tantas empresas?

Seguramente Henry Ford dejó de planear cosas unos momentos y respondió:

—Mire, no puedo parar. Es imposible. Solo la muerte me detendrá; yo soy incapaz. Mientras esté vivo querré subir un peldaño más. Sé que es absurdo, pero no puedo parar.

CUANDO SE TRIUNFA EN EL MUNDO RESULTA MUY DIFÍCIL PARAR. Resulta difícil parar cuando te estás enriqueciendo, cuando te estás haciendo famoso. Cuanto más refinada sea la personalidad, más se afianza.

Por eso no digo que tengas que mejorar. Desde Buda a Hakuin, ninguno de los grandes maestros ha hablado de que haya que mejorar. Ojo con los llamados «libros para mejorar» de «desarrollo personal». El mercado está lleno de esos libros, y hay que tener mucho cuidado con ellos, porque esa mejora no te llevará a ninguna parte. No se trata de mejorar, porque con mejorar solo se consigue aumentar la mentira. Mejorará la personalidad, se pulirá más, se hará más sutil, más valiosa, pero eso no equivale a la transformación.

La transformación no se produce mejorando la personalidad, sino abandonándola.

La mentira no puede convertirse en la verdad. No hay forma alguna de mejorar la mentira para que se convierta en la verdad. Siempre seguirá siendo la mentira. Parecerá cada día más la verdad, pero seguirá siendo la mentira. Y cuanto más verdad parezca, más te absorberá, más arraigará en ti. La mentira puede parecer hasta tal punto la verdad que es posible olvidarse de que en realidad es mentira.

La mentira te dice: «Ve en busca de la verdad. Mejora tu carácter, tu personalidad. Busca la verdad, transfórmate en esto, transfórmate en lo otro». La mentira no para de ofrecerte nuevas actividades: haz esto, y todo irá bien y serás feliz para siempre. Haz esto, haz lo otro. ¿Que esto falla? No importa; tengo otros planes para ti. La mentira no para de ofrecerte planes, y tú sigues esos planes, malgastando tu vida.

En realidad, la búsqueda de la verdad también procede de la mentira. Resulta difícil de comprender, pero es algo que hay que comprender. La búsqueda de la verdad deriva de la propia mentira. Es la forma de protegerse que tiene la mentira; si incluso te ofrece la búsqueda de la verdad, ¿cómo puedes sentirte a disgusto con tu personalidad? ¿Y cómo puedes decir que es mentira? Te empuja, te arrastra a ir en busca de la verdad.

Pero la búsqueda significa ir a otro sitio, mientras que la verdad está aquí y la mentira te impulsa a ir allá. La verdad dice «ahora», y la mentira «entonces» y «allí». La mentira siempre se refiere al pasado o al futuro, nunca al presente. Y la verdad es el presente, este mismo momento, ahora mismo.

De modo que el primer «tú» es la mentira, la actuación, la pseudopersonalidad que te rodea, la cara que ofreces a la galería, la falsedad. Es un engaño. La sociedad te lo ha impuesto y tú has colaborado en ello. Tienes que dejar de colaborar con esa mentira de la sociedad, porque solo cuando te quedas al desnudo eres tú mismo. Todos los ropajes son un invento social. Todas las ideas y las identidades que crees poseer son un invento social, algo que te han creado los demás. Y tienen sus motivos para hacerlo. De esta forma se aprovechan de ti sutilmente. Te explotan.

La auténtica explotación no tiene un carácter económico ni político; la auténtica explotación es la psicológica. Esa es la razón por la que todas las revoluciones han fracasado. ¿Cuál es esa razón? Que no han indagado en la explotación más profunda, la psicológica. Solo intentan cambiar lo superficial. Si una sociedad capitalista se vuelve comunista, no hay ninguna diferencia. Si una democracia se convierte en dictadura, o si una sociedad dictatorial se hace democrática, da igual: no existe ninguna diferencia. Son cambios superficiales, un blanqueado, pero en lo más profundo la estructura sigue siendo la misma.

¿En qué consiste la explotación psicológica? La explotación psicológica consiste en no permitir que nadie sea uno mismo, que nadie sea aceptado tal y como es, que no se respete a nadie. ¿Cómo respetar a las personas si no las aceptamos como son? Si les impones cosas y después las respetas, lo que respetas son tus propias imposiciones. No respetas a las personas como son, no respetas su desnudez, ni su espontaneidad, no respetas sus sonrisas y sus lágrimas de verdad. Solo respetas el fingimiento, las pretensiones. Lo que respetas es la actuación.

Tienes que abandonar por completo este primer tú. Freud contribuyó en gran medida a que la humanidad tomara conciencia de la falsedad de la personalidad, de la mente consciente. Su revolución es mucho más profunda que la de Marx, su revolución es mucho más profunda que ninguna otra. Profundiza mucho, pero no se extiende lo suficiente.

Llega al segundo tú, al tú reprimido, instintivo, inconsciente. Se trata de todo lo que la sociedad no ha permitido, de todo lo que la sociedad ha metido a la fuerza en tu ser y allí lo tiene encerrado. Solo aparece en tus sueños, en metáforas, o cuando estás borracho, cuando no tienes control sobre ti mismo. El resto del tiempo está lejos de ti, y es más auténtico, no es falso.

Freud hizo mucho para que el hombre tomara conciencia de ello, y las psicologías humanistas y sobre todo los grupos de encuentro, de desarrollo personal y similares han contribuido enormemente a que se tome conciencia de todo lo que grita en nuestro interior, de lo que ha sido reprimido, aplastado. Y en eso consiste la parte vital. Esa es la vida real, la vida natural. Las religiones la han condenado, calificándola de parte animal, la han condenado al considerarla el origen del pecado. No es el origen del pecado, sino de la vida, y no es inferior a lo consciente. Es más profunda que lo consciente, sin duda, pero no inferior.

Y no hay nada de malo en lo animal. Los animales son hermosos, como los árboles. Viven desnudos, con sencillez. Aún no los han destruido los sacerdotes y los políticos, aún forman parte de Dios. Solo el ser humano se ha extraviado. El hombre es el único animal anormal sobre la faz de la tierra, mientras que los demás animales son normales. De ahí su alegría, su belleza, su salud, de ahí su vitalidad. ¿No os habéis fijado? ¿No habéis sentido envidia al ver un pájaro en pleno vuelo? ¿Cuando un ciervo corre a toda velocidad por el bosque? ¿No habéis sentido envidia de esa vitalidad, de la pura alegría de la energía?

Y con los niños... ¿no habéis sentido envidia de los niños? Quizá por la envidia condenáis el infantilismo, una y otra vez. Cuánta razón tiene Montague al afirmar que en lugar de decir: «No seas infantil» deberíamos empezar a decir: «No seas adultil». Tiene toda la razón del mundo, y yo estoy de acuerdo con él.

Un niño es hermoso, mientras que un adulto es la fealdad misma. El adulto deja de fluir, se bloquea. Se queda inmóvil, como muerto. Pierde brío, pierde entusiasmo; se limita a arrastrarse. Se aburre, no tiene sentido del misterio. Nunca se sorprende de nada, porque ha olvidado el lenguaje del asombro. Para él ya no existe el misterio. Dispone de muchas explicaciones, pero el misterio ya no existe para él. Por consiguiente, ha perdido la poesía, la danza y todo lo que da significado a la vida, todo lo que aporta el sabor de la vida.

Este segundo «tú» es mucho más valioso que el primero, y precisamente por eso me opongo a todas las religiones, a todos los sacerdotes, porque se aferran al primero, al más superficial. Vayamos al segundo, pero el segundo tampoco supone el final, y ahí es donde Freud se queda corto. Como también se queda corta la psicología humanista: si bien profundiza un poco más que Freud, no profundiza lo suficiente como para llegar al tercer «tú».

En ti existe un tercer «tú», el tú auténtico, la cara verdadera, que sobrepasa los «túes» primero y segundo. Lo trascendental, la «budidad», la conciencia pura, sin fisuras, sin divisiones.

El primer tú tiene un carácter social; el segundo, natural; el tercero, divino.

Y un momento: no digo que el primero no resulte útil. Si existe el tercero, el primero se puede emplear. Si existe el tercero, también se puede emplear el segundo, pero siempre y cuando exista el tercero. Si el centro funciona, también irá bien la periferia, porque la circunferencia estará en su sitio, pero si solo tenemos el centro, sin la circunferencia, todo acabará en una especie de muerte.

Eso es lo que ha ocurrido con el ser humano. Por eso tantos pensadores occidentales sostienen que la vida carece de sentido. No es así. Solo se debe a que se ha perdido el contacto con el origen del sentido, del significado.

Es como si un árbol perdiera el contacto con sus raíces. Entonces no habría flores, empezaría a desaparecer el follaje, se caerían las hojas y no brotarían hojas nuevas. Y entonces la savia deja de fluir, deja de existir la vida. El árbol se muere.

Y entonces el árbol puede empezar a filosofar, a ponerse en plan existencialista, como Sartre, por ejemplo, y ponerse a decir que ya no hay flores en la vida. Que la vida no tiene flores, que ha desaparecido la fragancia, que ya no hay pájaros... Y el árbol incluso puede empezar a decir que siempre ha sido así y que en la antigüedad se engañaban pensando que había flores, que eran puras imaginaciones. «Siempre ha sido así, la primavera nunca ha llegado, son fantasías de la gente. Son fantasías de los budas... que si crecen las flores, que si reina la alegría y sale el sol y aparecen los pájaros... No hay nada. Todo es oscuridad, todo es fortuito y nada tiene sentido.» El árbol podría decir esto.

Y la verdad no es que nada tenga sentido, que ya no haya flores, que las flores no existan, que la fragancia sea pura imaginación, sino sencillamente que el árbol ha perdido contacto con sus propias raíces.

A menos que eches raíces en la «budidad», no florecerás, no cantarás, no sabrás en qué consiste una fiesta. ¿Y cómo se puede conocer a Dios si no se sabe lo que es festejar? Si os habéis olvidado de bailar, ¿cómo vais a orar? Si os habéis olvidado de cantar y de amar, Dios ha muerto. Esto no significa que Dios esté muerto, sino que está muerto en vosotros, en ti. Tu árbol se ha secado, ha desaparecido la savia. Tendrás que volver a encontrar raíces. ¿Y dónde encontrar esas raíces? Hay que encontrarlas aquí y ahora.[6]

2
Los ideales

Érase una vez un osito polar que le preguntó a su madre:
—¿Papá también era un oso polar?
—Pues claro que tu padre era un oso polar.
—Pero mamá, dime una cosa: ¿el abuelo también era un oso polar? —añadió el osezno al cabo de un rato.
—Sí, también era un oso polar.
Pasa otro rato y el osezno pregunta:
—¿Y mi bisabuelo también era un oso polar?
—Sí, también. ¿Por qué me lo preguntas?
—Porque estoy muerto de frío.

Osho, me han dicho que mi padre era un oso polar, que mi abuelo también, pero estoy muerto de frío. ¿Cómo puedo cambiar esto?

DA LA CASUALIDAD de que conozco a tu padre, y a tu abuelo, y también da la casualidad de que conozco a tus bisabuelos: todos se morían de frío. Y sus madres les contaron la misma historia, que tu padre era un oso polar, y tu abuelo, y también tu bisabuelo.

Si te mueres de frío, te mueres de frío y no hay más que hablar. Esas historias no ayudan a nadie. Solo sirven para confirmar que incluso los osos polares pasan frío. Hay que ver la realidad, no centrarse en las tradiciones ni volver al pasado. Si tienes frío, tienes frío y no hay más que hablar. Y el hecho de ser un oso polar no es ningún consuelo.

Esa es la clase de consuelo que se le ha ofrecido a la humanidad. Cuando estás a punto de morir, estás a punto de morir, y a alguien se le puede ocurrir decirte: «No tengas miedo, porque el alma es inmortal». Pero tú te estás muriendo.

Me han contado la historia de un judío moribundo que se había caído en una calle, de un ataque al corazón. Se congregó toda una multitud, y buscaron a alguien que creyera en la religión, a un sacerdote o algo, porque el hombre estaba a punto de morir. De entre la multitud surgió un sacerdote católico, que no sabía quién era el moribundo. Se acercó a él y le preguntó:

—¿Crees en Dios? ¿Afirmas que crees en la Santísima Trinidad, en Dios Padre, en Dios Hijo y en el Espíritu Santo?

El judío moribundo abrió los ojos y replicó:

—Me estoy muriendo y me viene con acertijos. ¿Qué pasa con la trinidad esa? Me estoy muriendo. ¿Qué estupideces me está contando?

Una persona está a punto de morir y la consolamos con la idea de la inmortalidad del alma. Ese consuelo no sirve para nada. Alguien está sufriendo y le dices: «No sufras. Es algo puramente psicológico». ¿Cómo va a ayudar una cosa así? Lo único que conseguirás es que lo pase aún peor. Esas teorías no sirven de gran cosa, porque han sido inventadas para consolar, para engañar.

Si tienes frío, tienes frío y ya está. En lugar de preguntar si tu padre era un oso polar, haz ejercicio. Vete a caminar, a pegar saltos, a hacer meditación dinámica, y así no sentirás frío: te lo aseguro. Olvídate de padres, abuelos y bisabuelos y presta atención a tu realidad. Si te mueres de frío, haz algo. Y siempre se puede hacer algo. Pero si no paras de preguntar, no encontrarás el camino. Ya puedes preguntar y preguntar, que tu pobre madre siempre te ofrecerá consuelo.

Y la pregunta es maravillosa, llena de significado, de una tremenda trascendencia.

Así es como sufre la humanidad. Fijaos en ese sufrimiento, observad el problema y no intentéis buscar soluciones fuera del problema. Mirad directamente el problema y siempre encontraréis la solución en él. Fijaos en la pregunta; no pidáis la respuesta.

Por ejemplo, puedes preguntar, una y otra vez: «¿Quién soy yo?». Si acudes a un cristiano te dirá: «Eres hijo de Dios, y Dios te ama». Y tú te quedarás confuso porque, ¿cómo puede amarte Dios?

UN SACERDOTE LE DIJO AL *MULÁ* NASRUDÍN:
—Dios te ama.
El *mulá* replicó:
—¿Cómo va a amarme si ni siquiera me conoce?
Y el sacerdote contestó:
—Por eso puede amarte. Nosotros, que te conocemos, no podemos amarte. Resulta demasiado difícil.

O SI TE ACERCAS A UN HINDÚ, TE DIRÁ: «Tú eres Dios mismo». No el hijo de Dios, sino Dios mismo. Pero tú sigues con tu dolor de cabeza, tu migraña, preguntándote cómo puede Dios tener dolor de cabeza... y el problema queda sin resolver.

Si quieres preguntar: «¿Quién soy yo?», no recurras a nadie. Guarda silencio y profundiza en tu ser. Deja que la pregunta resuene en tu interior, no verbal, sino existencialmente. Permite que la pregunta te penetre como una flecha te atravesaría el corazón. «¿Quién soy yo?», y repite la pregunta.

Y no tengas prisa por encontrar la respuesta, porque si la encuentras, te la habrá dado otra persona, un sacerdote, un político, u otra cosa, como una tradición. No respondas con la memoria, porque toda tu memoria es algo prestado. Tu memoria es como un ordenador, algo muerto. La memoria no tiene nada que ver con el conocimiento. La memoria es como el programa del ordenador, de modo que cuando preguntas: «¿Quién soy yo?», y la memoria contesta: «Eres una gran alma», ojo. No caigas en la trampa. Líbrate de toda esa porquería, porque no es más que eso, porquería.

Sigue preguntando: «¿Quién soy? ¿Quién soy? ¿Quién soy?» y un día verás que también la pregunta se ha desvanecido. Solo queda un ansia: «¿Quién soy?», pero solo esa ansia, no la pregunta. «¿Quién soy?», mientras todo tu ser vibra con ese anhelo.

Y un día lo verás, que solo existe el ansia. Y en ese estado de apasionamiento, tan intenso, de pronto te darás cuenta de que algo ha estallado. De repente te verás cara a cara contigo mismo y sabrás quién eres.

No tiene sentido que le preguntes a tu padre: «¿Quién soy?». Ni siquiera él sabe quién es. Tampoco tiene sentido preguntárselo a tu abuelo o a tu bisabuelo. No hay que preguntar, no hay que preguntar ni a la madre, ni a la sociedad, ni a la cultura, ni a la civilización.

Hemos de preguntar a nuestro ser más íntimo.

Si realmente quieres conocer la respuesta, ve a tu interior, y a partir de esa experiencia interior se producirá el cambio.

Me preguntas cómo puedes cambiar esto. No puedes cambiarlo. En primer lugar tienes que enfrentarte a tu realidad, y ese encuentro te cambiará.

Un periodista intentaba sacarle una historia de interés humano a un hombre viejísimo de un asilo de ancianos financiado por el Estado.

—A ver, abuelo —dijo el periodista jovialmente—. ¿Qué pensaría si de repente le llegara una carta diciendo que un familiar lejano le ha dejado en herencia cinco millones de dólares?

—Mira, hijo —respondió lentamente el anciano—. Seguiría teniendo noventa y cuatro años.

¿Lo entiendes? Lo que dice el anciano es: «Tengo noventa y cuatro años. Si me veo con cinco millones de dólares, ¿qué voy a hacer con ellos? Seguiría teniendo noventa y cuatro años».

Lo que dice Buda, lo que dice Mahavira, lo que dice Jesucristo no sirve de nada. Estás muerto de frío, o tienes noventa y cuatro años. Incluso si te meten en la cabeza todos los conocimientos del mundo, no te servirá de nada; seguirás muerto de frío o tendrás noventa y cuatro años. A menos que surja cierta experiencia en tu interior, una experiencia vital que transforme tu ser y vuelva a hacerte joven, vivo, nada tendrá ningún valor.

De modo que no preguntes a los demás. Esa es la primera lección que hay que aprender, que hay que preguntarse a uno mismo. Y también hay que recordar otra cosa: evitar esas respuestas, porque las respuestas ya están dadas, ya las han dado otras personas. Eres tú quien plantea la pregunta, de modo que ninguna respuesta que te dé otra persona te servirá de ayuda.

Tú planteas la pregunta, y la respuesta también tiene que venir de ti.

Digamos que Buda ha bebido y está contento, que Jesucristo ha bebido y está como en éxtasis. Yo también he bebido, pero ¿cómo puedo contribuir a saciar tu sed? Tú, tú mismo tendrás que beber.

VEAMOS. Un emperador le pidió a un místico sufí que fuera a su corte a orar por ellos. El místico acudió a la cita, pero se negó a orar. Dijo:

—No puedo hacerlo. ¿Cómo podría rezar por vosotros? —E insistió—: Hay unas cuantas cosas que hemos de hacer nosotros mismos. Por ejemplo, si quieres hacer el amor con una mujer, tienes que hacerlo tú, tú mismo. Yo no puedo hacerlo por ti ni en tu nombre. Si tienes que sonarte la nariz, tienes que hacerlo tú, porque yo no puedo sonarme la nariz por ti; no serviría de nada. Y es lo mismo con la oración. ¿Cómo puedo yo orar por nadie? Ora por ti mismo, porque yo también puedo orar por mí mismo.

Cerró los ojos y se sumergió en la oración.

ESO ES LO QUE YO PUEDO HACER. El problema ha desaparecido para mí, pero no ha desaparecido gracias a la respuesta que me haya dado nadie. Yo no le he preguntado nada a nadie. Aún más; todo mi esfuerzo ha consistido en no hacer caso a las respuestas que me han dado los demás con tanta generosidad.

La gente no para de darte consejos. Con los consejos son muy generosos. A lo mejor no lo son con otras cosas, pero con los consejos son estupendos. Tanto si los pides como si no, te los dan.

El consejo es lo único que se da en gran cantidad y lo único que no se acepta. Nadie lo acepta.

Me han contado que un día estaban dos vagabundos sentados bajo un árbol y uno le dijo al otro:

—Yo he acabado en este estado por no hacer caso a los consejos de nadie.

Y el otro replicó:

—Amigo, yo he acabado así por haber seguido los consejos de todo el mundo.

TIENES QUE HACER TU PROPIO VIAJE. Estás helado; lo sé. Eres desgraciado; lo sé. La vida es dura; también lo sé. Y no tengo ningún consuelo para ti, ni creo que yo pueda consolarte, porque todo consuelo se convierte en un aplazamiento. La osa le dice al osezno: «Sí, tu padre era un oso polar», y durante un rato el osezno intenta no morirse de frío porque supuestamente los osos polares no pasan frío, pero no le sirve de nada. Vuelve a preguntar: «Mamá, ¿mi abuelo también era un oso polar?». Intenta saber lo siguiente: «¿Hay algo en mi herencia que va mal y por eso tengo tanto frío?». Y la madre contesta: «Sí, tu abuelo también era un oso polar». Vuelve a intentar aplazar el frío, pero no se puede. Se puede retrasar un poco, pero vuelve.

No se puede rehuir la realidad.

Teorizar tampoco sirve de ayuda. Olvídate de las teorías y presta atención a los hechos. ¿Te sientes deprimido? Tienes que indagar en la depresión. ¿Estás enfadado? Tienes que indagar en ese enfado. ¿Sientes deseos sexuales? Pues olvídate de lo que digan los demás; indaga en tu interior. Es tu vida y tú tienes que vivirla. No pidas nada prestado, no aceptes nada de segunda mano. Dios ama a las personas de primera mano. No parece que le gusten las copias. Sé una persona original, individual, sé tú mismo e indaga en tus problemas.

Y solo puede decirte una cosa: que en tu problema está oculta la solución. El problema es simplemente una semilla. Si profundizas en él, brotará la solución. Tu ignorancia es la semilla. Si profundizas en ella, florecerá el conocimiento. El problema consiste en el frío que sientes, en los escalofríos. Adéntrate en ellos, y surgirá el calor.

En realidad te lo dan todo: la pregunta y la respuesta, el problema y la solución, la ignorancia y el conocimiento. Solo tienes que mirar en tu interior.[7]

Me da la impresión de que los seres humanos piensan que no basta con ser ellos mismos. ¿Por qué sienten tal compulsión la mayoría de las personas por alcanzar poder, prestigio y todo lo demás en lugar de limitarse a ser simplemente seres humanos?

Es una pregunta muy complicada. Tiene dos facetas, y hay que comprender ambas. En primer lugar: nunca has sido aceptado como eres por tus padres, tus profesores, tus vecinos, la sociedad. Todo el mundo intentaba destacar los fallos, los errores, las faltas, las debilidades, las fragilidades a las que tienen tendencia todos los seres humanos, pero nadie destacaba tu belleza, tu inteligencia, tu grandeza.

El simple hecho de estar vivo es un regalo maravilloso, pero nadie te ha dicho que te sientas agradecido a la existencia. Por el contrario, todo el mundo te decía que te quejaras, que rezongaras. Naturalmente, si todo lo que te rodea en la vida desde el principio destaca lo que no eres y deberías ser, te va ofreciendo grandes ideales que deberías alcanzar, nunca se elogiará lo que eres. Lo que se elogia es tu futuro, si puedes llegar a ser alguien respetable, poderoso, rico, intelectual, famoso de una u otra forma, no un don nadie.

Ese constante condicionamiento ha creado en ti la siguiente idea: «No soy lo suficiente tal y como soy, me falta algo. Y tengo que estar en otra parte, no aquí. No debería estar aquí, sino en un lugar más elevado, con más poder, más dominio, más respetado, más conocido».

Eso es solo la mitad de la historia, algo feo, que no debería ser así. Desaparecería si las personas aprendieran con un poco más de inteligencia a ser madres, padres, profesores.

No se debe mimar al niño, sino contribuir a que se acepte a sí mismo, a que crezca su autoestima. Por el contrario, a lo que contribuyes es a crear obstáculos para su crecimiento. Esa es la parte más fea, pero también la más sencilla. Puede eliminarse, porque resulta muy sencillo y lógico comprender que no eres responsable de lo que eres, sino que la naturaleza te ha hecho así. De nada sirve ahora llorar y lamentarse en la leche derramada.

Pero la segunda parte tiene una enorme importancia. Incluso si se eliminan todos estos condicionamientos, es decir, que te desprogramen, que te quiten todas esas ideas de la cabeza, seguirás pensando que no vales lo suficiente, pero de todos modos será una experiencia completamente distinta. Las palabras serán las mismas, pero la experiencia diferente.

No vales lo suficiente porque puedes llegar a más. Ya no se trata de hacerse famoso, respetable, poderoso, rico. Dejarás de preocuparte por esas cosas. Empezarás a preocuparte porque tu ser es solo una semilla. Cuando llegas al mundo no naces como un árbol, sino como una simple semilla, y tienes que crecer hasta el punto de la madurez, de la floración, y esa floración te llenará de alegría, de satisfacción.

Este florecimiento no tiene nada que ver con el poder, ni con el dinero, ni con la política. Solo tiene que ver contigo mismo, como progreso individual. Y para eso, el otro condicionamiento supone un obstáculo, una distracción, significa encaminar mal el deseo natural de crecimiento.

Todo niño nace para crecer y convertirse en un ser humano hecho y derecho, con amor, con compasión, con silencio. Tiene que convertirse en una auténtica fiesta por sí mismo. No se trata de competir, ni siquiera de comparar.

Pero el primer condicionamiento, tan feo, te distrae porque la sociedad, los intereses creados, se aprovechan de la necesidad de crecer, la necesidad de convertirte en algo más, de desarrollarte. Desvían esa necesidad, te llenan la mente de modo que piensas que esa necesidad significa tener más dinero, que esa necesidad significa ocupar el primer lugar en todos los terrenos, en la educación, en la política, en todo. Estés donde estés, has de ocupar el primer lugar; si no llegas, pensarás que no has actuado bien, sentirás un grave complejo de inferioridad.

Este condicionamiento produce complejo de inferioridad porque su objetivo consiste en que seas superior, superior a los demás.

Te enseña a competir, a compararte con los demás.

Te enseña la violencia, la lucha. Te enseña que no importan los medios, que lo que importa es el fin, que el éxito es el objetivo.

Y eso se consigue fácilmente porque nacemos con el impulso de crecer, con el impulso de estar en otro sitio. Una semilla tiene que viajar hasta muy lejos para transformarse en unas flores. Es una peregrinación. Es un impulso maravilloso, que concede la naturaleza misma, pero hasta ahora la sociedad se ha servido de múltiples astucias para desviar y cambiar tus instintos naturales y transformarlos en utilidad social.

Estos son los dos aspectos que te hacen sentir que estés donde estés te falta algo, que tienes que acceder a algo, conseguir algo, triunfar, trepar.

Tienes que emplear a fondo tu inteligencia para distinguir entre tu impulso natural y los condicionamientos sociales. Olvídate de los condicionamientos sociales —son una estupidez—, para que tu naturaleza siga siendo pura, impoluta. Y la naturaleza siempre es individualista.

Crecerás y florecerás, y a lo mejor te salen rosas, mientras que a otra persona quizá le salgan caléndulas. Tú no serás superior al otro por las rosas, ni el otro será inferior a ti por las caléndulas. Lo importante es que los dos habéis florecido, y ese florecimiento, ese desarrollo, produce una profunda satisfacción. Desaparece la frustración, la tensión, y te invade una gran sensación de paz, esa paz que te inunda, que sobrepasa la comprensión, pero en primer lugar tienes que cortar con todas las estupideces de la sociedad, porque si no seguirán desviándote, distrayéndote.

Tienes que ser rico, pero no por el dinero. La riqueza es otra cosa. Un mendigo puede ser rico y un emperador pobre. La riqueza es una cualidad del ser.

ALEJANDRO MAGNO CONOCIÓ A DIÓGENES, un mendigo que solo poseía una lámpara y la mantenía encendida día y noche. Desde luego, actuaba de una forma extraña, y Alejandro le preguntó:

—¿Por qué tienes la lámpara encendida durante el día?

Diógenes alzó la lámpara, miró a Alejandro a la cara y le dijo:

—Busco al hombre auténtico de día y de noche, pero no lo encuentro.

Alejandro se quedó asombrado al ver que un simple mendigo le decía semejante cosa a él, el conquistador del mundo, pero también comprendió la belleza de la desnudez de Diógenes. Sus ojos eran tan silenciosos, sus palabras poseían tal autoridad, su presencia era tan impresionante y a la vez tranquila que aunque Alejandro se sintió insultado no pudo reaccionar. La presencia de aquel hombre era tan imponente que el propio Alejandro parecía un mendigo a su lado. En su diario escribió lo siguiente: «He notado por primera vez en mi vida que la riqueza no tiene nada que ver con el dinero. He conocido a un hombre rico».

LA RIQUEZA ES LO QUE HAY EN TI DE AUTÉNTICO, de sincero, de verdadero, tu amor, tu creatividad, tu sensibilidad, tu capacidad para meditar: ahí está tu auténtica riqueza.

La sociedad te ha abocado a lo mundano, y te has olvidado por completo de que te han abocado a eso.

Recuerdo una historia que me contaron, una historia real:

Un día, en la India, un hombre iba en una moto, y como hacía mucho frío se puso la chaqueta al revés, con la parte de detrás por delante, porque tenía mucho frío y el viento le daba de cara. Un *sardar** —los *sardares* son muy simples— también venía en su moto por el otro extremo de la carretera, y no daba crédito a sus ojos. Pensó: «Ese hombre tiene la cabeza al revés».

Se asustó tanto que al aproximarse chocó contra el pobre hombre, que cayó al suelo, casi inconsciente. El *sardar* lo miró detenidamente y dijo: «Dios mío, ¿qué le ha pasado? La ciudad está lejos, el hospital está lejos, pero hay que hacer algo».

Los *sardares* son las personas más fuertes de la India, y aquel pobre hombre estaba inconsciente. Así que le torció la cabeza para colocarla bien, según como llevaba la chaqueta. En ese mismo momento llegó un coche celular y los policías preguntaron:

—¿Qué ocurre?

El *sardar* contestó:

—Han llegado justo a tiempo. Miren a este hombre: se ha caído de la moto.

Los policías preguntaron.

—¿Está muerto?

El *sardar* respondió:

—Estaba vivo cuando tenía la cabeza al revés. Cuando se la puse en su sitio dejó de respirar.

Los policías dijeron:

—Solo se ha fijado en la cabeza. ¡No se ha dado cuenta de que lo que está al revés es la chaqueta, no la cabeza!

El *sardar* replicó:

—Somos personas pobres y sencillas. Nunca había visto a nadie con una chaqueta con los botones a la espalda. Pensé que había tenido un accidente. Aunque estaba inconsciente, respiraba. Le torcí la cabeza. Me costó mucho trabajo, pero cuando quiero hacer algo, lo hago. Lo hice, y le enderecé la cabeza hasta que se adaptó perfectamente a la chaqueta. Entonces dejó de respirar. ¡Qué tipo tan raro!

* *Sardar:* título respetuoso para un sij.

Muchas personas te han torcido la cabeza, la mente, de muchas formas, según sus ideas de cómo deberías ser. No tenían mala intención. Tus padres te querían, tus profesores te querían, la sociedad quiere que seas alguien. Tenían buenas intenciones, pero escaso entendimiento. Olvidaron que no se puede convertir un macizo de caléndulas en un rosal, ni a la viceversa.

Lo único que puedes hacer es contribuir a que las rosas sean más grandes, a que tengan más color y más fragancia. Puedes aportar todos los productos químicos necesarios para transformar el color y el perfume —el abono, la tierra adecuada, el riego conveniente en los momentos oportunos—, pero no conseguirás que el rosal dé lotos.

Y si empiezas a decirle al rosal que tiene que dar flores de loto —y desde luego, las flores de loto son preciosas y muy grandes—, lo estarás condicionando de mala manera, algo que solo contribuirá a que el rosal jamás dé lotos. Además, su energía se canalizará mal, de modo que ni siquiera dará rosas, porque ¿de dónde sacará la energía para producirlas? Y entonces no habrá ni lotos ni rosas, y naturalmente, el pobre arbusto se sentirá vacío, frustrado, yermo, indigno.

Y eso mismo les ocurre a los seres humanos. Con las mejores intenciones del mundo, todos quieren cambiar tu mente. En una sociedad mejor, con personas más comprensivas, nadie te cambiará. Todos te ayudarán a que seas tú mismo, y ser uno mismo es la mayor riqueza que se puede obtener en este mundo. Ser uno mismo proporciona todo lo necesario para sentirse satisfecho, para que la vida tenga significado, para que sea importante. Por el simple hecho de ser tú mismo y de crecer de acuerdo con tu naturaleza se cumplirá tu destino.

Y es que el impulso no es nada malo por sí mismo, sino cuando se desvían los objetivos. Y has de tener cuidado para que no te manipule nadie, por buenas que sean sus intenciones. Tienes que mantenerte al margen de esas personas con buenas intenciones, de las buenas personas que no paran de aconsejarte que hagas esto o lo otro. Préstales atención y dales las gracias, porque no quieren hacerte ningún daño, pero al final lo que ocurre es que sí te hacen daño.

Solo debes hacerle caso a tu corazón: ese es tu único maestro. En el viaje real de la vida, tu intuición es tu único maestro.

¿Te has fijado en la palabra «intuitivo»? Es como «tuitivo», solo que lo tuitivo es lo que ampara o defiende desde fuera, mientras que lo intuitivo viene de tu propia naturaleza, de dentro. Tu guía está dentro de ti, y con un poco de valor nunca te sentirás indigno. Quizá no llegues a ser presidente de un país, ni primer ministro, ni a ser Henry Ford, pero ni falta que hace. Quizá llegues a ser un cantante fantástico, o un pintor fantástico. Y al fin y al cabo, no importa lo que hagas... A lo mejor llegas a ser un gran zapatero.

Abraham Lincoln llegó a presidente de Estados Unidos... Su padre era zapatero, y en el Senado sentían cierta vergüenza de que el hijo de un zapatero fuera el responsable de los más ricos, de los de clase alta, que se creen superiores porque tienen más dinero, porque vienen de familias de abolengo. Todos los miembros del Senado estaban un poco avergonzados, irritados y enfadados; a nadie le hacía ninguna gracia que Lincoln fuera el presidente.

Un hombre muy arrogante, un burgués, se levantó y dijo lo siguiente antes de que Lincoln pronunciara su primer discurso ante el Senado:

—Señor Lincoln, antes de que comience quisiera recordarle que es usted hijo de un zapatero.

El Senado en pleno se echó a reír. Querían humillar a Lincoln. No podían derrotarlo, pero sí humillarlo. Claro está, no resulta fácil humillar a un hombre como Lincoln.

Lincoln replicó:

—Le agradezco infinitamente que me haya recordado a mi padre, que ha muerto. Jamás olvidaré que me lo haya recordado, porque nunca seré tan buen presidente como buen zapatero era mi padre.

—Se hizo un silencio sepulcral ante la actitud de Lincoln. Y añadió—: Por lo que sé, mi padre hizo zapatos para su familia. Si le molestan o tienen algún problema, y aunque yo no soy gran cosa como zapatero, aprendí el oficio con mi padre desde la infancia, puedo solucionarlo. Y lo mismo les digo a todos los miembros del Senado. Si mi padre hizo los zapatos y necesitan algún arreglo, alguna mejora, siempre estaré a su disposición. Pero tienen que tener en cuenta una cosa: que no soy tan bueno como él. Él era un artista.

Y se le cayeron las lágrimas al pensar en su padre.

DA IGUAL: ser presidente de tercera clase o zapatero de primera clase. Lo satisfactorio es disfrutar de lo que haces, poner todas tus energías en ello, no desear ser ninguna otra persona, sino desear ser lo que eres, y coincidir con naturaleza en que el papel que se te ha asignado en esta obra es el papel adecuado, y que no estás dispuesto a cambiarlo ni con un presidente o un emperador. Ese es el auténtico poder, la auténtica riqueza.

Si todos llegamos a ser nosotros mismos, veremos la tierra entera llena de personas con poder, con fuerza, inteligencia, comprensión y satisfacción sin límites, con el gozo de haber llegado a casa.[8]

La palabra «ideal» me parece repugnante

La palabra «ideal» me parece repugnante. Yo no tengo ideales. Los ideales te vuelven loco, son los ideales lo que han convertido este mundo en un inmenso manicomio.

El ideal significa que no eres lo que deberías ser. Te crea ansiedad, tensión, angustia. Te divide, te vuelve esquizofrénico. El ideal está en el futuro y tú estás aquí. ¿Y cómo puedes vivir a menos que seas el ideal? En primer lugar, sé el ideal, y después empieza a vivir, algo que nunca ocurre. No puede ocurrir por la naturaleza misma de las cosas.

Los ideales son imposibles; por eso mismo son ideales. Te vuelven loco, te hacen perder la cabeza, y entonces sobreviene la repulsa, porque nunca llegas a alcanzar el ideal. Entonces surge el sentimiento de culpa. En realidad, eso es lo que hacen los sacerdotes y los políticos, crear el sentimiento de culpa. Para ello se valen de los ideales, un mecanismo muy sencillo. Ofrece un ideal y el sentimiento de culpa surgirá automáticamente.

Si te digo que dos ojos no son suficientes, necesitarás tres ojos, abrir tu tercer ojo. Leerás a Lobsang Rampa, que dice que abras tu tercer ojo. Lo intentas por todos los medios, por aquí y por allá, cabeza abajo, con un *mantra*... y el tercer ojo no se abre. Entonces empiezas a sentirte culpable, que si me falta algo, que si no soy como debería ser... Te deprimes, te frotas el tercer ojo, pero no se abre.

Cuidado con todas esas tonterías. Los dos ojos que poseemos son maravillosos, e incluso si solo tienes uno, es perfecto. Tienes que aceptarte como eres. Dios te ha hecho perfecto, no ha dejado nada incompleto en ti. Y si sientes que hay algo incompleto, forma parte de la perfección. Eres perfectamente imperfecto. Dios sabe, más que tú, que solo en la imperfección existe el desarrollo, que solo en la imperfección existe el fluir, que solo en la imperfección algo es posible. Si fueras perfecto estarías muerto, como una piedra. No ocurriría nada, nada podría ocurrir. Intenta comprender lo que te digo: también Dios es perfectamente imperfecto, porque si no, habría muerto hace mucho tiempo. No habría esperado a que Friedrich Nietzsche declarase que «Dios ha muerto».

¿Qué haría Dios si fuera perfecto? No podría hacer nada, no tendría libertad para hacer. No podría crecer, ni tendría adónde ir. Estaría simplemente estancado. Ni siquiera podría suicidarse, porque cuando eres perfecto no haces cosas así.

Acéptate tal y como eres.

A mí no me interesa una sociedad ideal, no me interesa en absoluto. Tampoco me interesan los individuos ideales. Vamos, que el idealismo no me interesa lo más mínimo.

Y para mí la sociedad no existe, solo los individuos. La sociedad no es sino una estructura funcional, utilitaria. No puedes encontrarte con la sociedad. ¿Te has encontrado alguna vez con la sociedad? ¿Te has encontrado alguna vez con la humanidad? ¿Te has encontrado con el cristianismo, el hinduismo, el islam? No; solo podemos encontrarnos con el individuo, con el individuo concreto.

Pero mucha gente ha pensado en mejorar la sociedad, en construir una sociedad ideal, y esas personas han resultado ser un desastre, una calamidad. Gracias a su sociedad ideal han destruido el respeto de las personas hacia sí mismas y han despertado el sentimiento de culpa en todo el mundo.

Todo el mundo se siente culpable, nadie parece sentirse feliz tal y como es. Se puede provocar el sentimiento de culpa por cualquier cosa, y una vez creado ese sentimiento, te haces poderoso. La persona que provoca en ti el sentimiento de culpa adquiere poder sobre ti —hay que recordar esta estrategia—, porque solo esa persona puede redimirte. Entonces tienes que recurrir a ella. Al principio, el sacerdote provoca el sentimiento de culpa, y tienes que ir a la iglesia, a confesarte, a decir: «He cometido un pecado», y entonces el sacerdote te perdona en nombre de Dios. Crea la culpa en nombre de Dios, eso en primer lugar, y después te perdona en nombre de Dios.

Fíjate en lo siguiente:

A Calvin lo sorprendió su madre cometiendo un pecado mortal, y lo obligaron a confesarse inmediatamente.

—Padre, he estado toqueteándome —dijo Calvin.

—¿Por qué has hecho semejante cosa? —preguntó el cura, muy enfadado.

—Es que no tenía nada mejor que hacer —respondió Calvin.

—Cuatro padrenuestros y cinco avemarías de penitencia.

La madre de Calvin volvió a pillarlo una semana más tarde, y una vez más el chico tuvo que ir a confesarse.

—Padre, he estado toqueteándome.

—¿Y por qué lo has hecho?

—Es que no tenía nada mejor que hacer —respondió Calvin.

—Diez padrenuestros y cinco avemarías de penitencia.

A la semana siguiente, la madre de Calvin volvió a sorprenderlo.

—Ya estás volviendo —dijo—. Y llévale esta tarta de chocolate al padre.

Mientras esperaba en una larga cola, Calvin se comió toda la tarta y en el confesonario dijo:

—Padre, mi mamá me había dado una tarta de chocolate para usted, pero mientras esperaba me la he comido entera.

—¿Por qué has hecho eso? —preguntó el cura.

—Es que no tenía nada mejor que hacer.

—¿Y por qué no te has toqueteado un poquito?

AL SACERDOTE NO LE IMPORTA LO QUE HAGAS; tiene sus propios intereses, su tarta de chocolate. ¡Y a ti, que te zurzan! Haz lo que te dé la gana, pero ¿dónde está la tarta?

Ellos crean la culpa y después te perdonan en nombre de Dios. Te convierten en pecador y después te dicen: «Ven a Cristo, el salvador».

No hay nadie que pueda salvarte, porque para empezar, no has cometido ningún pecado. No necesitas que te salven.

Yo no tengo el menor interés en una sociedad ideal, y te pido que abandones ese sueño, un sueño que ha originado tantas pesadillas. Hemos de recordar que en la actualidad no puede ocurrir nada con la política. La política ha muerto. Votes a quien votes, ya sea de derechas o de izquierdas, hazlo sin ilusiones. Hay que renunciar a la idea de que un sistema, ningún sistema, puede salvar a nadie. Ningún sistema será la salvación, ni el comunismo, ni el fascismo ni el gandhismo. Ninguna sociedad puede salvarte, como ninguna sociedad puede ser ideal. Y no existe ningún salvador: ni Jesucristo, ni Krisna ni Rama. Has de olvidarte de esas tonterías sobre la culpa y el pecado que llevas a cuestas.

Pon toda tu energía en bailar y festejar la vida, y entonces sí serás ideal, aquí y ahora, y no tendrás que convertirte en algo ideal.

La ideología como tal ha perdido su veracidad. En realidad, nunca existió y, además, ha desaparecido la capacidad de persuasión. Quedan muy pocas mentes serias que sigan creyendo que se pueda lograr una nueva utopía mediante la ingeniería social.

Vivimos en la época de la libertad absoluta. Hemos alcanzado la mayoría de edad.

La humanidad ya no es infantil; ha madurado. Vivimos en una época muy socrática, porque la gente se plantea toda las cuestiones importantes de la vida. No empieces a ansiar y a anhelar un ideal, una idea, una perfección en el futuro.

Olvídate de los ideales y vive aquí y ahora.[9]

El perfeccionismo es el origen de todas las neurosis

El perfeccionismo es el origen de todas las neurosis. A menos que la humanidad se olvide de la idea de la perfección, nunca estará cuerda. La idea misma de la perfección ha llevado a la humanidad entera a la locura. Pensar en términos de perfección significa pensar en términos de ideología, objetivos, lo que debería y no debería hacerse.

Tienes que seguir un modelo y si no lo consigues te sentirás terriblemente culpable, pecador. Y el modelo tendrá tales características que nunca podrás seguirlo. Si lo consigues, no tendrá gran valor para el ego.

De modo que la característica intrínseca del ideal perfeccionista consiste en que no puede alcanzarse, y solo así vale la pena alcanzarlo. ¿Comprendes la contradicción? Y esa contradicción provoca esquizofrenia: intentas hacer lo imposible, algo que sabes perfectamente que no va a ocurrir, que no va a ocurrir por la naturaleza misma de las cosas. Si pudiera ocurrir no sería tal perfección; cualquiera podría hacerlo. Entonces el ego no encuentra mucho de lo que alimentarse, no tiene nada que le sirva para crecer. El ego necesita lo imposible, y por su propia naturaleza, lo imposible no ocurre.

De modo que solo quedan dos alternativas. Una, que empieces a sentirte culpable. Si eres inocente, sencillo, inteligente, empezarás a sentirte culpable, y la culpa es un estado enfermizo. Yo no estoy aquí para contribuir a ese sentimiento de culpa. Aúno todos mis esfuerzos para ayudarte a que te libres de toda culpa. En cuanto te libras de ella, estalla el júbilo. Y la culpa tiene su origen en la idea de la perfección.

La segunda alternativa consiste en lo siguiente: si eres astuto, te volverás hipócrita, empezarás a fingir que lo has conseguido. Engañarás a otros e incluso intentarás engañarte a ti mismo. Empezarás a vivir en medio de espejismos, de alucinaciones, y eso es sumamente pecaminoso, irreligioso, pernicioso.

Fingir, llevar una vida de fingimientos es mucho peor que la vida que lleva una persona con sentimiento de culpa. Al menos, la persona que se siente culpable es sencilla, pero quien finge, el hipócrita, el santo, el llamado sabio, el *mahatma*, es un sinvergüenza. Es sobre todo inhumano, inhumano consigo mismo porque se reprime, y esa es la única forma de fingimiento.

Tiene que reprimir todo cuanto en él vaya en contra de la perfección. Le hervirá la sangre, estará que arde, y su rabia saldrá al exterior de mil maneras, sutiles, indirectas, pero aflorará.

Incluso las personas como Jesucristo, tan amable, tan bueno, están llenas de rabia, de cólera, y resulta increíble que vayan en contra de tales cosas. Llega Jesucristo con sus discípulos, esa pandilla de memos llamados apóstoles. Tiene hambre, como toda la panda. Se topan con una higuera, y resulta que no es la época de los higos. No es culpa del árbol, pero Jesucristo se pone tan furioso que lo condena, que lo maldice. Vamos a ver: ¿cómo es posible? Por un lado, Jesucristo dice: «Ama a tu enemigo como a ti mismo», y por otro lado no es capaz de perdonar a una higuera que no ha dado frutos porque no es la época.

Esta dicotomía, esta esquizofrenia ha reinado sobre la humanidad durante milenios.

Jesucristo dice: «Dios es amor», pero Dios nos tiene preparado el infierno. Si Dios fuera amor, lo primero que habría que destruir sería el infierno; habría que quemar, que destruir inmediatamente el infierno. La sola idea de ese infierno muestra a un Dios celoso, pero Jesucristo nació judío y vivió y murió como judío. No era cristiano ni jamás oyó la palabra «cristiano». Y la idea de Dios que tienen los judíos no es especialmente bonita. El Talmud dice, en palabras del mismísimo Dios: «Soy un Dios celoso, muy celoso. ¡No soy amable! ¡No soy vuestro tío!». Un Dios así tiene que crear el infierno. Aun más; vivir en el cielo con semejante Dios —que no es tu tío, que no es amable pero sí celoso— sería un infierno. ¿Qué clase de paraíso habrías encontrado viviendo con él? Habría una atmósfera despótica, dictatorial, sin libertad, sin amor. Los celos y el amor no pueden convivir.

De modo que incluso las llamadas buenas personas han causado sufrimiento a la humanidad.

Nos duele porque nunca hemos reflexionado sobre estas cosas. Nunca hemos intentado excavar en nuestro pasado, y todas las causas del sufrimiento tienen su origen en nuestro pasado. Debes recordar que tu pasado está más dominado por Jesucristo, Mahavira, Confucio, Krisna, Rama y Buda que por Alejandro Magno, Julio César, Tamerlán, Gengis Kan, Nadirsha. Los libros de historia hablan de estas personas, pero no forman parte del inconsciente. Pueden formar parte de la historia, pero no conforman tu personalidad. Tu personalidad la conforman las llamadas buenas personas. Sin duda poseían algunas cualidades buenas, pero junto con ellas había una dualidad y esa dualidad surgió de la idea de la perfección.

Los jainistas dicen que Mahavira no sudaba. ¿Cómo va a sudar un hombre perfecto? Yo sí que sudo; no soy perfecto. Y la sudoración en verano es maravillosa; la prefiero a la perfección. Porque una persona que no suda sencillamente tiene un cuerpo de plástico, sintético, sin poros, que no respira. El cuerpo entero respira y por eso se suda. El sudor es un proceso natural para mantener la temperatura constante. Por eso, Mahavira debe de estar ardiendo por dentro como el propio infierno. ¿Cómo puede mantener constante la temperatura corporal? Sin la transpiración no puede hacerse, es imposible. Los jainistas dicen que cuando una serpiente picó a Mahavira en los pies, de ellos no brotó sangre sino leche. Eso solo habría sido posible si, en lugar de pies, Mahavira hubiera tenido pechos, y un hombre con pechos tendría que estar en un circo.

Así es su idea de la perfección: un hombre perfecto no puede tener cosas tan sucias como la sangre; está lleno de leche y miel. Pero no hay más que imaginarse la peste que desprenderá un hombre lleno de leche y miel. La leche se agriará y la miel atraerá moscas y otros insectos. ¡Qué bonito, todo su cuerpo lleno de moscas! A mí no me gusta nada esa clase de perfección.

Mahavira es tan perfecto que ni orina ni defeca, cosas que solamente hacen los imperfectos seres humanos. Nadie se puede imaginar a Mahavira sentado en la taza del váter, pero entonces, ¿adónde va a parar su mierda? Debe de ser el hombre más jodido del mundo. Me he enterado por una revista médica del caso más largo de estreñimiento: dieciocho meses. Pero eso no es nada. Los médicos no conocen el caso de Mahavira: ¡cuarenta años! Es el período más largo en el que un hombre ha sido capaz de controlar sus evacuaciones. ¡Eso sí que es yoga! El estreñimiento más prolongado en la historia de la humanidad, y no creo que nadie vaya a superarlo.

Estas ideas absurdas se han ido perpetuando simplemente para el sufrimiento de la humanidad. Si respetáis estas ideas os sentiréis culpables por todo.

A mí me encanta este mundo porque es imperfecto. Sí, es imperfecto, y por eso está creciendo. Si fuera perfecto habría muerto. Solo puede darse el crecimiento si existe la imperfección.

La perfección significa el punto y aparte, en definitiva, la muerte, y entonces no hay forma de llegar más allá. Me gustaría que lo recordarais siempre, que yo soy imperfecto, que el universo entero es imperfecto, y que lo que quiero transmitiros es precisamente el amor a esa imperfección, la alegría por esa imperfección.[10]

No hay que preocuparse por la perfección

No hay que preocuparse por la perfección. Es mejor sustituir la palabra «perfección» por «totalidad». No hay que pensar en ser perfecto, sino en ser total.

La totalidad te proporcionará una dimensión diferente.

En eso consisten mis enseñanzas: sé total y olvídate de ser perfecto. Hagas lo que hagas, hazlo totalmente; no perfecta, sino totalmente. ¿Cuál es la diferencia? Cuando estás enfadado, el perfeccionista dirá: «No está bien enfadarse. La persona perfecta nunca se enfada». Eso es una tontería, porque sabemos que Jesús estaba enfadado. Estaba realmente enfadado con la religión tradicional, con los sacerdotes, con los rabinos, tanto que sin la ayuda de nadie expulsó a los mercaderes del templo, látigo en mano. Gritaba tanto y su furia era tan intensa, tan apasionada, que todos se asustaron. No es simple coincidencia que el pueblo en cuyo seno nació fuera el que lo mató. Estaba realmente furioso y se rebeló.

Recuerda que el perfeccionista dirá: «No te enfades». ¿Y qué haces entonces? Reprimir tu furia, tragártela, y así se convertirá en un lento envenenamiento de tu ser. Serás capaz de reprimirla pero entonces te convertirás en una persona colérica, y eso sí es malo. Un estallido de cólera de vez en cuando tiene su propia función, su propia belleza, su humanidad. Una persona incapaz de enfadarse no tiene entrañas, no tiene carácter.

Una persona incapaz de enfadarse tampoco podrá amar, porque para ambas cosas hace falta pasión, y es la misma pasión. La persona incapaz de odiar tampoco podrá amar; ambas cosas van unidas. Su amor será frío. Y debemos recordar que más vale un odio cálido que un amor frío. Al menos es humano, tiene intensidad, tiene vida, respira.

Y quien ha perdido la pasión será una persona sosa, anquilosada, como muerta, y toda su vida será pura cólera. No la expresará, sino que seguirá reprimiéndola. La cólera se irá acumulando, una capa sobre otra, hasta que simplemente sea una persona colérica. No hay más que ver a los llamados *mahatmas* y santos: son personas coléricas. Creen haber controlado su cólera, pero ¿qué se puede hacer con una cólera controlada? Tragársela. Y entonces, ¿adónde va a parar? Es algo tuyo, forma parte de ti, y en ti seguirá, sin expresión.

Siempre que se expresa la cólera, te libras de ella, y tras la cólera puedes volver a sentir compasión. Una vez calmadas la cólera y la tormenta, puedes volver a sentir el silencio del amor. Existe un ritmo entre el odio y el amor, la cólera y la compasión. Si renuncias a uno de ellos, el otro desaparecerá. Y la ironía está en que, renuncies a lo que renuncies, simplemente te lo tragarás y pasará a formar parte de tu organismo. Te enfadarás sin razón alguna, de una forma irracional. Se reflejará en tus ojos, en tu tristeza, en tu expresión sombría y seria. Serás incapaz de disfrutar.

Cuando digo que se debe sustituir la perfección por la totalidad, me refiero a que cuando te enfades lo hagas totalmente, por completo. Sé cólera, cólera pura. Tiene su belleza. Y el mundo mejorará cuando aceptemos la cólera como parte de la humanidad, como parte del juego de las polaridades. No puede existir el este sin el oeste, ni la noche sin el día, ni el verano sin el invierno.

Hemos de aceptar la vida en su totalidad, porque existe cierto ritmo, cierta polaridad.[11]

3
El éxito

*Siempre he soñado con ser famoso y rico, con triunfar.
¿Puede ayudarme a que mi sueño se haga realidad?*

Pues no, señor mío, porque ese deseo es suicida, y no puedo ayudarlo a suicidarse. Puedo ayudarlo a madurar y a ser, pero a no a suicidarse, no puedo ayudarlo a destruirse por nada.

La ambición es un veneno. Si quiere ser mejor músico, sí puedo ayudarle, pero no piense que va a adquirir fama mundial. Si quiere ser mejor poeta, también puedo ayudarlo, pero no piense que va a obtener el Nobel. Si quiere ser buen pintor, también puedo ayudarlo, porque yo ayudo a aumentar la creatividad; pero la creatividad no tiene nada que ver con el nombre y la fama, con el éxito y el dinero. Y no digo que si se presentan tenga que renunciar a ellos; si se presentan, estupendo; disfrútelos, pero que no sean lo que le motiven, porque cuando una persona intenta alcanzar el éxito, ¿cómo va a ser un auténtico poeta? Si su energía es política, ¿cómo puede ser poética? Si alguien intenta hacerse rico, ¿cómo va a ser un auténtico pintor? Toda su energía está centrada en hacerse rico, mientras que un pintor necesita toda su energía para pintar, y pintar es algo de aquí y ahora. Y la riqueza puede surgir en algún momento del futuro; puede surgir o no. No hay ninguna necesidad; todo es casualidad: el éxito es algo casual, como la fama.

Pero la dicha no es algo casual. Puedo ayudarlo a ser dichoso; puede pintar y ser dichoso. Tanto si sus cuadros se hacen famosos como si no, tanto si llega a ser un Picasso como si no, eso no tiene importancia, pero yo puedo ayudarlo a pintar de tal manera que mientras pinte incluso Picasso hubiera sentido envidia. Puede perderse por completo en su pintura, y en eso consiste el verdadero gozo.

Esos son los momentos de amor y meditación; esos son los momentos divinos.

Un momento divino consiste en perderse por completo, cuando desaparecen las limitaciones, cuando no eres y Dios es.

Pero no puedo ayudar a alcanzar el éxito. Insisto en que no estoy en contra del éxito. No digo que no haya que alcanzarlo; no tengo nada en su contra y me parece muy bien. Lo que digo es que no debe ser la motivación, porque entonces perderás de vista la pintura, la poesía, la canción que estás cantando ahora mismo, y cuando llegue el éxito tendrás las manos vacías porque a nadie le puede llenar el éxito.

El éxito no puede nutrir, no tiene nutrientes. El éxito no es sino pura palabrería.

Precisamente la otra noche estaba yo leyendo un libro sobre Somerset Maugham, *Conversaciones con Willie*. El libro lo escribió Robin Maugham, sobrino del escritor. Bien; Somerset Maugham fue una de las personas más famosas, más ricas y con más éxito de nuestra época, pero esas memorias resultan muy reveladoras. Veamos lo siguiente, las palabras que Robin Maugham escribió sobre su famoso tío:

> No cabe duda de que era el escritor más famoso y destacado de su época. Y también el más triste... «Verás. Dentro de muy poco estaré muerto, y la idea no me hace ninguna gracia», me dijo un día..., y dijo eso cuando tenía noventa y un años. «Yo ya soy un vejestorio, pero no por eso se me hacen más fáciles las cosas», dijo.

Era rico, con fama mundial y todo lo demás, y a los noventa y un años seguía ganando una fortuna, a pesar de llevar muchísimo tiempo sin escribir ni una sola palabra. Los derechos de autor de sus libros le llegaban literalmente a montones, y también las cartas de admiradores. En aquel momento se representaban en Alemania cuatro obras suyas. *El círculo* volvía a ponerse en escena en Inglaterra y acababan de hacer un musical con *La esposa constante*. Al cabo de poco tiempo adaptarían una de sus novelas más famosas, *Servidumbre humana*, para una película, que podría reportarle tantos millones de dólares como *Lluvia*, *La luna y seis peniques* y *El filo de la navaja*. Por desgracia, lo único que no le habían reportado tanto talento y tanto éxito era la felicidad. Era el hombre más triste del mundo.

«¿Cuál es el recuerdo más bonito de tu vida?», le pregunté. «No se me ocurre ninguno», contestó. «Miré a mi alrededor —dice el sobrino—, el salón con el mobiliario inmensamente valioso, los cuadros y los objetos de arte que su éxito le había permitido adquirir. Su casa y el maravilloso jardín —en un enclave prodigioso a orillas del Meditérráneo— estaban valorados en seiscientas mil libras. Tenía once personas a su servicio, pero no era feliz.

»Al día siguiente, mientras leía la Biblia, dijo: "He encontrado la cita: *¿De qué le sirve a un hombre ganar el mundo si pierde su alma?*". Entrecruzó y separó las manos con desesperación y añadió: "Querido Robin, he de decirte que ese texto estaba colgado enfrente de mi cama cuando yo era pequeño". Después lo llevé a dar un paseo por el jardín y dijo: "Verás. Cuando me muera me lo quitarán todo, los árboles, la casa, hasta el último mueble. No podré llevarme ni una mesa". Y se echó a temblar, muy triste.

»Guardó silencio un rato mientras paseábamos por un naranjal y dijo: "He sido un fracasado durante toda mi vida". Intenté animarlo. "Eres el escritor vivo más famoso. Eso significará algo, ¿no?", pregunté. "Ojalá jamás hubiera escrito una sola palabra, —contestó—. ¿De qué me ha servido? Mi vida ha sido un fracaso, y ahora es demasiado tarde para cambiar. Demasiado tarde." Y se le llenaron los ojos de lágrimas.»

¿DE QUÉ PUEDE SERVIRTE EL ÉXITO? Ese hombre, Somerset Maugham, vivió en vano. Tuvo una larga vida —noventa y un años—, y podría haber sido un hombre muy feliz, satisfecho, pero solo si el éxito pudiera proporcionarlo, si pudieran proporcionarlo las riquezas, una gran casa y los criados.

En última instancia, el nombre y la fama carecen de importancia; lo único que cuenta a la hora de la verdad es cómo hayas vivido cada momento de tu vida. ¿Con alegría? ¿Como una fiesta? ¿Has sido feliz con las pequeñas cosas? Al darte un baño, tomar té, barrer el suelo, pasear por el jardín, plantar árboles, hablar con un amigo o mientras estabas sentado en silencio con la persona amada o mirando la luna o simplemente escuchando el canto de los pájaros, ¿eras feliz en esos momentos? ¿Fue cada uno de ellos un momento de transformación de felicidad luminosa? ¿Irradiaba alegría? Eso es lo que importa.

Me preguntas si puedo ayudarte a hacer realidad tu deseo. No, en absoluto, porque ese deseo es tu enemigo y te destruirá. Y un día, cuando te topes con esa frase de la Biblia: «¿De qué le sirve a un hombre ganar el mundo si pierde su alma?», llorarás de frustración y dirás: «Y ya es demasiado tarde para cambiar. Demasiado tarde».

Pero yo te digo que aún no es demasiado tarde, que puedes hacer algo, que puedes cambiar tu vida totalmente, desde las mismas raíces. Yo puedo ayudarte a realizar un cambio alquímico, pero no puedo garantizarlo en el sentido mundano. Yo garantizo el éxito en el mundo interior. Puedo hacerte rico, tan rico como cualquier Buda. Y solo los budas son ricos; quienes únicamente se rodean de cosas mundanas no son realmente ricos, sino pobres que se engañan a sí mismos y a otros, haciendo creer que son ricos. En el fondo son mendigos, no auténticos emperadores.

BUDA LLEGÓ UN DÍA A UNA CIUDAD, y el rey tenía ciertos reparos en ir a recibirlo. El primer ministro le dijo:

—Si no vas a recibirlo, acepta mi dimisión, porque no podré seguir a tu servicio.

El rey preguntó:

—Pero ¿por qué? —Aquel hombre le resultaba indispensable, y sin él se habría sentido perdido; era la verdadera clave de su poder—. Pero ¿por qué? ¿Por qué insistes? ¿Por qué tendría que ir a recibir a un mendigo?

Y el anciano primer ministro respondió:

—Porque tú eres el mendigo y él es el emperador. Ve a recibirlo, porque si no, no serás digno de que te sirvan.

El rey fue a recibirlo. De mala gana, pero fue. Y después de ver a Buda, se postró a los pies del anciano primer ministro y dijo:

—Tenías razón. Él es el rey y yo el mendigo.

La vida es extraña. A veces los reyes son mendigos y los mendigos, reyes. No te dejes engañar por las apariencias. Mira en el interior. El corazón es rico cuando palpita de alegría, el corazón es rico cuando alcanzas la armonía con el Tao, con la naturaleza, con la ley suprema de la vida, con el *dhamma*. Si no, un día dirás llorando: «Es demasiado tarde...».

No puedo ayudarte a destruir tu vida. Estoy aquí para mejorar tu vida, para darte vida en abundancia.[12]

Te atormenta la idea del éxito

Te atormenta la idea del éxito. La idea del éxito es el mayor desastre que ha sufrido la humanidad, la idea de que hay que tener éxito. Y el éxito significa que hay que competir, que hay que luchar, no importa por qué medios, buenos o malos. Una vez que alcanzas el éxito, todo está bien. Lo importante es lograrlo, y aunque lo alcances por malos medios, cuanto hayas hecho está bien. El éxito cambia la cualidad de todos tus actos, transforma los medios malos en buenos.

De modo que lo que se plantea es lo siguiente: ¿cómo triunfar? ¿Cómo llegar a lo más alto? Y naturalmente, muy pocas personas pueden llegar a lo más alto. Si todo el mundo intentara llegar al Everest, ¿cuántas personas podrían estar en la cima? No hay mucho espacio, y solo una persona puede estar allí cómodamente. Y los millones que también se esforzaban por lograrlo se sentirían fracasados; la desesperación se adueñaría de sus almas. Empezarían a sentirse mal.

La educación que os han dado, eso que llaman educación, es errónea, totalmente perniciosa. Vuestros colegios y universidades os corrompen. Crean la desdicha, son las fábricas de los infiernos, pero de una forma tan bonita que no os dais cuenta de lo que ocurre. El mundo entero se ha convertido en un infierno debido a esa educación errónea. Cualquier educación basada en la idea de la ambición creará el infierno en la tierra. Ya lo ha logrado.

Todos sufren y se sienten inferiores. Es una situación verdaderamente extraña. Nadie es inferior y nadie es superior, porque cada individuo es único, y no existe comparación posible. Tú eres tú, simplemente tú. No puedes ser nadie más, ni falta que hace. Y no necesitas hacerte famoso, no necesitas triunfar a ojos del mundo. Esas ideas son absurdas.

Lo único que necesitas es ser creativo, amar, tener conciencia, meditar... Si notas que la poesía empieza a surgir en tu interior, escríbela para ti mismo, para tu mujer, para tus hijos, tus amigos... y olvídate del asunto. Cántala, y si nadie la escucha, cántala a solas y disfrútala. Acércate a los árboles, que ellos la apreciarán y aplaudirán. O habla con los animales, que te entenderán mucho mejor que los estúpidos seres humanos a quienes los conceptos erróneos de la vida llevan corrompiendo siglos y siglos.

La persona ambiciosa es un problema patológico.[13]

Me siento una persona muy especial, tan especial que quisiera ser normal y corriente. ¿Podría decir algo sobre esto, por favor?

Todo el mundo piensa lo mismo. En el fondo, todo el mundo sabe que es especial. Es una broma que Dios les gasta a los seres humanos. Cuando crea a una persona y la trae a la tierra, le susurra al oído: «Eres especial. Eres incomparable, única». Pero lo hace con todo el mundo, y en el fondo todo el mundo se lo cree, aunque la gente no lo dice con tanta claridad como tú, por miedo a que los demás se sientan ofendidos. Y como nadie va a quedar convencido, ¿qué sentido tiene decirlo? Si le dices a alguien: «Soy especial», no lo convencerás porque sabe que él es especial. ¿Cómo convencerlo? Sí, quizá alguien quede convencido, o al menos finja estarlo. Si trabaja en algo contigo, quizá te diga para hacerte la pelota: «Sí, eres especial, eres fantástico», pero en el fondo sabe que el negocio es el negocio.

Un fanfarrón le está contando a un amigo que tiene tres coches y un montón de cosas más. Cuando encima le dice que mantiene a dos amantes en Nueva York pero que ha dejado embarazada a su secretaria, increíblemente guapa y apasionada, y que tiene que llevarse en el viaje de negocios a Río de Janeiro, para los Carnavales, a la mecanógrafa, una rubia impresionante, quien lo escucha se pone a jadear de repente, se da un tirón a la corbata y sufre un ataque al corazón.

El fanfarrón interrumpe la historia, le da unas palmaditas en la espalda a la víctima y un vaso de agua y le pregunta solícito qué le ocurre.

—No puedo evitarlo —responde el hombre—. Soy alérgico a las gilipolleces.

MÁS VALE MANTENER ESAS GILIPOLLECES EN SECRETO, porque la gente es alérgica, pero en cierto modo está bien que hayas sacado a la luz lo que piensas.

Si te consideras especial, tú mismo te buscarás la desdicha. Si te consideras superior a los demás, más inteligente que los demás, lograrás un ego muy fuerte. Y el ego es veneno, veneno puro.

Y cuanto más egoísta eres, más te duele, porque es una herida. Cuanto más egoísta, más separado de la vida. Te desligas de la vida; ya no sigues la corriente de la vida y te conviertes en una roca en mitad del río. Te vuelves frío como el hielo, pierdes todo el calor, todo el amor.

Una persona especial no puede amar, porque ¿dónde va a encontrar a otra persona especial?

Me han contado la historia de un hombre que permaneció soltero toda la vida, y cuando estaba moribundo, a la edad de noventa años, alguien le preguntó:

—Has estado soltero toda la vida, pero nunca has explicado por qué. Ahora que vas a morir, por lo menos satisface nuestra curiosidad. Si guardas algún secreto, ahora puedes contarlo, porque te estás muriendo. Incluso si el secreto sale a la luz, ya no importa.

El moribundo respondió:

—Sí, hay un secreto. No es que esté en contra del matrimonio, sino que buscaba a la mujer perfecta. Busqué por todas partes, y así se me pasó la vida.

Quien le había preguntado antes insistió:

—Pero en esta tierra tan grande, con tantos millones de habitantes, la mitad son mujeres. ¿No encontraste ni a una sola mujer perfecta?

Una lágrima rodó por la mejilla del moribundo. Contestó:

—Sí, encontré a una.

El otro hombre se quedó perplejo. Dijo:

—Entonces ¿qué pasó? ¿Por qué no te casaste?

Y el anciano respondió:

—Porque aquella mujer estaba buscando al marido perfecto.

Tu vida resultará muy difícil si mantienes tales ideas. Y sí, el ego es tan astuto, tan taimado, que puede ofrecerte este nuevo proyecto: «Eres especial. Hazte normal y corriente». Pero dentro de tu normalidad, sabrás que eres la persona más extraordinaria del mundo. No hay nadie más normal que tú. Será el mismo juego, camuflado.

Eso es lo que hacen los así llamados humildes. Dicen: «Soy la persona más humilde del mundo. No te llego a la suela de los zapatos». Pero no lo dicen de verdad. No respondas: «Sí, lo sé», porque no te perdonarán jamás. Esperan que digas: «Eres la persona más humilde que he conocido, y la más virtuosa». Entonces se quedarán encantados, satisfechos. Es el ego ocultándose tras la humildad. Así no puedes deshacerte del ego.

Me dices: «*Me considero una persona muy especial, tan especial que me gustaría ser normal y corriente. ¿Podría decir algo sobre esto, por favor?*».

Nadie es especial, o todo el mundo es especial. Nadie es normal y corriente, o todo el mundo es normal y corriente. Pienses lo que pienses de ti mismo, lo mismo debes pensar de los demás, y así quedará resuelto el problema. Tú eliges. Si prefieres la palabra «especial», puedes pensar que lo eres, pero entonces también lo son todos los demás. Y no solamente las personas; también los árboles, los animales, las piedras... la existencia entera es especial, porque tú saliste de esa existencia y en ella te disolverás. Pero si te gusta la palabra «normal», que es muy bonita, más tranquila, entonces comprenderás que todo el mundo es normal, que la existencia en sí es normal.

Hay que recordar una cosa: pienses lo que pienses sobre ti, piensa lo mismo sobre los demás, y entonces desaparecerá el ego. El ego es el espejismo que se crea al pensar sobre ti mismo de una manera y de otra sobre los demás. Es un pensamiento doble, y si te deshaces de él, el ego muere sin más.[14]

¿Cómo puedo dejar de querer ser especial?

Porque eres especial, y no hay necesidad alguna de serlo. Eres especial, eres único; Dios jamás crea nada que sea menos que eso.

Todos somos únicos, completamente únicos. Jamás ha existido una persona como tú hasta ahora, ni jamás existirá. Dios ha adoptado esta forma por primera y última vez, y no hay necesidad alguna de intentar ser especial, porque ya lo eres. Si intentas ser especial te harás normal. Tu esfuerzo está basado en un malentendido que te producirá confusión, porque cuando intentas ser especial has dado algo por supuesto: que no eres especial. Ya eres normal, es decir, que no te has enterado de nada.

Si das por supuesto que eres normal, ¿cómo puedes llegar a ser especial? Lo intentarás por todos los medios, y seguirás siendo normal, porque tus fundamentos, tus cimientos, son erróneos. Sí, puedes comprarte ropa más sofisticada, cambiarte de peinado, utilizar productos de belleza, puedes aprender unas cuantas cosas y tener más cultura, pintar y empezar a considerarte pintor; puedes hacer unas cuantas cosas, alcanzar la fama, pero en el fondo sabrás que eres normal y corriente. Todas esas cosas están en el exterior. ¿Cómo vas a transformar tu alma normal en un alma extraordinaria? No hay ningún medio para hacerlo.

Y Dios no ha concedido ningún medio porque como jamás crea almas normales y corrientes, no puede pensar en el problema que tú tienes. Él te ha concedido un alma especial, extraordinaria. No se la ha concedido a nadie más, porque la creó solo para ti.

Lo que me gustaría decirte es que debes reconocer tu condición especial. No hay necesidad de esforzarte por encontrarla porque ya la tienes. Solamente tienes que reconocerla, adentrarte en tu ser y sentirla. Nadie tiene unas huellas dactilares como las tuyas. Nadie tiene unos ojos como los tuyos, ni una voz como la tuya, ni una fragancia como la tuya. Eres excepcional. No existe un doble de ti en ninguna parte. Incluso dos gemelos son diferentes; por mucho que se parezcan, son distintos. Siguen caminos distintos, se desarrollan de modos distintos, su individualidad es distinta.

Es fundamental reconocer esto.

Me preguntas: «*¿Cómo puedo dejar de querer ser tan especial?*».

Presta atención al simple hecho, adéntrate en tu ser, mira, y se desvanecerán los esfuerzos para ser especial. Cuando sepas que eres especial, se acabarán tus esfuerzos. Si quieres que te proporcione una técnica para que dejes de ser especial, esa técnica solo contribuirá a trastornar las cosas. Intentarás otra vez hacer algo, transformarte en algo. Al principio intentabas ser especial, y después intentas no ser especial, pero siempre estás intentando, intentando algo, mejorar en un sentido u otro, sin aceptar jamás el tú que tú eres.

Lo que quiero transmitirte es lo siguiente: acepta el tú que eres, porque Dios lo acepta. Dios lo respeta, pero tú aún no respetas tu propio ser. Deberías ser inmensamente feliz por el hecho de que

Dios haya decidido que tú seas, que haya decidido que existas, que veas este mundo, que escuches su música, que veas sus estrellas, que veas a sus gentes —amar y ser amado—... ¿qué más quieres? ¡Alégrate! Insisto: ¡Alégrate! Y poco a poco, esa alegría estallará en ti y comprenderás que eres especial.

Pero has de recordar que eso no supone que seas especial respecto a los demás. Por el contrario, comprenderás que todo el mundo es especial, que lo normal y corriente no existe.

Tal es el criterio: si piensas «soy especial», más especial que ese hombre, que aquella mujer, todavía no lo habrás comprendido. Es el juego del ego. Sí, especial, pero no en términos de comparación; especial, pero sin comparación con nadie, especial tal y como tú eres.

UN PROFESOR DE UNIVERSIDAD FUE A VER A UN MAESTRO DE ZEN Y LE PREGUNTÓ:

—¿Por qué no soy como usted? Eso es lo que deseo. ¿Por qué no soy como usted? ¿Por qué no soy silencioso como usted, y sabio como usted?

El maestro contestó:

—Espera. Siéntate, en silencio. Observa. Obsérvame a mí, y a ti mismo, y cuando todos se hayan marchado, si aún quieres hacerme esa pregunta, te contestaré.

No paró de entrar y salir gente durante todo el día. Los discípulos preguntaban cosas, y el profesor de universidad se puso nervioso, porque estaba perdiendo el tiempo. El maestro había dicho: «Cuando todos se hayan marchado...».

Cayó la noche, y cuando no quedaba nadie, el profesor dijo:

—Bueno, ya está bien. Llevo todo el día esperando. ¿Qué hay de mi pregunta?

Empezaba a salir la luna, la luna llena, y el maestro preguntó:

—¿Aún no tienes la respuesta?

El profesor dijo:

—Pero si no me ha contestado...

El maestro se echó a reír y dijo:

—He contestado a muchas personas durante todo el día. Si hubieras observado, lo habrías comprendido. Vamos al jardín. Hay luna llena y hace una noche preciosa. —Y añadió—: Mira ese ciprés —un árbol muy alto, donde la luna se enredaba entre sus ramas— y mira ese arbusto.

Pero el profesor replicó:

—¿A qué viene eso? ¿Se ha olvidado de mi pregunta?

El maestro contestó:

—Estoy contestando a tu pregunta. El ciprés y el arbusto llevan años viviendo en mi jardín, y jamás he oído al arbusto preguntarle al ciprés: «¿Por qué no soy como tú?». El ciprés es el ciprés, y el arbusto es el arbusto, y los dos están felices de ser lo que son.

Yo soy yo, y tú eres tú. Las comparaciones provocan conflictos. Las comparaciones desembocan en la ambición y en la imitación.

Si me preguntas: «¿Por qué no soy como tú?», empezarás a intentar ser como yo, y eso te destrozará la vida, porque serás un imitador, una copia. Y si eres un imitador perderás el respeto de ti mismo.

Raramente se encuentra a una persona que se respete a sí misma. ¿Por qué? ¿Por qué no existe la veneración de la vida, de la propia vida? Y si no respetas tu propia vida, ¿cómo vas a respetar la de los demás? Si no respetas tu propio ser, ¿cómo vas a respetar el rosal, el ciprés, la luna y a las personas? ¿Cómo vas a respetar a tu maestro, a tu padre, a tu madre, tu amigo, tu esposa, tu marido? ¿Cómo vas a respetar a tus hijos si no te respetas a ti mismo?

Y raramente se encuentra a una persona que se respete a sí misma.

¿Por qué? Porque te han enseñado a imitar.

Te han dicho desde la infancia: «Has de ser como Jesucristo», «Has de ser como Buda». Pero ¿por qué? ¿Por qué tendrías que ser como Buda? Buda nunca fue como tú. Buda era Buda, como Jesucristo era Jesucristo, como Krisna era Krisna. ¿Por qué tendrías que ser como Krisna? ¿Qué mal has hecho a nadie, qué pecado has cometido para tener que ser como Krisna? Dios nunca creó a otro Krisna, ni a otro Buda, ni a otro Jesucristo... No le gusta crear lo mismo una y otra vez. Es un creador, no una cadena de montaje, como si produjera coches Ford. Dios no es una cadena de montaje, sino un creador original, y jamás crea lo mismo.

Y lo mismo no tendría valor. Imaginaos que Jesucristo estuviera de nuevo entre vosotros: no encajaría. Sería una antigualla, estaría pasado de moda y solo tendría cabida en un museo. No habría ningún otro sitio para él.

Dios nunca se repite; pero siempre te han enseñado a ser como otra persona: «Tendrías que ser como el hijo del vecino... Fíjate en lo inteligente que es». «Mira a esa chica, con qué elegancia anda. Así tendrías que ser tú.» Siempre te han enseñado que seas como otra persona.

Nadie te ha dicho que seas tú mismo y que respetes tu ser, el don de Dios.

Nunca imites a nadie: eso es lo que te digo. Jamás imites a nadie.

Sé tú mismo; se lo debes a Dios. ¡Sé tú mismo! Sé realmente tú mismo y entonces comprenderás que eres especial. Dios te ama, y por eso eres. Por eso eres en primer lugar, porque si no, no existirías. Eso indica el enorme amor que Dios siente por ti.

Pero el hecho de que seas especial no te compara con nadie, no significa que seas especial en comparación con tus vecinos, tus amigos, tu esposa, tu marido. Eres especial simplemente porque eres único. Eres la única persona igual que tú. Con ese respeto, con esa comprensión, se desvanecerán los esfuerzos por ser especial.

Tus esfuerzos por ser especial es como ponerle patas a una serpiente. Con eso solo conseguirás matarla. Piensas, porque te da pena, que debes ponerle patas a la serpiente. «Pobre serpiente. ¿Cómo va a caminar sin patas?» Como si la serpiente hubiera caído en las garras de un ciempiés y el ciempiés, sintiendo lástima de la serpiente dijera: «Pobre serpiente. Yo tengo cien pies y ella ninguno. ¿Cómo va a andar? Le hacen falta al menos unos cuantos». Y si consigue ponerle unos cuantos pies a la serpiente, la matará. La serpiente está perfectamente tal y como es; no necesita patas.

Tú estás perfectamente tal y como eres. A eso me refiero al hablar del respeto del ser de cada cual. Y respetarse a sí mismo no tiene nada que ver con el ego, no tiene nada que ver con el amor propio. El respeto a sí mismo es el respeto de Dios. Significa respetar al creador, porque tú no eres sino una pintura, su pintura. Al respetar la pintura, respetas al pintor.

Respeta, acepta, reconoce, y se desvanecerán todos esos absurdos esfuerzos por ser especial.[15]

4
La mente

En inglés solo existe una palabra
para el proceso del pensamiento.

En inglés solo existe una palabra para el proceso del pensamiento: la «mente». Y en el idioma inglés no existe una palabra para denotar algo más allá del proceso del pensamiento. La filosofía de Buda Gautama y de Bodhidharma consiste en cómo ir más allá el proceso del pensamiento. En sánscrito, en pali, existen varias palabras: *manus*, la raíz de la palabra inglesa «mente», significa precisamente el proceso del pensamiento, y *chitta* la conciencia que trasciende el proceso del pensamiento.[16]

¿Por qué no se queda tranquila esta mente mía, que no para de decirme cosas? No me deja en paz desde que tengo uso de razón. ¿Cuál es su origen? ¿Se remonta en cierto modo al tremendo silencio en el que se disuelve cuando estoy ante ti?

La mente no es ni más ni menos que un ordenador biológico. El niño nace sin mente; en su interior no hay cháchara. Este mecanismo tarda entre tres y cuatro años en empezar a funcionar. Y se ha observado que las niñas empiezan a hablar antes que los niños, que son más parlanchinas, porque poseen un ordenador biológico de mejor calidad. Hay que introducirle información, y por eso, cuando intentas recordar tu vida te quedas estancado a la edad de cuatro años si eres hombre, o la de tres años si eres mujer. Después hay un vacío. Estabas allí, debieron de ocurrir muchas cosas, pero al parecer ningún recuerdo ha quedado registrado, no recuerdas nada. Sin embargo, sí puedes recordar con claridad hasta los tres o cuatro años de edad.

La mente recoge sus datos de los padres, del colegio, de otros niños, de los vecinos, los familiares, la sociedad, las iglesias... Hay multitud de fuentes. Y te habrás dado cuenta de que cuando empiezan a hablar, los niños pequeños repiten la misma palabra muchas veces, por el gozo que les produce que haya empezado a funcionar un nuevo mecanismo.

Cuando empiezan a articular frases enteras las repiten sin cesar, encantados. Cuando empiezan a hacer preguntas, no paran de preguntar. Y recuerda que no les interesan las respuestas. Observa a un niño cuando hace una pregunta. Como no les interesan las respuestas, más vale no darles una respuesta larga, como sacada de la *Enciclopedia Británica*. Al niño no le importa la respuesta; simplemente le encanta ser capaz de preguntar, esa nueva facultad que es capaz de ejercitar.

Así va reuniendo datos. Después empezará a leer, lo que significa hacer acopio de palabras, y en esta sociedad el silencio no vale para nada; cuanto mejor te expreses, más beneficios obtendrás.

¿Qué tienen los dirigentes? ¿Qué tienen los políticos, los profesores, los sacerdotes, los teólogos, los filósofos, si lo reducimos a un solo elemento? La capacidad de expresarse bien. Saben dar coherencia y significado a las palabras para impresionar a la gente.

Pocas veces nos damos cuenta de que la sociedad está dominada por quienes saben expresarse. A lo mejor no saben nada, no son inteligentes, pero hay algo fundamental: que saben manejar el lenguaje. Es un juego que han aprendido y que les recompensa con la respetabilidad, el dinero y el poder... en todos los sentidos. Por eso todo el mundo lo intenta, y la mente se llena de palabras, de pensamientos.

Se puede encender y apagar un ordenador, pero no ocurre lo mismo con la mente, porque no tiene interruptor.

No existe ninguna referencia de que, cuando Dios creó el mundo, cuando creó al hombre, también creara un interruptor para encenderlo o apagarlo. Como no existe tal interruptor, funciona continuamente, desde el nacimiento hasta la muerte.

Os sorprenderán las extrañas ideas que tienen quienes saben de ordenadores y comprenden el cerebro humano. Si sacamos el cerebro del cráneo de un ser humano y lo mantenemos vivo por medios mecánicos, seguirá parloteando de la misma manera. No importa que ya no esté conectado al pobrecillo que tenía que sufrirlo: sigue soñando. A pesar de estar conectado a unas máquinas, sigue soñando, imaginando, teniendo miedos, proyectos, esperanzas, intentando ser esto o lo otro, sin conciencia de que ya no puede hacer nada, porque la persona a la que estaba conectado ya no existe.

Se puede mantener vivo ese cerebro durante miles de años conectado a dispositivos mecánicos y seguirá dándole vueltas a las mismas cosas, porque no hemos podido enseñarle nada nuevo. En cuanto le enseñemos algo nuevo, lo repetirá.

Hay una idea muy extendida en los círculos científicos: el desperdicio que supone que muera un hombre como Albert Einstein y su cerebro con él. Si se pudiera preservar el cerebro, implantarlo en el cuerpo de otra persona, seguiría funcionando. Da igual que Einstein esté vivo o no, porque el cerebro seguirá pensando en la teoría de la relatividad, en las estrellas y esas cosas. La idea consiste en que, al igual que algunas personas donan sangre y otras los ojos antes de morir, también deberían empezar a donar el cerebro para que se pudiera conservar. Si pensamos que tienen un cerebro especial, muy cualificado —y que sería una lástima dejar que se muriera—, podemos trasplantarlo.

Cualquier idiota puede transformarse en Einstein y no se enterará, porque dentro del cráneo humano no hay sensibilidad, porque se puede cambiar cualquier cosa sin que esa persona se dé cuenta. Solamente con dejar a una persona inconsciente se puede cambiar cualquier cosa en su cerebro, incluso el cerebro entero, y se despertará con el nuevo cerebro, con una nueva cháchara dentro de sí, sin siquiera sospechar qué ha ocurrido.

Esa cháchara es nuestra educación y tiene un error fundamental, porque solo nos enseña la mitad del proceso, es decir, cómo utilizar la mente. No nos enseña a detenerla y a relajarla, porque incluso cuando estás durmiendo sigue funcionando. No sabe lo que es dormir. Setenta años, ochenta años, y no para de funcionar.

Si pudiéramos educar... Y eso es lo que me gustaría que comprendieseis, que es posible. Es lo que llamamos meditación.

Se puede poner un interruptor en la mente y apagarlo cuando no se necesite. Sirve para un par de cosas: te proporcionará una paz y un silencio que jamás habías experimentado, y un conocimiento de ti mismo que, a causa de tu mente, que no para con su cháchara, no podrías alcanzar. Siempre te ha tenido entretenido.

Y además, dejaría descansar a la mente. Y si se puede dar descanso a la mente, tendrá más capacidad para hacer cosas con mayor eficacia, más inteligentemente.

De modo que te beneficiarás por ambos lados, por el lado de la mente y del ser; solo tienes que aprender a hacer que la mente deje de funcionar, a decirle: «Ya está bien. Vete a dormir; pero no te preocupes, que yo estoy despierto».

Hay que utilizar la mente cuando se necesite, y entonces estará fresca, joven, llena de savia y energía. Cualquier cosa que digas no estará seca, sino llena de vida, de autoridad, de verdad, sinceridad y de un enorme significado. Quizá emplees las mismas palabras, pero la mente poseerá tal poder tras haber descansado que cada palabra será como una poderosa llamarada.

Lo que en el mundo se conoce como carisma no es nada, no es sino una mente que sabe relajarse y acumular energía, de modo que cuando habla, es poesía, cuando habla, lo que dice es como el evangelio, sin necesidad de mostrar pruebas ni lógica: su propia energía basta para influir a la gente. Y la gente siempre ha sabido que hay algo... aunque nunca ha podido precisar en qué consiste lo que se llama carisma.

Quizá yo pueda explicaros por primera vez en qué consiste el carisma, porque lo conozco por experiencia propia. Una mente que funciona día y noche inevitablemente se debilita, se apaga, pierde fuerza, como si se arrastrara. En el mejor de los casos resulta útil, para ir a comprar la verdura, por ejemplo; pero por lo demás, carece de poder. Por eso hay millones de personas que podrían haber sido carismáticas y siguen siendo mediocres, sin autoridad ni poder.

Si es posible —y lo es— dejar la mente en silencio y utilizarla solamente cuando se necesita, funcionará con una fuerza arrolladora. Ha recogido tanta energía que cada palabra pronunciada llega directamente al corazón. La gente piensa que la mente de estos personajes carismáticos es hipnótica, pero no lo es. Esas personas poseen tal poder, tal frescura... Siempre es primavera. Eso con respecto a la mente.

Con respecto al ser, el silencio abre un nuevo universo de eternidad, de inmortalidad, de todo cuanto se pueda considerar dicha, bendición.

De ahí que insista tanto en que la meditación es la religión esencial, la única religión. No hace falta nada más. Todo lo demás son rituales, no esenciales.

La meditación es la esencia, la esencia misma. No se le puede quitar nada. Y te ofrece ambos mundos. Te ofrece el otro mundo, el divino, y también este mundo. Entonces dejas de ser pobre. Te haces rico, pero no en dinero.

Existen muchas clases de riquezas, y quien es rico por el dinero se incluye en la categoría más baja de esa riqueza. Por decirlo de otro modo: la persona con mucho dinero es la más pobre entre los ricos. Desde el punto de vista del pobre, es el pobre más rico, y desde el punto de vista de un artista creativo, de un bailarín, un músico, un científico, es el rico más pobre. Y en lo referente al mundo del despertar definitivo, ni siquiera se lo puede considerar rico.

La meditación te enriquecerá definitivamente al ofrecerte el mundo de tu ser más recóndito y también te enriquecerá en un sentido más inmediato, porque liberará tus poderes mentales para desarrollar ciertas habilidades que posees. Según mi propia experiencia, todo el mundo nace con cierta habilidad, con cierto talento, y a menos que desarrolle ese talento hasta el final, le faltará algo. Siempre tendrá la sensación de que algo que debería existir no existe.

Hay que dejar descansar la mente. ¡Lo necesita! Y resulta muy sencillo: basta con actuar como testigo, y entonces obtendrás ambas cosas.

La mente aprende lenta, muy lentamente, a guardar silencio, y en cuanto sabe que al guardar silencio adquiere poder, entonces, sus palabras no son simples palabras, sino que tienen un valor, una riqueza y una cualidad que jamás habían poseído, hasta tal punto que llegan directamente, como flechas.

La mente es un buen sirviente, de inmenso poder, en manos del silencio. Entonces el ser es el amo, y el amo puede utilizar la mente siempre que se necesite y desenchufarla cuando no se necesite.[17]

La mente no para de pedir, como una mendiga

La mente no para de pedir, como una mendiga. Voy a contar una antigua parábola...

UN MENDIGO LLAMÓ UN DÍA A LAS PUERTAS DE UN PALACIO. Dio la casualidad de que el rey iba a salir en ese momento al jardín a dar su paseo matutino y abrió la puerta. El mendigo dijo:

—Parece un día de suerte para ti.

—¿Para quién? —preguntó el rey—. ¿Para ti o para mí?

El mendigo contestó:

—Se decidirá al final del día. Soy un mendigo y solo pido una cosa. Tengo este cuenco para las limosnas. ¿Puedes llenarlo, con lo que quieras?

El mendigo parecía un poco raro. Tenía ojos de místico, y su forma de hablar no era propia de un mendigo, sino de un emperador. Lo rodeaba un aura de gran autoridad. El rey le ordenó al primer ministro que llenara el cuenco de monedas de oro para que el mendigo recordase que había llamado a las puertas del palacio real y que por eso él era el que tenía suerte. El mendigo se echó a reír.

El rey preguntó:

—Bueno, ¿qué pasa?

El mendigo respondió:

—Todo se decidirá por la noche.

Su comportamiento era extraño pero también interesante. Era un hombre muy hermoso.

Y entonces empezaron los problemas. Cuando el primer ministro llenó el cuenco de monedas de oro, desaparecieron todas y el cuenco siguió vacío. Más monedas, y más y más... Llevaron todas las monedas de las arcas reales, y todas desaparecieron. La ciudad entera se congregó ante el palacio cuando la noticia se propagó como reguero de pólvora. El rey dijo:

—Traed todos los diamantes, los rubíes, las esmeraldas... Hay que llenar el cuenco del mendigo a toda costa.

Pero todo desaparecía en el cuenco, que seguía tan vacío como antes.

El rey acabó por perderlo todo. Había caído la noche. En la capital había habido gran agitación durante el día. El rey seguía insistiendo, pero llegó un momento en el que ya no tenía sentido, porque no podía dar nada más. Se postró a los pies del mendigo y le rogó que le contara el secreto del cuenco.

—¿Es un cuenco mágico? Ya es de noche y me has dicho muchas veces: «Por la noche, al anochecer, todo quedará decidido». Ya es la hora, y en cierto modo ya se ha decidido todo. Me ha derrotado un mendigo. Pero tú no eres un mendigo normal y corriente. Lo único que quiero saber es el secreto del cuenco.

El mendigo contestó:

—No hay ningún secreto. Lo conoce todo el mundo. No tienes más que mirar de cerca este cuenco. Es el cráneo de un hombre.

El rey dijo:

—No te entiendo.

El mendigo replicó:

—Nadie lo entiende. En el cráneo de un hombre está su mente. Echas cosas y más cosas dentro y todo desaparece. Siempre pide más, siempre está vacía. Es una mendiga, y eso no se puede cambiar. Lo único que puedes hacer es comprenderlo y cambiarlo.

Esta es la situación en la que te encuentras tú también. No te sentirás satisfecho si le haces caso a la mente. Si no le haces caso a la mente, desde este mismo momento te sentirás feliz. Puedes elegir entre el sufrimiento de la mente... porque la mente siempre sufrirá, pidiendo más y más, y ese deseo no tiene fin.

Yo tenía un amigo con mucho dinero. No era de familia rica, sino todo lo contrario; su padre era muy pobre, y nos hicimos amigos cuando era pobre. Fue adoptado por una de las familias más ricas de la India, que no tenía hijos. Ese hombre se hizo rico, el más rico de la India, y tendría que haberlo disfrutado. No habría acumulado tales riquezas ni aunque hubiera trabajado durante cientos de vidas. Y de repente se vio con todo ese dinero, pero no era feliz. Quería más.

No le bastaba con el dinero; también quería ser un gran líder. Y como tenía dinero, combatió en la campaña electoral y lo eligieron diputado. Pero no le pareció suficiente: quería formar parte del gobierno, y gracias a su dinero llegó a viceministro. Tampoco se conformó con eso. Un día me dijo:

—Quiero ser ministro.

Yo repliqué:

—¿Crees que te conformarás con eso?

—Creo que sí.

—Eso piensas ahora, pero cuando seas ministro no pensarás lo mismo.

Fue nombrado ministro e inmediatamente vino a verme y me dijo:

—Tenías razón. El día mismo en que fui nombrado ministro mi mente me dijo: «Has recorrido un largo camino, y llegar a presidente del país no queda demasiado lejos. Solo te faltan unos cuantos pasos más». Pero tengo tantas preocupaciones, tantas tensiones, que ni siquiera puedo dormir, ni disfrutar de nada. Mientras como, pienso en la política, mientras hago el amor con mi mujer, pienso en la presidencia. Se me ha liado todo. Ayúdame a encontrar la paz mental.

Yo le dije:

—Primero, ministro. Después, tu mente dice: «Tienes que ser presidente del país». Si sigues haciendo caso a la mente, no tendrás paz. Si deseas paz, deja de hacerle caso y olvídate de todas esas cosas que has logrado haciéndole caso. Cuando eras pobre eras un hombre feliz, alegre. No tenías nada, pero sí un ser maravilloso. No estoy diciendo que tires el dinero, sino que no permitas que te domine la mente. Así tendrás paz estés donde estés.

Si te domina la mente, incluso en el paraíso dirá: «¿Y esto es el paraíso? Tiene que haber algo más». Todas las casas parecen viejas y en ruinas, porque llevan allí toda la eternidad. Todas las personas parecen tristes y serias; también ellas llevan allí toda la eternidad. El polvo se ha acumulado sobre su piel; no tienen nada que hacer allí, y han perdido su dignidad. Han alcanzado el paraíso, pero han perdido su carácter humano; ni siquiera pueden reír.

¿Sabías que la risa está prohibida en el paraíso? Ningún libro sagrado de ninguna religión dice que el humor sea una cualidad religiosa... pero yo sí lo digo. Nadie está dispuesto a que el humor forme parte del sentimiento religioso. ¿Os imagináis qué harán todos esos santos muertos, resecos, en el paraíso? No pueden amar, no pueden jugar a las cartas, ni siquiera jugar al fútbol. No pueden ver la televisión —no es algo piadoso—, no pueden tomarse una taza de té, no trabajan y, por consiguiente, ni siquiera tienen unos momentos para tomarse el café. Sus días están vacíos, y también sus noches; deben de estar deseando volver a la tierra. Aquí, al menos los veneraban como santos; allí nadie los venera porque todos son santos.

Pero nadie puede volver del paraíso. El paraíso tiene puerta de entrada, pero no de salida, y antes de entrar en él conviene pensárselo dos veces: va a ser el último acto, y después se acabó. Es casi como entrar en la tumba. Pero la mente no dudará en decir: «Esto no es el paraíso. ¡Búscalo! Esto parece una broma, como si detrás de todo esto estuviera el diablo. Menuda broma decir que esto es el paraíso». Ni siquiera en el paraíso te permitirá la mente tener paz, porque la paz y la mente no se llevan bien.

Joshua Liebman, uno de los rabinos más conocidos de Estados Unidos, ha escrito un libro titulado *La paz de la mente*. Yo le escribí una carta —el libro se vende muy bien— en la que le decía: «Me parece que no tiene ni idea de lo que es la mente. Ni siquiera sabe que hablar de la paz de la mente es una contradicción, y precisamente así se titula su libro. El título debería ser *O la paz o la mente*».

Mi carta debió de horrorizarlo. Desde luego, no me contestó. Volví a escribirle. «No está nada bien esa cobardía en un rabino. Cambie el título o deme una explicación.» Ni ha cambiado el título ni me ha dado una explicación, y yo le pedía algo muy sencillo. Paz de la mente... No existe semejante cosa.

O existe la paz y entonces no hay mente, o existe la mente y entonces no hay paz. El título de ese libro debería ser *O la paz o la mente*, pero el rabino no puede cambiarlo, porque sobre eso trata el libro, sobre la paz de la mente y cómo lograrla. Expone métodos y maneras para lograrla, y si cambiara el título, no encajaría con el libro.

Comprende que le he puesto en una situación difícil: si cambia el título, no encajará con el libro. Tendrá que reescribirlo por completo, y no puede hacerlo porque no comprende que la mente es el origen de todas las tensiones, angustias y preocupaciones. No puede estar en paz; es imposible.

En esto consiste la esencia de los experimentos realizados con la espiritualidad en Oriente desde hace milenios: o la paz o la mente. Tú eliges. La paz es un fenómeno muy normal, muy sencillo. Y tú lo experimentas, pero al mismo tiempo la mente no para de comentar: «Tiene que haber algo más. No te pares. Sigue buscando».

Tienes que decirle a la mente: «¡Cállate!». Es tu mente, y tienes derecho a decirle que se calle, que no vas hacer caso a esas tonterías.

Disfruta de lo que tienes, y cuanto más lo disfrutes más crecerá. Esa es la paradoja, que la mente pide más y más y se inquieta más y más.

Sin la mente, vives la paz, el amor, el silencio, y al vivirlos, crecen y profundizan. Tu felicidad adquirirá alas lentamente, empezará a ser una dicha, una bendición.[18]

Siempre habla en contra de la mente, dice que debemos olvidarnos de ella, mandarla callar, que no es necesaria en la búsqueda de la verdad. ¿Para qué sirve entonces? ¿Es completamente dañina?

La mente es una de las cosas más importantes de la vida, pero solo como criada, no como ama. En cuanto la mente se adueña de ti, surge el problema: reemplaza a tu corazón, reemplaza a tu ser, se apodera por completo de ti. Entonces, en lugar de cumplir tus órdenes, empieza a darte órdenes a ti.

No digo que haya que destruir la mente, el fenómeno más evolucionado de la vida. Lo que digo es lo siguiente: «Procura que el criado se convierta en amo».

Recuerda que tu ser es lo primero, lo segundo tu corazón y lo tercero la mente. En eso consiste la personalidad equilibrada de un verdadero ser humano.

La mente es lógica... tremendamente útil, y no se puede sobrevivir sin ella en el mundo. Yo jamás he dicho que no se deba utilizar la mente en el mundo; todo lo contrario. Pero has de ser tú quien la utilice, no ella a ti. Una enorme diferencia...

Es la mente la que nos ha proporcionado la tecnología, la ciencia, pero como ha dado tanto, se ha erigido en dueña de tu ser. Ahí es donde comienza el daño, porque cierra por completo las puertas del corazón.

El corazón no resulta útil, no tiene ningún objetivo que cumplir. Es como una rosa. La mente puede darte pan, dinero, pero no alegría. No contribuye a que disfrutes de la vida. Es muy seria y ni siquiera tolera la risa. Y una vida sin risa está por debajo de los niveles humanos, se hace infrahumana, porque solo el hombre, entre todas las formas de vida, es capaz de reír.

La risa es indicio de la conciencia en su máxima expresión. Los animales no ríen, ni los árboles, como tampoco pueden reír las personas enjauladas en la mente, como los santos, los científicos y los llamados grandes dirigentes. Son demasiado serios, y la seriedad es una enfermedad. Es el cáncer del alma, la destrucción del alma.

Y como estamos en manos de la mente, toda su creatividad se ha puesto al servicio de la destrucción. Mientras la gente se muere de hambre, la mente se afana en acumular armas nucleares. Mientras la gente pasa hambre, la mente se empeña en llegar a la Luna.

La mente no tiene compasión. Para la compasión, para el amor, para la alegría, para la risa... hace falta un corazón, libre de la prisión de la mente.

El corazón posee un valor superior. De nada sirve en el mercado; el mercado no da significado a la vida. El mercado es la más baja de todas las actividades humanas.

Cuánta razón tiene Jesús al decir: «No solo de pan vive el hombre». Pero con la mente únicamente puede ganarse uno el pan. Sirve para sobrevivir, pero la supervivencia no es lo mismo que la vida. La vida necesita algo más: la danza, el canto, la alegría.

Por eso quiero que pongas cada cosa en su sitio. Habría que hacer caso al corazón en primer lugar si existiera cualquier conflicto entre la mente y el corazón. En cualquier conflicto entre el amor y la lógica, la lógica no puede ser determinante; ha de serlo el amor. La lógica no aporta savia; es un elemento seco. Sirve para los cálculos, para las matemáticas y la tecnología científica, no para las relaciones humanas, ni para el crecimiento del potencial interno de cada persona.

Por encima del corazón está el ser. Al igual que la mente es lógica y el corazón es amor, el ser es meditación. Ser equivale a conocerte a ti mismo, y al conocerte a ti mismo conocerás el significado de la existencia.

Conocer el ser significa hacer la luz en la oscuridad del mundo interior, y a menos que te ilumines interiormente, la luz del exterior no te servirá de nada. Dentro de ti solo existe la oscuridad, la oscuridad absoluta, la inconciencia, y todos tus actos brotarán de esa oscuridad, de esa ceguera.

Por eso no debes interpretarme mal cuando digo algo en contra de la mente. No es que esté en contra de la mente, ni que quiera que la destruyas.

Lo que quiero es que seas una orquesta. Con los mismos instrumentos musicales se puede hacer un ruido espantoso si no sabes componer una sinfonía, crear una síntesis, poner las cosas en su sitio.

El ser debería ser tu aspiración... no existe nada más allá de eso... es una parte de Dios en tu interior. Te dará lo que no pueden darte ni la mente ni el corazón; te dará el silencio, te dará la paz, la serenidad. Te dará la dicha y, por último, la sensación de la inmortalidad. Al conocer el ser, la muerte se torna pura ficción y la vida adquiere alas, vuela a la eternidad. No se puede decir de la persona que no es consciente de su propio ser que esté realmente viva. Puede ser un mecanismo útil, un robot...

Encuentra tu ser, tu ser real, tu existencia, mediante la meditación. Y mediante el amor, mediante el corazón, comparte tu dicha.

En eso consiste el amor, en compartir la dicha, la alegría, la danza, el éxtasis.

La mente tiene su función en el mercado, pero cuando vuelves a casa la mente no debería seguir funcionando, con su cháchara. En cuanto te quites el traje, la corbata y demás, la ropa de trabajo, debes decirle a la mente: «Y ahora, quietecita. Este mundo no es el tuyo». Esto no significa estar en contra de la mente, sino dejarla descansar.

En casa, cuando estás con tu mujer, con tu marido, con tus hijos, con tus padres o tus amigos, no te hace falta la mente. Lo que necesitas es un corazón desbordante. A menos que en una casa haya un corazón desbordante, nunca será un hogar; seguirá siendo simplemente una casa. Y si en ese hogar puedes encontrar un rato para la meditación, para experimentar tu propio ser, el hogar se elevará a la cumbre, pasará a ser un templo.

La misma casa... para la mente es solo una casa; para el corazón, un hogar; para el ser, un templo. La casa es la misma, pero tú experimentas los cambios... cambian tu visión, tu dimensión, tu forma de ver y entender las cosas. Y una casa que no abarque las tres cosas es incompleta, pobre.

Una persona que no sea las tres cosas, en armonía, cuando la mente sirve al corazón, el corazón al ser y el ser forma parte de la inteligencia que se extiende por toda la existencia... Hay quien lo llama Dios; yo prefiero llamarlo lo divino. No existe nada por encima de eso.[19]

¿Es mi mente realmente mía o me la han implantado otros?

Tu mente está en tu interior, pero en realidad es algo que la sociedad proyecta dentro de ti. No es tuya.

Los niños no nacen con mente, sino con cerebro. El cerebro es el mecanismo, y la mente la ideología. La sociedad alimenta el cerebro, y toda sociedad crea una mente según sus condicionamientos. Por eso existen tantas mentes en el mundo. La mente hindú no tiene nada que ver con la cristiana, ni la mente comunista con la budista.

Pero al individuo se le impone un engaño, que la mente es suya, y el individuo actúa de acuerdo con la sociedad, siguiendo los dictados de la sociedad, pero sintiéndose como si actuara por sí mismo. Es un truco muy astuto.

George Gurdjief contaba lo siguiente:

> Un mago que vivía en las montañas tenía muchas ovejas y para ahorrarse a los criados e ir en busca de los animales todos los días, cuando se extraviaban, hipnotizó a las ovejas y les contó una historia distinta a cada una. Les impuso una mente distinta a cada una.
>
> A una le dijo: «No eres una oveja. Eres un hombre, o sea, que no te preocupes. Ni te van a matar ni a sacrificar, como a las demás ovejas. Ya sabes; son solo ovejas. Vamos, que no te preocupes. Puedes volver a casa tranquilamente». A otra le dijo: «Eres una leona, no una oveja», y a otra: «Eres un tigre». Y a partir de ese momento el mago empezó a sentirse tranquilo, porque las ovejas empezaron a actuar de acuerdo con la mente que él les había dado.
>
> Por supuesto, mataba ovejas —todos los días, para que comie-

ran su familia y él—, pero las ovejas que estaban convencidas de ser leones, hombres o tigres decían entre risas: «Hay que ver lo que les pasa a las ovejas». Y no tenían miedo, a diferencia de los viejos tiempos.

Cuando aquel hombre sacrificaba una oveja antes, las demás decían temblorosas: «Mañana es el día final. ¿Cuánto voy a vivir?». Y por eso se escapaban, para librarse del mago. Pero luego nadie podía escaparse, porque había leones, tigres... Se les habían implantado toda clase de mentes.

Has de recordar algo fundamental: que tu mente no es tu mente. Es algo que te ha implantado la sociedad en la que por casualidad has nacido. Si naciste en un hogar cristiano pero te hubieran trasladado inmediatamente a una familia musulmana, no tendrías la misma mente, sino una completamente distinta, que no puedes ni imaginarte.

Bertrand Russell, uno de los mayores genios de nuestra época, intentó con todas sus fuerzas librarse de la mente cristiana, no porque fuera cristiana, sino porque se la habían impuesto. Quería tener su propia visión de las cosas, una visión nueva. No quería verlas con las gafas de otros; deseaba entrar en contacto con la realidad de una forma inmediata y directa, tener su propia mente.

De modo que no se trataba de enfrentarse a la mente cristiana, porque si hubiera sido hindú habría hecho lo mismo, o si hubiera sido musulmán o comunista.

Lo que se plantea es si la mente es tuya o si te la han implantado otros, porque los demás te implantan una mente que no te sirve a ti, sino a los propósitos de esas otras personas.

Los padres, los profesores, los sacerdotes, el sistema educativo te preparan para que tengas una mente determinada, y pasas toda la vida con esa mente. Es una vida prestada, y por eso hay tanto sufrimiento en el mundo, porque nadie vive con autenticidad, nadie vive su propio ser, sino que obedece las órdenes que le han implantado.

Bertrand Russell lo intentó con todas sus fuerzas y escribió un libro titulado *Por qué no soy cristiano,* pero en una carta a un amigo decía lo siguiente: «Aunque he escrito el libro, aunque no creo ser cristiano y he abandonado esa idea, en el fondo... Un día me pregunté: "¿Quién es el hombre más importante de toda la historia?". Racionalmente sé que es Buda Gautama, pero no podría situarlo por encima de Jesucristo.

»Ese día tuve la sensación de que todos mis esfuerzos habían sido inútiles. Sigo siendo cristiano. Racionalmente sé que no existe comparación posible entre Jesucristo y Buda Gautama, pero es algo puramente racional. Emocional, sentimentalmente, no puedo situar a Buda Gautama por encima de Jesucristo. Jesucristo permanece en mi inconsciente, sigue afectando a mis actitudes, mis puntos de vista, mi conducta. El mundo piensa que ya no soy cristiano, pero yo sé que no es así... ¡Me parece tan difícil librarme de esta mentalidad...! ¡Con qué perspicacia y con qué habilidad la han desarrollado!»

Y es un proceso largo, en el que nunca pensamos. Una persona vive como mucho setenta y cinco años, y se pasa veinticinco en colegios y universidades, es decir, dedica una tercera parte de su vida a cultivar su mente, un determinado tipo de mente. Bertrand Russell fracasó porque no sabía cómo librarse de ella. Lo intentó, pero dando palos de ciego.

Existen ciertos métodos de meditación que pueden alejarte de la mente, y entonces resultará muy fácil que desees librarte de ella, pero es imposible librarte si en primer lugar no te has separado de ella, porque ¿quién va a abandonar a quién?

Bertrand Russell luchaba con la mitad de su mente contra la otra mitad, y ambas eran cristianas... Es imposible.

Pero la sociedad quiere que seas una copia, no el original.

La estrategia para crear en ti una mente consiste en repetir ciertas cosas continuamente, y cuando una mentira se repite continuamente acaba siendo una verdad. Acaba olvidándose que al principio era una mentira.

Hitler empezó contándole una mentira al pueblo alemán, que los judíos eran la causa de sus desdichas y sus sufrimientos. Es absurdo, tanto como si alguien dijera que el sufrimiento de todo un país se debe a las bicicletas y que si las destruimos todas desaparecerá el sufrimiento.

En realidad, los judíos eran como la columna vertebral de Alemania, porque habían creado toda la riqueza de ese país. Y no tenían otra nación, de modo que la nación en la que vivieran era la suya. No tenían otra alternativa; no podían traicionar a nadie, y habían hecho las mismas cosas que el resto de los alemanes por el bienestar del país.

Pero Hitler dice lo siguiente en su autobiografía: «Da lo mismo lo que se diga, porque la verdad no existe. La verdad es una mentira repetida tantas veces que se llega a olvidar que es mentira». De modo que, según Hitler, la única diferencia entre la verdad y la mentira es que la mentira es nueva y la verdad vieja; no existe otra diferencia. Y parece que Hitler lo sabía bastante bien.

Por ejemplo, el cristianismo, el hinduismo y el islamismo... Estas tres religiones no paran de repetir: «Hay un Dios». El jainismo, el budismo y el taoísmo, otras tres religiones, dicen lo siguiente: «No hay ningún Dios». El primer grupo de religiones está dominado por cierta mentalidad, y toda su vida invadida por la idea de Dios, el infierno, el cielo, la oración. El segundo grupo de religiones no tiene oración, porque no hay a quien orar, porque para ellas no existe un Dios y, por tanto, la pregunta ni se plantea.

Medio mundo es comunista, no cree en el alma humana y a los niños se les repite sin cesar que el hombre es materia, que cuando muere, simplemente muere y nada más, que nada permanece, que el alma no existe, y que la conciencia es un derivado. Media humanidad repite lo mismo, como si fuera la verdad.

No se puede acusar a Hitler de afirmar cosas completamente absurdas. Parece cierto que si se repite a la gente lo mismo una y otra vez, poco a poco empieza a creérselo. Y cuando lleva siglos enteros repitiéndose, se convierte en una especie de herencia.

Tu mente no es tuya. Tampoco es joven, porque tiene siglos de antigüedad: tres mil, cinco mil años. Por eso toda sociedad teme suscitar dudas sobre la mente.

Y en eso consiste mi delito, que yo suscito dudas sobre tu mente, que deseo que comprendas que no es tu mente y que tu búsqueda debe centrarse en encontrar tu propia mente. Estar bajo el influjo de otros significa ser psicológicamente esclavo. Y la vida no es para la esclavitud, sino para probar la libertad.

La verdad existe, pero con esta mente nunca podrás conocerla, porque esta mente está llena de mentiras, de mentiras que llevan repitiéndose desde hace siglos. Puedes encontrar la verdad cuando abandonas por completo esta mente y miras la existencia con nuevos ojos, como un recién nacido. Entonces, todo lo que experimentas es verdad, y si te mantienes continuamente alerta para no permitir que los demás no interfieran en tu crecimiento interno, llega un momento en el que te armonizas tanto con la existencia, que te haces uno con ella.

Solamente esta experiencia se puede denominar experiencia religiosa. No tiene nada que ver con el judaísmo, ni con el cristianismo, ni con el hinduismo. ¿Cómo puede ser una experiencia judía, hindú o musulmana? ¿No te das cuenta de lo ridículo que es eso? Comes algo que te encanta y dices que es delicioso, pero ¿es cristiano, hindú o budista? Pruebas algo y dices que es dulce, pero ¿dices que es comunista, materialista o espiritualista? Esas preguntas no tienen ningún sentido. Eso que has probado es simplemente dulce, o delicioso.

Cuando sientes la existencia de una forma inmediata, sin mediadores, sin una mente que te haya sido impuesta por otros, pruebas algo que te transforma, que te ilumina, que te transporta a la más alta cima de la conciencia.

No existe mayor plenitud, ni mayor satisfacción. Tampoco existe mayor relajación. Has entrado en casa, y la vida es pura alegría, pura canción, pura danza, una fiesta.[20]

5
La identificación

Identificarse con algo que tú no eres: así se forma el ego.

IDENTIFICARSE CON algo que tú no eres: así se forma el ego. El ego significa identificarse con algo que tú no eres.

Seas lo que seas, no necesitas identificación. No hace falta que te identifiques con ello, puesto que ya lo eres.

De modo que cuando se da una identificación, es con algo, con algo que tú no eres. Te puedes identificar con el cuerpo, con la mente, pero desde el mismo momento en que te identificas, te pierdes. En eso consiste el ego, y así es como se forma y como cristaliza el ego.

Siempre que afirmas el «yo» se produce una identificación con algo, con un nombre, una forma, con un cuerpo, con un pasado, una mente, unos pensamientos, unos recuerdos. Se produce una profunda identificación, y solo entonces puedes afirmar el «yo». Si no te identificas con ninguna otra cosa y sigues siendo tú mismo, no puedes decir «yo». Ese «yo» simplemente desaparece.

«Yo» significa identidad.

La identidad constituye la base de toda esclavitud: identifícate y estarás encarcelado.

La identidad se convertirá en tu cárcel. No te identifiques, sigue siendo tú mismo, y así encontrarás la libertad. En eso consiste el cautiverio: el ego es el cautiverio, y la ausencia de ego la libertad. Y ese ego no es sino identificarse con algo que tú no eres. Pongamos un ejemplo. Todo el mundo se identifica con su nombre, pero todo el mundo nace sin nombre. Después el nombre adquiere tanta importancia que hay quienes son capaces de morir por él.

¿Qué es un nombre? En cuanto te identificas, adquiere gran importancia. Sin embargo, todas las personas nacen sin nombre, innombradas. Lo mismo ocurre con la forma; todo el mundo se identifica con su propia forma. Todos los días te pones ante el espejo, ¿y qué ves? ¿A ti mismo? No. Ningún espejo puede reflejarte a ti tal y como eres, sino solo la forma con la que te identificas. Pero la estupidez de la mente humana alcanza tal grado que la forma cambia constantemente, día a día, y nunca te desilusionas.

¿Cuál era tu forma cuando eras pequeño? ¿Cuál era tu forma cuando estabas en el seno materno? ¿Cuál era tu forma cuando solo estabas en la semilla de tus padres? Si te presentaran una fotografía, ¿reconocerías el feto en el vientre de tu madre? ¿Lo reconocerías y dirías: «Ese soy yo»? No, pero debes haberte identificado con él mucho antes... Después viniste al mundo, y si pudiera reproducirse tu primer llanto, ¿lo reconocerías y dirías: «Es mi llanto?». No, pero era tuyo, y debes haberte identificado con él.

Si se le pudiera enseñar un álbum a un moribundo... Una forma en continuo cambio... Sí, hay una continuidad, pero cada momento es un cambio... El cuerpo cambia cada siete años, por completo; nada sigue igual, ni una sola célula. Y, sin embargo, pensamos: «Esta es mi forma, esto soy yo». Y la conciencia carece de forma. La forma es algo externo que cambia sin cesar, como nos cambiamos de ropa.

Esa identificación es el ego. Si no te identificas con nada —ni con un nombre, ni con una forma, con nada—, ¿dónde está el ego entonces? Entonces eres, pero al mismo tiempo no eres. Entonces eres con absoluta pureza, pero sin ego. Por eso Buda llamaba al yo no-yo, lo llamaba *anatta, anatma*. Decía: «Como no existe el ego, ni siquiera puedes llamarte *atma*. No puedes decir "yo", porque el "yo" no existe. Solamente hay pura existencia». Esa pura existencia es la libertad.[21]

A veces me asusto de verdad cuando surgen las facetas oscuras de mi mente. Me resulta muy difícil aceptar que son el polo opuesto de las facetas luminosas, y me siento sucio, culpable e indigno. Quiero enfrentarme a todas las facetas de mi mente y aceptarlas, porque usted ha dicho en muchas ocasiones que la aceptación es la condición para trascender la mente. ¿Podría hablar sobre la aceptación, por favor?

Lo que hay que comprender en primer lugar es que tú no eres la mente, ni el lado oscuro ni el luminoso. Si te identificas con la parte hermosa, te resultará imposible desidentificarte de la parte fea, porque son las dos caras de la misma moneda. O la tomas en su totalidad, o la dejas en su totalidad, pero no puedes dividirla.

Y toda la angustia del ser humano se reduce a que quiere elegir lo que parece hermoso, luminoso; quiere quedarse con el contorno plateado y dejar a un lado la nube oscura, sin comprender que el contorno plateado no puede existir sin la nube oscura. La nube oscura es el fondo, necesaria para que resalte el plateado.

Elegir equivale a angustiarse.

Elegir equivale a crearse problemas.

No elegir significa lo siguiente: que la mente está ahí, con su lado oscuro y su lado luminoso. Pues muy bien, ¿y qué? ¿Qué tiene que ver contigo? ¿Por qué tendrías que preocuparte por semejante cosa?

En cuanto dejas de elegir, desaparecen todas las preocupaciones. Se acepta plenamente que así tiene que ser la mente, que así es la naturaleza de la mente y que no es problema tuyo, porque tú no eres la mente. Si tú fueras la mente, no habría ningún problema. ¿Quién elegiría y quién pensaría en trascender entonces? ¿Y quién intentaría aceptar y comprender la aceptación?

Tú eres alguien distinto, completamente distinto.

Solo eres un testigo; nada más.

Pero eres un observador que se identifica con cualquier cosa que le resulte agradable y se olvida de que lo desagradable acecha detrás como una sombra. No te preocupa el lado agradable, sino que disfrutas de él. El problema surge cuando se reafirma el polo opuesto; entonces te desgarras.

Pero tú mismo iniciaste el conflicto. Al abandonar tu posición de simple testigo, te identificaste. El relato bíblico de la caída es pura ficción, pero esta es la verdadera caída: abandonar de la posición de testigo, identificarse con algo y dejar de atestiguar.

Inténtalo de vez en cuando, deja que la mente sea lo que es. Recuerda que tú no eres ella. Entonces te llevarás una gran sorpresa. Como estás menos identificado, la mente empieza a ejercer menos poder, porque su poder surge de tu identificación y te chupa la sangre, pero cuando empiezas a mantener las distancias la mente empieza a reducirse.

Cuando dejes de identificarte por completo con la mente, aunque solo sea unos momentos, tendrás la revelación: que la mente sencillamente muere, deja de existir. Antes estaba llena, antes actuaba sin cesar —un día sí y otro también, durante el sueño y la vigilia—, y de repente desaparece. Miras a tu alrededor y ves el vacío, la nada.

Y junto con la mente desaparece la personalidad y solo queda cierta conciencia, carente de un «yo». Como mucho se podría hablar de algo parecido a «una presencia», pero sin «el yo». O para ser más exactos, se trata de «ser», porque en el «soy» queda todavía una sombra del «yo». En el momento en que se sabe que es «ser», se vuelve universal.

Con la desaparición de la mente desaparece la personalidad, y muchas otras cosas que considerabas tan importantes y que tanto te preocupaban. Intentabas resolverlas y cada día se volvían más complicadas; todo suponía un problema, era motivo de angustia y no parecías encontrar una salida.

Voy a recordarte el relato «El ganso está fuera», sobre la mente y el «esismo».

EL MAESTRO LE DICE AL DISCÍPULO QUE MEDITE SOBRE UN *KOAN*. Meten un ganso pequeño en una botella y le dan de comer. El ganso crece cada día más y ocupa la botella por completo. Es tan grande que no

LA IDENTIFICACIÓN

puede salir por el cuello de la botella, demasiado pequeña. Y el *koan* consiste en sacar el ganso sin matarlo y sin romper la botella. Realmente complicado.

¿Qué hacer? El ganso es demasiado grande; no se puede sacar de la botella a menos que se rompa, pero eso no está permitido. También se puede sacar el animal matándolo, pero tampoco está permitido.

El discípulo medita día tras día, piensa esto, lo otro, no encuentra solución, porque en realidad no existe. Cansado, realmente agotado, de repente tiene una revelación, de repente comprende que al maestro no le interesan ni la botella ni el ganso, que deben de representar algo distinto. La botella es la mente, tú eres el ganso... y si actúas como testigo, es posible. Sin estar en la mente, puedes identificarte tanto con ella que empiezas a notar que estás en ella.

El discípulo va corriendo a ver al maestro y le dice que el ganso está fuera. El maestro replica: «Lo has comprendido. Déjalo fuera. Nunca ha estado dentro».

Si continúas luchando con el ganso y la botella, jamás resolverás el problema. Se trata de darte cuenta de que, efectivamente, debe representar otra cosa, porque si no el maestro no te lo plantearía. ¿Y qué puede ser, si tenemos en cuenta que toda la relación entre maestro y discípulo se refiere a la mente y la conciencia?

La conciencia es el ganso que no está dentro de la botella de la mente, pero tú crees que sí está y no paras de preguntar a todo el mundo cómo sacarlo. Algunos imbéciles te ayudarán, con ciertas técnicas, y los llamo imbéciles porque no comprenden el asunto, en absoluto.

Como el ganso está fuera y nunca ha estado dentro, no se plantea el problema de sacarlo.

LA MENTE ES UNA SUCESIÓN DE PENSAMIENTOS QUE DESFILA FRENTE A TI EN LA PANTALLA DEL CEREBRO. Tú eres un observador, pero empiezas a identificarte con cosas bonitas, que te engatusan. Y en cuanto quedas atrapado por las cosas bonitas también quedas atrapado por las cosas feas, porque la mente no puede existir sin dualidad.

La conciencia no puede existir con dualidad, mientras que la mente no puede existir sin ella. La conciencia no es dual, y la mente sí. De modo que ojo: yo no te enseño soluciones. Te enseño la única solución, que consiste en retroceder y mirar. Has de crear una distancia entre tu mente y tú.

Tanto si es algo bueno, hermoso, algo que te gustaría disfrutar de cerca, como si es algo feo, manténte lo más lejos posible. Míralo como podrías ver una película. El problema es que las personas se identifican incluso con las películas.

He visto a gente llorar, cuando era joven... [no veo una película desde hace mucho tiempo], he visto a gente llorar a lágrima viva... ¡y no pasaba nada! Está bien que las salas de cine estén a oscuras, porque así a la gente no le da vergüenza llorar. Un día le pregunté a mi padre:

—¿Has visto? El señor que estaba a tu lado ha llorado.

Mi padre dijo:

—Toda la sala estaba llorando. La escena era tan...

—Pero si es solo una pantalla —repliqué yo—. No matan a nadie, no hay ninguna tragedia. Es solo una película, imágenes proyectadas en una pantalla. Y la gente se ríe, llora, y durante tres horas están casi perdidos. Forman parte de la película, se identifican con algún personaje...

Mi padre me dijo:

—Si haces preguntas sobre las reacciones de la gente no disfrutas de la película.

Respondí:

—Yo sí disfruto de la película, pero no quiero llorar. No le veo la gracia. La veo como una película, pero no quiero formar parte de ella. Esa gente sí forma parte de ella.

Puedes identificarte con cualquier cosa. La gente se identifica con otras personas y así crean su propia desdicha. Se identifican con cosas y se sienten desgraciados si les faltan esas cosas.

La identificación está en el origen de toda desdicha, y toda identificación se realiza con la mente.

Hazte a un lado, y cede el paso a la mente. Muy pronto comprenderás que no existe ningún problema, que el ganso está fuera. Ni tienes que romper la botella ni matar al animal.[22]

¿Cuál es la mejor forma de enfrentarse al miedo? Me afecta de distintas maneras... desde una ligera inquietud o el estómago encogido hasta un pánico espantoso, como si hubiera llegado el fin del mundo. ¿De dónde procede? ¿Adónde va?

Acabo de contestar a esa misma pregunta. Todos los miedos son consecuencia de la identificación.

Si amas a una mujer, el amor va en el mismo paquete que el miedo, por si te deja, porque ya ha dejado a otro para estar contigo. Ya hay un precedente y quizá haga lo mismo contigo. Existe ese miedo, y se te encoge el estómago. Estás demasiado apegado.

No comprendes un hecho muy sencillo: que llegaste a este mundo solo, que también estabas aquí ayer, sin esa mujer, perfectamente, sin el estómago encogido. Y mañana, si esa mujer se marcha... ¿por qué se te va a encoger el estómago? Sabes cómo estar sin ella, y serás capaz de estar sin ella.

El miedo a que las cosas puedan cambiar mañana mismo... Quizá se muera alguien, o te arruines, o te quedes sin trabajo. Pueden cambiar miles de cosas. Estás cargado de miedos, de temores, y ninguno es válido, porque ayer también estaba lleno de miedos, sin ninguna necesidad. Las cosas pueden haber cambiado, pero sigues vivo, y el ser humano posee una enorme capacidad para adaptarse a cualquier situación.

Se dice que solo los seres humanos y las cucarachas poseen esa inmensa capacidad de adaptación. Por eso en cualquier lugar en el que haya seres humanos se encontrarán cucarachas y en cualquier lugar en el que haya cucarachas se encontrarán seres humanos. Siempre van juntos; tienen algo en común. Incluso en lugares tan remotos como el Polo Norte o el Polo Sur... Cuando el ser humano llegó a tales lugares se dio cuenta de que había llevado las cucarachas, y de que estaban sanas, vivitas y coleando, reproduciéndose.

Solo tenemos que mirar a nuestro alrededor... El hombre vive en miles de climas, situaciones geográficas, situaciones políticas, situaciones sociológicas y religiosas, pero consigue vivir. Y lleva viviendo así siglos... Las cosas cambian, y el ser humano sigue adaptándose a los cambios.

No hay nada que temer. Incluso si se acaba el mundo, ¿qué? Tú también acabarás con él. ¿Crees que te quedarás solo en una isla mientras se acaba el mundo? Tranquilo. Tendrás compañía: al menos unas cuantas cucarachas.

¿Qué problema hay si llega el fin del mundo? Me lo han preguntado muchas veces, pero yo no veo el problema por ninguna parte. Si se acaba, que se acabe. No plantea ningún problema, porque no estaremos aquí; acabaremos con él, y no quedará nadie para preocuparse. Sin duda, supondrá la mayor liberación del miedo.

El fin del mundo significa el fin de todos los problemas, de todas las molestias, de ese estómago encogido. No veo problema alguno, pero sé que todo el mundo está lleno de miedos.

Sin embargo, lo que se plantea es lo mismo, que el miedo forma parte de la mente. La mente es cobarde y tiene que serlo porque carece de sustancia, está vacía, hueca, y tiene miedo de todo. Tiene miedo, sobre todo, de que un día de estos tú tomes conciencia. ¡Eso sí que sería el fin del mundo!

No el fin del mundo sino el hecho de que tomaras conciencia, que llegaras a un estado de meditación en el que la mente tiene que desaparecer: ese es el problema fundamental, porque ese miedo aleja a la gente de la meditación, los enemista con las personas que, como yo, intentan propagar la meditación, alguna forma de tomar conciencia y ser testigos. Se oponen a mí, y no sin razón. Ese miedo tiene su porqué.

Quizá no sean conscientes de ello, pero su mente siente un miedo terrible a acercarse a cualquier cosa que pueda desarrollar la conciencia, porque supondría el principio del fin de la mente, la muerte de la mente.

Pero tú no debes sentir miedo. La muerte de la mente supondrá tu renacer, el comienzo de vivir realmente. Serás feliz, te alegrarás de la muerte de la mente, porque no puede existir mayor libertad. Ninguna otra cosa puede darte alas para volar hasta el cielo, con ninguna otra cosa lograrás que el cielo sea enteramente tuyo.

La mente es una cárcel.

La conciencia significa salir de esa cárcel, o darse cuenta de que nunca se ha estado en esa cárcel, que era solamente pensar que se estaba allí. Entonces desaparecen todos los temores.

Yo vivo en el mismo mundo, pero no he sentido temor alguno, ni siquiera durante unos momentos, porque no me pueden quitar nada. Pueden matarme, pero como lo veré mientras ocurre, a quien matarán no será a mí, no a mi conciencia.

Es el mayor descubrimiento de la vida, el tesoro más preciado: la conciencia. Sin ella te sumes en la oscuridad, en el miedo, y tú mismo seguirás creando nuevos miedos, sin parar. Vivirás con miedo, morirás con miedo y no podrás ni siquiera probar la libertad. Poseías ese potencial todo el tiempo; podrías haberlo reivindicado, pero no lo hiciste. La responsabilidad es únicamente tuya.[23]

6
El poder

※

Toda la vida me han fascinado el poder, y el respeto que conlleva, pero ahora me parece algo limitado, muy reducido. Sin embargo, tengo la sensación de que existe un poder más auténtico, que no depende de otras personas ni de sus reacciones, sino que es algo que existe en mi interior. ¿Podría hablar sobre la atracción que siento hacia esto, por favor?

TU PREGUNTA requiere un examen muy profundo, porque puedo decir sí y también no. No voy a decir sí; hay mayores posibilidades de que diga no, y voy a explicarte las razones.

Así es como la mente juega con todos vosotros. Dices: «*Toda la vida me han fascinado el poder, y el respeto que conlleva*». Eres muy sincero al reconocerlo. Muchas personas con ansias de poder ni siquiera se dan cuenta de ello; su deseo de poder es prácticamente inconsciente. Los demás sí lo ven, pero ellos no.

El deseo de poder es la peor enfermedad que padece el ser humano en el mundo entero, y todos los sistemas educativos, todas las religiones, todas las culturas y sociedades fomentan esa enfermedad.

Toda persona quiere que su hijo sea el hombre más importante del mundo. No hay más que oír hablar a las madres sobre sus hijos, como si todas hubieran parido a Alejandro Magno, Iván el Terrible, Stalin, Ronald Reagan...

Hay millones de personas empeñadas en conseguir poder, y hay que entender que este terrible impulso surge de un vacío en el interior de la persona.

La persona sin deseo de poder es una persona satisfecha, feliz, tranquila, contenta con lo que es. Su ser mismo expresa una inmensa gratitud hacia la existencia; no tiene nada más que pedir. Le han dado lo que le han dado, sin haberlo pedido. Es un simple regalo de la abundancia de la naturaleza.

Y son dos caminos completamente distintos: el uno es el deseo de poder; el otro es el deseo de disolverse.

Me dices: «*Pero ahora me parece algo limitado, muy reducido...*». No es solo limitado y reducido, sino enfermizo y feo. La sola idea de ejercer poder sobre los demás significa arrebatarles su dignidad, destruir su individualidad, obligarlos a ser esclavos. Solo una mente sucia y fea puede hacer semejante cosa.

Y lo que planteas sigue así: «*Sin embargo, tengo la sensación de que existe un poder más auténtico, que no depende de otras personas ni de sus reacciones, sino que es algo que existe en mi interior*». Hay algo de verdad en tus palabras, pero no es tu experiencia.

Sin duda existe un poder que no tiene nada que ver con el dominio sobre los demás, pero el poder de una flor al abrir sus pétalos... ¿Te has fijado en ese poder, en esa maravilla? ¿Te has fijado en el poder de una noche estrellada? Sin que domine a nadie. ¿Te has fijado en el poder de una hojita minúscula danzando al sol o en medio de la lluvia? ¿En su belleza, en su grandeza, en su júbilo? No tiene nada que ver con nadie; ni siquiera necesita que nadie la vea.

Esa es la verdadera independencia, lo que te lleva a la raíz de tu ser, de donde brota la vida a cada momento, pero no debería llamarse poder a ese poder, porque crea confusión.

El poder se ejerce sobre alguien, algo que incluso las personas de gran inteligencia no han sabido comprender. En la India hay una religión, el jainismo. La palabra *jaina* significa «el conquistador». El significado original coincidía sin duda con lo que tú dices: el poder que brota en tu interior como una flor abre sus pétalos y desprende su fragancia. Pero yo he estudiado en profundidad la tradición del jainismo. Cuando llaman a un hombre «conquistador», también dicen que se ha conquistado a sí mismo. Siempre hay que conquistar a alguien.

Cambiaron el nombre de Mahavira, que se llamaba Vardhamana. Mahavira significa «el gran conquistador», el hombre grande, victorioso, pero si se reduce a sencillos términos psicológicos, la idea misma de que Mahavira se conquistara a sí mismo significa que podía estar desnudo en plena lluvia, con frío, que podía pasar hambre en aras del ayuno durante meses enteros. En doce años de disciplina y preparación, solo comió durante un año y pasó hambre durante once. No continuamente; un mes pasaba hambre y un día comía; pasaba hambre dos meses y dos días comía, pero en el transcurso de doce años en total comió el equivalente a un año. Infligió torturas a su cuerpo durante once años.

Se necesita una gran agudeza para comprender que no existe ninguna diferencia entre torturar a otros o a ti mismo, salvo que los otros pueden defenderse. Al menos existe esa posibilidad. Si empiezas a torturarte a ti mismo, nadie puede defenderte. Puedes hacer lo que quieras con tu propio cuerpo, pero eso es sencillamente masoquismo. Desde mi punto de vista, eso no te llevará a encontrar las raíces de tu ser interior.

Por consiguiente, no me gusta llamarlo poder, porque esa palabra está contaminada.

Me gustaría llamarlo paz, amor, compasión... La palabra da igual, pero el poder siempre ha estado en manos de personas violentas, con otros o consigo mismos. Yo pienso que quienes son violentos con otros son más naturales y que quienes son violentos consigo mismos tienen un problema psicótico. Sin embargo, quienes se han torturado a sí mismos son vuestros santos. Lo único que han aportado al mundo es la disciplina para torturarse a uno mismo.

Algunos santones dormían en un lecho de clavos, y todavía los hay. Se ven en Varanasi. Puede resultar muy teatral, pero es feo y debe condenarse. No hay que respetar a esas personas. Son criminales, porque cometen un crimen con un cuerpo y ni siquiera pueden ir a juicio.

De modo que hay que entender muy bien la segunda parte, porque si no, tu primer deseo, la fascinación por el poder, volverá a presentarse con un disfraz diferente, y empezarás a hacer esfuerzos para ejercer poder sobre ti mismo. Me parece que eso es lo que ocurre.

Dices: «*... un poder que no depende de otras personas ni de sus reacciones, sino que es algo que existe en mi interior*». El hecho mismo de que menciones a otras personas y sus reacciones supone que no piensas de una manera muy distinta. En primer lugar, quieres que la gente te muestre respeto, y para ello tienes que ser un hombre importante, un conquistador del mundo, un premio Nobel o cualquier otra estupidez. Pero no todo el mundo puede ser Alejandro Magno, ni ganar un Nobel, ni ser más importante que los demás en uno u otro sentido.

Y aquí cambia la cosa: verte en una situación en la que no es posible, o en la que quizá la competición sea excesiva y te aplasten, porque hay personas mucho más importantes, mucho más peligrosas, y entonces es mejor retirarse e intentar encontrar un poder sin relación alguna con otras personas, independiente de otras personas. Incluso esa conexión me lleva a deducir que vas a iniciar el mismo viaje. Al principio querías dominar a los demás y ahora quieres dominarte a ti mismo. Eso es lo que llaman disciplina.

Esto me trae a la memoria una fábula de Esopo. Las uvas ya están maduras, y una zorra intenta alcanzarlas, pero no llega. Lo intenta varias veces, y al darse cuenta de que no puede llegar, mira a su alrededor para ver si alguien la está observando. Un conejito ha sido testigo de la escena. La zorra se marcha, sin dar muestras de su derrota, pero el conejo le pregunta: «¿Qué pasa, zorra?». Y la zorra contesta: «Nada, hijo. Es que las uvas todavía no están maduras».

Si cambias tu deseo de poder, no ocurrirá lo que en la fábula de Esopo. En primer lugar has de entender de dónde surge ese deseo de poder. Surge de tu vacío, de tu sentimiento de inferioridad.

La única forma de librarse de ese absurdo deseo de dominar es internarte en tu vacío, ver exactamente en qué consiste. Te has escapado de él viajando por tus ambiciones de poder. Debes aplicar toda tu energía a no torturarte, a no convertir el masoquismo en disciplina. Has de entrar en la nada. ¿Y en qué consiste?

En esa nada, en tu nada, florecerán las rosas. Allí encontrarás la fuente de la vida eterna, porque ya no estarás en las garras de un complejo de inferioridad ni tendrás que hacer referencia a otras personas.

Te has encontrado a ti mismo.

Quienes se sienten fascinados por el poder se apartan cada día más de sí mismos. Cuanto más se aleja su mente, más vacíos se sienten, pero se rechazan las palabras como vacío o nada, y tú has aceptado esa idea en lugar de adentrarte en la belleza de la nada... Es el silencio absoluto, la música sin sonido. No existe alegría comparable con eso. Es pura dicha.

Debido a esta experiencia Buda Gautama denominó al encuentro definitivo consigo mismo el nirvana. Nirvana significa «la nada», y cuando te sientas a gusto con tu nada, desaparecerán todos los conflictos, las tensiones, las preocupaciones. Habrás encontrado la fuente de la vida que no conoce la muerte.

Sin embargo, quisiera recordarte que no debes llamarlo «poder». Llámalo amor, silencio, dicha, porque ese «poder» está tan contaminado por el pasado que incluso la palabra misma necesita purificarse y tiene connotaciones erróneas.

Este mundo está dominado por personas que en realidad son inferiores pero que intentan ocultar su inferioridad con alguna clase de poder, con cualquier clase de poder. Han inventado muchas fórmulas para ello. Naturalmente, no todo el mundo puede ser presidente del país; pues bien, entonces dividen el país en varios estados, y así muchas personas pueden ser gobernadores, o ministros. Después se divide el trabajo de los ministros, de modo que otras muchas personas pueden ser viceministros, y así sucesivamente. Esta jerarquía está compuesta por personas que sufren un complejo de inferioridad. Desde el peón de más baja categoría hasta el presidente, todos padecen la misma enfermedad.

Por supuesto, la gente normal y corriente no tiene el poder. Se limitan a mirar a los poderosos desde lejos y a pensar: «Si a mí se me concedieran tantos honores, tanto reconocimiento, también yo dejaría mis huellas en la arena del tiempo». Están fascinados por el poder, pero hay que fijarse en ciertas personas [como Buda Gautama], que nacieron con poder y renunciaron a él, al comprender que resulta completamente inútil. Pero tú sigues igual en tu interior, porque no cambiarás aunque tengas millones de dólares.

Únicamente el cambio, la transformación interior, te proporcionará la paz. De esa paz brotará el amor; de esa paz brotará la danza, el canto, la creatividad, pero siempre hay que evitar la palabra «poder».

En este momento no piensas en otra cosa, y pensar no te va a servir de ayuda. Pensar está muy bien para competir en el mundo por el poder, por el dinero, por el prestigio, por la respetabilidad, pero la mente no sirve para nada si de lo que se trata es de estabilizarte en tu propio ser. Por consiguiente, el esfuerzo que hay que realizar debe centrarse en ayudarte a que pases de la mente a la meditación, de los pensamientos al silencio.

Nada más haber probado tu ser interior, se desvanecerá todo deseo de dinero, de poder. No existe comparación posible. Habrás encontrado a Dios mismo dentro de ti y, entonces ¿qué más puedes desear?[24]

Se enseña a todo el mundo que la fuerza de voluntad es un gran valor

Se enseña a todo el mundo que la fuerza de voluntad es un gran valor. Se les dice a los niños que deben tener fuerza de voluntad. Como es algo contrario a la espontaneidad, no se puede estar tranquilo, en paz. ¿Creéis que las flores tienen que hacer grandes esfuerzos para abrirse? ¿O que los árboles tienen que actuar enérgicamente para crecer? No actúan en absoluto.

Decía Lao Tzu: «Mirad los árboles, mirad los ríos, las estrellas, y comprenderéis la "acción inactiva"».

Desde luego que el río fluye hacia el mar, pero no se puede decir que eso sea una acción, porque no existe voluntad que lo obligue a dirigirse hacia allí. Es muy tranquilo; va sin prisas, y ni siquiera siente deseos de llegar, ni compite con otros ríos que podrían adelantársele. Sencillamente fluye, cantando y bailando entre las montañas, entre los valles y las llanuras, sin preocuparse por alcanzar la meta. Cada momento es tan hermoso y único que, ¿a quién le importa el mañana?

Se ha utilizado la fuerza de voluntad para crear en ti una personalidad falsa.

La fuerza de voluntad es otro nombre de esa fea entidad llamada ego.

Alfred Adler, uno de los grandes psicólogos del siglo XX, basaba su análisis psicológico en este sencillo hecho, que todos los problemas del ser humano surgen de la fuerza de voluntad. El ser humano quiere ser alguien, alguien especial, más importante que los demás, más santo que los demás. Lo mismo da que esté en el mercado que en el monasterio, porque lucha por llegar a la cima.

Cuanto más luches y más triunfes, más te alejarás de tu propio ser, porque cada día te pondrás más tenso, cada día te preocuparás más. Tu vida se convierte en un continuo martirio, por el temor al fracaso. Incluso si has triunfado, sentirás el temor a que alguien ocupe tu lugar. Quien vive para conseguir algo jamás encontrará paz.

Por una parte se ha creado esa ficción de actuar enérgicamente. ¿Pensáis que la meditación requiere una actuación enérgica? Solo requiere relajación, olvidarse de esa mente que desea lograr algo, olvidarse de que existe el futuro, dejar que el momento presente sea suficiente por sí mismo, disfrutarlo sin preocuparse del momento siguiente.

Si puedes disfrutar del momento presente disfrutarás del siguiente, porque cada vez tendrás más experiencia en el goce, en la danza, en el canto y más seguridad en ti mismo, sin necesitar de nadie más. Seas quien seas, podrás disfrutar del éxtasis supremo sin ser rico, sin tener poder, sin fama mundial, sin ser célebre.

Puedes ser un don nadie y tener todos los tesoros del mundo, porque no están en el exterior. No eres consciente de tu riqueza interior.[25]

¿Podría hablar del abuso de poder, por favor?

Un filósofo inglés dijo lo siguiente: «El poder corrompe; el poder absoluto corrompe absolutamente».

Yo no estoy de acuerdo. Mi análisis es completamente distinto. Todo el mundo está lleno de violencia, avaricia, cólera, pasiones... pero como no tiene poder, es un santo. Para ser violento hay que ser poderoso. Para satisfacer la avaricia hay que ser poderoso. Para satisfacer las pasiones también hay que ser poderoso.

De modo que cuando el poder cae en tus manos todo se revuelve en tu interior. El poder se convierte en tu alimento, en tu oportunidad. No es que el poder corrompa, sino que tú estás corrompido. El poder únicamente saca la corrupción a la luz. Si quieres matar a alguien y no tienes poder, no lo haces, pero si lo tienes, lo matas.

No es el poder lo que te corrompe, sino que llevas la corrupción dentro de ti. El poder sencillamente te ofrece la oportunidad de hacer lo que quieres.

El poder en manos de un hombre como Buda Gautama no corrompe; por el contrario, ayuda a la humanidad a elevar su nivel de conciencia. El poder en manos de un Gengis Kan destruye a las personas, viola a las mujeres, quema vivas a las personas. Se queman ciudades enteras, sin permitir que la gente escape. No es el poder... Ese hombre, Gengis Kan, debía de albergar tales deseos.

Es casi como cuando llueve: empiezan a crecer diversas plantas, pero esas plantas dan diferentes flores. El poder da la oportunidad de crecer a lo que esconden tus semillas, tu potencial, porque la mayoría de los seres humanos viven en tal estado de inconsciencia que cuando acceden al poder todos sus instintos inconscientes tienen la oportunidad de satisfacerse y no les importa que eso signifique matar, envenenar...

Me pides que hable sobre el abuso de poder. Se abusa del poder porque albergamos deseos feos, herencia de los animales.

En un mundo mejor lo más importantes sería... Desperdiciamos casi una tercera parte de la vida en educar a nuestros hijos. Durante ese período, debería dedicarse cierto tiempo a limpiar su inconsciente, para que cuando salieran de la universidad y tuvieran cierto poder —habrá quien sea comisario de policía, otro será gobernador, otro primer ministro— si no tuvieran nada destructivo ni nocivo en su inconsciente no pudieran abusar del poder. ¿Quién abusaría de él? El poder es neutral.

El poder es neutral en sí mismo. En buenas manos será una bendición; en manos de un inconsciente, una maldición. Pero llevamos miles de años condenando el poder, sin darnos cuenta de que no hay que condenarlo. Hay que librar a las personas de todos los malos instintos ocultos en su interior, porque todo el mundo posee cierta clase de poder.

No tiene por qué ser un gran poder. Basta con vender billetes de tren en una estación; también eso otorga cierto poder. Estás ante la ventanilla, y el hombre detrás de ella ni siquiera te mira. Mira sus papeles y te das cuenta que no le interesas lo más mínimo, que solo quiere ponerte en tu sitio. Incluso el cobrador actúa como si fuera el presidente del país, de modo que no se trata de la posición. Ocupes la posición que ocupes, siempre tendrás cierta clase de poder.

AURANGZEIB, UNO DE LOS EMPERADORES MUSULMANES DE LA INDIA, ardía en deseos de que su padre muriera o de que se hiciera viejo para sucederlo. Lo encarceló y ocupó el trono imperial. Su padre había trabajado mucho durante toda su vida, y al verse mano sobre mano en la celda envió un recado a su hijo: «Al menos reúne a treinta niños para que les enseñe el Corán».

Lo que comentó Aurangzeib ante sus cortesanos resulta muy significativo. Dijo: «Ese viejo no quiere perder su poder. Ya no es el emperador, pero con treinta discípulos para enseñarles el Corán... Volverá a ejercer su poder sobre esos niños».

Según los psicólogos, las personas que tienen miedo de competir en la vida y de adquirir poder eligen una vía más sencilla: ser maestros de escuela. A los niños pequeños se les puede pegar, acosar... Es ilegal, pero en este país sigue ocurriendo.

Precisamente el otro día leí un informe sobre tres casos que se han encontrado... pero el gobierno oculta los hechos. Por fin se ha reconocido, porque ya resultaba excesivo, que los maestros han dado tales golpes a los niños que algunos se han quedado sordos de por vida.

Un chico... Su propio padre lo encadenó. Estuvo encadenado durante casi diez años, a una columna de la casa. Prácticamente se convirtió en un animal. No podía ponerse de pie y solo se movía a cuatro patas. Además, como lo obligaron a vivir en medio de la oscuridad, perdió la vista.

Incluso los padres ejercen su poder, como los profesores, los maridos, las esposas. Da igual en qué situación te encuentres.

Si la humanidad comprendiera las profundas raíces psicológicas y los cambios del inconsciente, de modo que no hubiera semillas, el poder seguiría derramándose como la lluvia, pero sin flores de corrupción. Si no, seguirá existiendo el abuso de poder. Y no se le puede arrebatar el poder a la gente: siempre tiene que haber una madre, un padre, un profesor.

La única solución consiste en limpiar el inconsciente de las personas con la meditación, inundar su ser interior de luz.

Solo la meditación puede dejarte un corazón limpio, que no puede corromperse. Así nunca abusarás del poder; será una bendición, algo creativo. Harás de la vida algo más bonito, y más llevadero; la existencia será más hermosa. Pero todavía no habrá llegado el gran día, y todas las personas adictas al poder realizarán grandes esfuerzos para que no llegue y se pondrán en contra de ti.

Montones de veces me han preguntado: «¿Por qué está en tu contra el mundo entero?».

Son personas adictas al poder, y lo que yo intento es convertir al ser humano en un lago de serenidad, de paz, silencio, amor y éxtasis.[26]

¿Por qué les gusta a las mujeres atraer a los hombres y al mismo tiempo les molestan sus deseos sexuales?

En eso existe una estrategia política. A las mujeres les gusta resultar atractivas porque eso les da poder: cuanto más atractivas son, más poder ejercen sobre los hombres. ¿Y a quién no le gusta el poder? La gente lucha durante toda su vida por el poder.

¿Por qué queréis dinero? Porque os dará poder. ¿Por qué queréis llegar a primer ministro o presidente de un país? Por el poder. ¿Por qué queréis respeto y prestigio? Por el poder. ¿Por qué queréis ser santos? Por el poder.

Las personas van en pos del poder de diferentes maneras. No habéis dejado otras posibilidades de poder a las mujeres; solo una salida: su cuerpo. Esa es la razón por la que quieren resultar cada día más atractivas. Pero ¿no habéis observado que la mujer moderna no se preocupa tanto por resultar atractiva? ¿Por qué? Porque ha iniciado una política de poder diferente.

La mujer moderna se está liberando de la antigua esclavitud. Se enfrenta al hombre en las universidades para obtener un título; compite en el mercado, compite en el mundo de la política. No le hace falta preocuparse demasiado por su aspecto, por si es atractiva o no.

El hombre nunca se ha preocupado demasiado por su aspecto. ¿Por qué? Eso se ha dejado en manos de las mujeres. Para las mujeres, es la única forma de obtener cierto poder. Y los hombres siempre han tenido tantos recursos que dar una imagen atractiva parece algo afeminado, mariquita. Esas cosas son para las mujeres.

Pero no siempre ha sido así. Hubo cierta época en la que las mujeres eran tan libres como los hombres, y entonces a los hombres les gustaba resultar tan atractivos como a las mujeres. Veamos el ejemplo de Krisna, de su retrato, con preciosas túnicas de seda, con su flauta, un montón de adornos, pendientes, hasta una corona de plumas de pavo real. ¡Hay que verlo! Es una maravilla.

Corrían los días en los que hombres y mujeres disfrutaban de absoluta libertad para hacer lo que quisieran. A continuación sobrevino una larga época de oscuridad en la que las mujeres fueron reprimidas. Y se produjo gracias a los sacerdotes y los llamados santos. Vuestros santos siempre han tenido miedo a las mujeres, porque la mujer parece ejercer tanto poder como para destruir la santidad del santo en cuestión de minutos.

Se dice que una madre intenta durante veinticinco años que su hijo entre en razón, y que de repente aparece una mujer y en cuestión de minutos lo convierte en un imbécil. Por eso las madres no perdonan a las nueras. ¡Jamás! La pobre mujer tuvo que dedicar veinticinco años de su vida a darle un poco de inteligencia al hijo, y en cuestión de dos minutos... ¡adiós! ¿Cómo puede perdonar a la nuera?

Las mujeres han sido condenadas por vuestros dichosos santos: tenían miedo de ellas. Había que reprimirlas. Y como las mujeres estaban reprimidas, les arrebataron todas las fuentes de competición en la vida, en el flujo de la vida. Entonces solo les quedó una cosa: sus cuerpos.

Me has preguntado: «*¿Por qué les gusta a las mujeres atraer a los hombres?*». Pues por eso, porque es su único poder. ¿Y a quién no le gusta el poder? A menos que se comprenda que el poder solo conlleva amargura, que el poder es destructivo, violento, a menos que mediante la comprensión desaparezca el deseo de poder... ¿A quién no le gusta el poder?

Y también preguntas por qué si quieren atraer a los hombres les molestan sus deseos sexuales. Pues por la misma razón. La mujer mantiene su poder siempre y cuando se presente ante ti como la zanahoria ante el burro: está al alcance pero no lo está, tan cerca y tan lejos. Solo así puede mantener su poder. Si cae en tus brazos inmediatamente, el poder se desvanece. Y en cuanto te has aprovechado de su sexualidad, en cuanto la has utilizado, se acabó, ya no ejerce poder sobre ti. Por eso te atrae y al mismo tiempo se mantiene distante. Te atrae, te provoca, te seduce, y cuando te aproximas a ella te dice: ¡no!

Es una cuestión de simple lógica. Si la mujer dice sí, la reduces a un mecanismo, para utilizarla. Y nadie le gusta ser utilizado. Es el otro lado de la misma política de poder. El poder significa la capacidad para utilizar al otro, y cuando alguien te utiliza desaparece tu poder, quedas reducido a la impotencia.

Ninguna mujer quiere que la utilicen, y es lo que lleváis haciendo desde hace siglos. El amor se ha convertido en algo feo. Debería ser esplendoroso, pero no lo es, porque el hombre utiliza a la mujer y a la mujer le molesta y se resiste a ello, naturalmente. No quiere verse reducida a un producto.

Por eso vemos a los maridos moviendo la cola como perritos alrededor de sus esposas y a sus esposas con la actitud de estar por encima de todas estas tonterías, como de «soy mejor que tú». Las mujeres simulan que no les interesa el sexo, eso tan feo. Están tan interesadas como los hombres, pero el problema es que no pueden demostrarlo, porque si lo hacen, los hombres las reducen inmediatamente a la impotencia, empiezan a utilizarlas.

Por eso les interesan otras cosas, como atraer a los hombres y después renegar de ellos. En eso consiste el júbilo del poder. Tirar de ti —como si estuvieras sujeto por cordeles, como una marioneta—, y después decirte que no, reducirte a una impotencia absoluta. Y tú, mientras tanto, agitando la cola como un perrito, mientras la mujer se divierte.

Es una situación muy desagradable, y no debería seguir así. Es feo y desagradable porque se ha reducido el amor a la política de poder. Hay que cambiarlo. Tenemos que crear una nueva humanidad, y un mundo nuevo, en el que el amor no sea en absoluto un asunto de poder. Al menos hemos de apartar el amor de las garras de la política del poder; podemos dejar el dinero, la política, todo, pero hemos de sacar el amor de ahí.

El amor es algo inmensamente valioso; no lo convirtáis en un producto de mercado. Pero eso es lo que ha ocurrido.

Un recluta acababa de llegar a un puesto de la Legión Extranjera en el desierto. Le preguntó al cabo qué hacían los hombres en su tiempo libre.

El cabo sonrió muy expresivo y dijo:
—Ya verás.
El joven se quedó confuso.
—Pero hay más de cien hombres en esta base y no veo ni a una sola mujer.
—Ya verás —repitió el cabo.

Aquella tarde llevaron trescientos camellos al corral. Obedeciendo a una señal, los hombres parecieron enloquecer. Saltaron al corral y empezaron a hacer el amor con los animales.

El nuevo recluta vio al cabo pasando a toda prisa a su lado y lo agarró por el brazo.

—Ya entiendo a qué se refiere, pero sigo sin comprender nada —dijo—. Debe de haber trescientos camellos y nosotros solo somos cien. ¿Por qué ha salido todo el mundo corriendo? ¿No se lo pueden tomar con más calma?

—¿Cómo? —dijo el cabo, perplejo—. ¿Y tener que bailar con la más fea?

Nadie quiere quedarse con lo feo, aunque sea un camello, por no hablar de una mujer fea. La mujer intenta por todos los medios ser guapa, o al menos parecer guapa. Y una vez atrapado en sus encantos, la mujer empieza a escapar del hombre, porque en eso consiste el juego. Si tú empiezas a escapar de ella, ella se acercará a ti, empezará a perseguirte. En el momento en que tú empiezas a perseguirla, ella empieza a escapar. ¡Así es el juego! No es amor, es algo inhumano, pero es lo que ocurre y lo que lleva ocurriendo desde hace siglos.

Hay que andarse con cuidado. Toda persona tiene una tremenda dignidad, y nadie puede quedar reducido a un producto, a un objeto. Respetad a los hombres, respetad a las mujeres, porque ambos son divinos.

Y olvidaos de la vieja idea de que es el hombre quien le hace el amor a la mujer: es una estupidez. Parece como si el hombre fuera el ejecutor y la mujer estuviera ahí para que le hicieran algo. Incluso en el lenguaje, a veces se presenta al hombre como quien hace el amor, como el que actúa, mientras que la mujer solo está ahí como receptora pasiva. No es cierto. Ambos se hacen el amor mutuamente, ambos son ejecutores, ambos participan, y la mujer a su manera. La receptividad es su forma de participar, pero participa tanto como el hombre.

Y que no crea el hombre que solo él le hace algo a la mujer; también ella le hace algo al hombre. Ambos hacen algo inmensamente valioso. Se ofrecen el uno al otro, comparten sus energías. Ambos os ofrecéis en el templo del amor, en el templo del dios del amor. Es el dios del amor quien os posee a los dos, en un momento sagrado. Camináis por terreno sagrado. Y después, la conducta de las personas tendrá un carácter completamente distinto.

Es bueno ser bello, pero feo intentar aparecer bello. Es bueno ser atractivo, pero feo ingeniárselas para resultar atractivo, porque es pura astucia. Las personas son bellas por naturaleza. No hay que recurrir al maquillaje. El maquillaje es feo, y solo contribuye a afear aún más. La belleza está en la sencillez, en la inocencia, en la naturalidad y la espontaneidad. Y si eres bello, no utilices tu belleza como arma de poder: es una profanación de la belleza, un sacrilegio.

La belleza es un don de Dios. Compártela, pero no la utilices para dominar, para poseer a otro. Y tu amor se convertirá en oración, y tu belleza en una ofrenda a Dios.[27]

7
La política

SE NOS HA PROGRAMADO PARA SER AMBICIOSOS

Se nos ha programado para ser ambiciosos, y en eso consiste la política. No solo afecta al mundo de la política, sino que infecta tu vida, día a día. Hasta el niño pequeño sonríe a la madre, al padre, pero es una sonrisa fingida, falsa, sin profundidad. Siempre que sonríe, el niño sabe que tendrá una recompensa. Ya ha aprendido la primera norma del político; está todavía en la cuna y ya le habéis enseñado lo básico de la política.[28]

Por política hay que entender...

Por política hay que entender otras cosas, no solo la política como tal. Cuando alguien se mete en un juego de poder, eso también es política. Da igual que esté relacionado con el Estado, el gobierno y asuntos parecidos...

Para mí, la palabra «política» abarca mucho más de lo que se suele pensar.[29]

El hombre lleva intentando una estrategia política con la mujer durante toda la historia de la humanidad

El hombre lleva intentando una estrategia política con la mujer durante toda la historia de la humanidad: que ella es inferior a él. Y la ha convencido. Existen razones para que la mujer esté indefensa y tenga que someterse a esta idea, tan absurda como fea. La mujer no es inferior al hombre, ni tampoco superior. Son dos categorías humanas diferentes que no pueden compararse. La comparación misma es absurda, y si empezamos a comparar, surgirán los problemas.

¿Por qué se ha proclamado la inferioridad de la mujer en el mundo entero? Porque era la única manera de dominarla, de esclavizarla.

Resultaba más fácil. Si hubiera sido igual, habría habido problemas. Por eso se tenía que convencerla de que era inferior. Y las razones esgrimidas son las siguientes: tiene menos fuerza muscular y menor estatura; no ha escrito filosofía ni teología; no ha fundado ninguna religión; no ha habido mujeres que destacaran en la música o la pintura. Todo eso demuestra que no tiene suficiente inteligencia, que no es intelectual, que no le interesan los asuntos más elevados de la vida, que sus intereses son muy limitados, que solo sirve para ser ama de casa.

Claro, si se plantea así la comparación, con tanta astucia, se convence fácilmente a la mujer de su inferioridad. También habría que comparar otras cosas. Una mujer puede dar a luz, mientras que un hombre no. Él es inferior; no puede ser madre. La naturaleza no le ha dado tal responsabilidad, sabiendo que es inferior. La responsabilidad recae sobre el superior, y la naturaleza no ha dotado de útero al hombre. En realidad, su función en la procreación no es más que la de una inyección, algo momentáneo.

La madre tiene que llevar en su vientre al niño durante nueve meses, con todos los inconvenientes. No resulta tarea fácil. Y después dar a luz... Eso supone casi experimentar la muerte. A continuación tiene que criar al niño durante años, y en épocas pasadas no paraba de tener hijos. ¿Qué tiempo le hemos dejado para dedicarse a la música, a la poesía, a la pintura? ¿Qué tiempo le hemos concedido? Estaba continuamente embarazada o cuidando de los hijos que había parido, y cuidándose de la casa para que el hombre se dedicara a asuntos más elevados.

Digo lo siguiente a cualquier hombre: intercambia el trabajo durante veinticuatro horas. Que ella pueda dedicarse a pensar, a crear poesía o música, y durante esas veinticuatro horas ocúpate tú de los hijos, de la cocina, de la casa. Entonces te darás cuenta de quién es superior. Veinticuatro horas serán suficientes para demostrarte que cuidar de tantos niños es como vivir en un manicomio.

Con un solo día de cocinar para la familia y los invitados comprenderás que en esas horas has vivido en un auténtico infierno, y olvidarás la idea de tu superioridad, porque no tendrás ni un segundo para pensar en la teología, la filosofía o la religión.

Debes pensar en otros términos. Sí, la mujer tiene menos musculatura, porque durante millones de años no ha realizado el trabajo que desarrolla los músculos. Yo he estado con ciertos indígenas de la India, pueblos en los que la mujer es musculosa y el hombre no. Eso significa que no es algo natural, sino histórico. Pero las mujeres llevan tanto tiempo sin realizar trabajos que requieren musculatura que, poco a poco han perdido de forma natural la capacidad para desarrollarla.

Pero también hay que considerar el asunto desde otros ángulos. La mujer tiene más resistencia que el hombre, un hecho comprobado médicamente. Las mujeres enferman con menos frecuencia que los hombres y viven más tiempo que ellos, unos cinco años más. Es una sociedad absurda la que ha decidido que el marido debería de ser cuatro o cinco años mayor que la mujer, simplemente para demostrar que el hombre es más experimentado y así mantener intacta su superioridad. No está bien desde el punto de vista médico, porque la mujer vive cinco años más que el hombre. Desde el punto de vista médico, el marido debería ser cinco años más joven que la mujer, de modo que murieran al mismo tiempo o casi.

Por un parte, el hombre tiene que ser cuatro o cinco años mayor que la mujer, y por otra parte, a la mujer no se le permite que vuelva casarse otra vez, en la mayoría de las culturas y las sociedades. Recientemente ha empezado a permitírsele, pero solo en los países desarrollados. Como no se le permite volver a casarse vivirá al menos diez años de viudedad. Eso es una insensatez desde el punto de vista médico; hay un error aritmético. ¿Por qué obligar a una mujer a ser viuda durante diez años? Habría sido mejor que la mujer hubiera tenido cinco años más que el marido, que el hombre hubiera sido cinco años más joven que la mujer. Con eso se habría arreglado el asunto. Habrían muerto casi al mismo tiempo, y no habría ni viudos ni viudas ni todos los problemas derivados de esa situación.

Si nos paramos a pensar que una mujer vive cinco años más que un hombre, ¿quién es superior? Si la mujer enferma con menos frecuencia, si tiene más resistencia, ¿quién es superior? El porcentaje de suicidios de mujeres es un cincuenta por ciento inferior al de hombres. Lo mismo ocurre con el porcentaje de casos de locura: un cincuenta por ciento menor en las mujeres. Pero nunca se han tenido en cuenta estos hechos. ¿Por qué?

¿Por qué se suicidan el doble de hombres que de mujeres? Da la impresión de que los hombres no tienen paciencia con la vida. Son demasiado impacientes, tienen demasiados deseos, demasiadas expectativas, y cuando las cosas no les salen bien quieren acabar con todo. Se frustran con mucha rapidez. Eso es signo de debilidad: no tienen el valor de enfrentarse a los problemas de la vida. El suicidio es una cobardía, escapar de los problemas en lugar de resolverlos.

La mujer tiene más problemas: los suyos propios y los que le crea el hombre. Tiene problemas por partida doble, y sin embargo los afronta con valor. Pero todos dicen que es más débil. ¿Por qué se vuelven locos el doble de hombres que de mujeres? Eso demuestra que su intelecto no es muy fuerte, que se le puede ir la cabeza a la primera de cambio.

¿Entonces por qué tanto empeño en la inferioridad de la mujer? Cuestión de política, de juego de poder.[30]

Usted dice muchas veces que los políticos y los sacerdotes explotan y engañan a la gente, que se aprovechan de ella, como si pertenecieran a otra raza, como si fueran extraterrestres que se han im-

puesto a nosotros. Por el contrario, yo opino que los políticos y los sacerdotes salen de entre nosotros, y por eso somos responsables de sus actos. Quejarse de ellos es como quejarnos de nosotros mismos. ¿Es que no hay un político o un sacerdote oculto en cada uno de nosotros? ¿Podría decir algo al respecto, por favor?

Desde luego que los políticos y los sacerdotes no son extraterrestres; nacen y crecen entre nosotros. También nosotros tenemos el mismo deseo de poder, la misma ambición de ser más santos, más piadosos que los demás, pero en cuanto a esos deseos y ambiciones, ellos son quienes más éxito tienen.

Y desde luego que nosotros somos responsables, pero es un círculo vicioso, porque no somos nosotros los únicos responsables. Los políticos y los sacerdotes que triunfan inculcan en las nuevas generaciones esas mismas ambiciones. Construyen la sociedad, influyen en la mentalidad de todos, condicionándola. También ellos son responsables, y más que la gente normal y corriente, porque esas personas normales y corrientes son las víctimas de todas las ideas que se les imponen.

Un niño llega al mundo sin ninguna ambición, sin deseo de poder, sin la idea de que es mejor, más santo, superior. Naturalmente, él no puede ser responsable de nada. Quienes lo echan a perder son quienes lo educan: los padres, la sociedad, el sistema educativo, los políticos, los sacerdotes... toda esa tropa. Y cuando le llegue el turno, también él echará a perder a otros... Es un círculo vicioso, pero ¿dónde romperlo?

Culpo a sacerdotes y políticos porque es ahí donde puede romperse el círculo vicioso. Culpar a los niños recién llegados al mundo no serviría de nada, como tampoco serviría de nada culpar a las masas, porque ya están programadas y explotadas. Sufren, son desdichadas, pero no hay nada que las despierte; están profundamente dormidas. Nuestras críticas deberían centrarse en quienes ostentan el poder, porque únicamente ellos pueden contaminar a las generaciones futuras. Si pudiéramos impedir que actuaran así, surgiría un nuevo ser humano.

Yo sé que todo el mundo es responsable, que pase lo que pase, de una forma u otra, todo el mundo tiene algo que ver en el asunto, pero lo importante para mí es a quién atacar, para evitar ese círculo vicioso en la nueva generación. La humanidad lleva siglos dándole vueltas a lo mismo, y por eso no culpo a las masas, ni a ti en concreto. Sí culpo a quienes ahora ocupan cierta posición y si pudieran relajarse un poco, olvidarse un poco de sus intereses y fijarse en esa humanidad sufriente... podría producirse una transformación y romperse el círculo vicioso. Por eso me cebo en los políticos y los sacerdotes.

Sé que todo el mundo es responsable, pero no todo el mundo tiene el poder suficiente para romper el círculo vicioso. Por eso ataco constantemente a sacerdotes y políticos. Y resulta que ahora me tienen miedo; a lo mejor nunca le habían tenido miedo a nadie. No me quieren en ningún país del mundo. Los sacerdotes están detrás de los políticos que dictan las leyes y las normas, y quieren prohibir mi entrada en sus países.

Nuestra comuna de Estados Unidos fue destruida por los políticos, pero tras los políticos estaban los cristianos fundamentalistas, el grupo más ortodoxo de sacerdotes cristianos. Ronald Reagan, por ejemplo, es cristiano fundamentalista. Y ser cristiano fundamentalista significa ser ortodoxo hasta la médula. Reagan está convencido de que todas y cada una de las palabras de la Biblia son sagradas, pronunciadas por el mismísimo Dios. Y tanto los políticos como los sacerdotes son muy vulnerables: no tienen dónde apoyarse. Un buen golpe, y adiós. Y entonces la sociedad empezará a saber en qué consiste la libertad.

Podemos criar a los hijos de una forma más humana, sin condicionamientos, con inteligencia, para que sean capaces de ver la tierra como un todo, sin cristianos, hindúes, musulmanes, sin indios, chinos ni estadounidenses. Las naciones y las religiones son creación de los sacerdotes y los políticos. En cuanto desaparezcan ellos, también desaparecerán las religiones y las naciones.

Y un mundo libre de religiones y de naciones será un mundo humano, sin guerras, sin luchas innecesarias por cosas que nadie ha visto...

Qué absurdo que las personas lleven miles de años matándose entre sí en nombre de Dios... Nadie lo ha visto, nadie tiene pruebas. Y encima, ni siquiera sienten vergüenza, porque si lo miras directamente a los ojos, nadie se lo ha planteado jamás... Sin embargo, emprenden cruzadas, *yihads*, guerras de religión, y destruyen a cuantos no creen en su dogma, porque su dogma es divino y todos los demás son creación del diablo.

Intentan servir a la humanidad matando a las personas. Su intención consiste en liberar a esas personas de las garras del diablo, pero lo más curioso es que toda religión piensa que las demás religiones son creaciones del diablo, y por eso continúa la lucha.

Los políticos libran una guerra tras otra... ¿Para qué? La tierra no tiene fronteras, pero ellos idean mapas y delimitan fronteras.

UNO DE MIS PROFESORES ERA UN HOMBRE MUY INTELIGENTE. Un día nos trajo a clase unos trozos de cartón. Había cortado el mapamundi en trocitos; los puso sobre la mesa y nos dijo: «A ver quién puede ordenarlo». Lo intentaron muchos alumnos, pero no lo consiguieron.

Al ver que a todos los demás no les salía bien y que no conseguían ensamblar el mapamundi, miró una pieza por el revés. Dio la vuelta a todas las demás y descubrió la figura de un hombre. La ordenó, algo que le resultó muy fácil, y así encontró la clave. Por un lado estaba ordenado el hombre y por el otro el mundo.

Quizá ocurra lo mismo con el mundo real... Si podemos ordenar al hombre, también quedará ordenado el mundo. Si logramos que el hombre esté en silencio, en paz, con amor, desaparecerán las naciones, desaparecerán las guerras y los políticos sucios. Y hay que recordar que toda política es sucia; no hay ninguna limpia.

Pero hemos de atacar a quienes ostentan el poder. Atacar a la persona normal y corriente no servirá de nada, porque no tiene poder; es una víctima. Incluso si la cambiamos, no supondrá un gran cambio. Pero si destruimos la conspiración entre religión y política, entre sacerdotes y políticos, se producirá un gran cambio, una revolución, la única revolución necesaria y que aún no ha tenido lugar.[31]

¿Qué opina de la política?

¿Tengo que opinar? Pues la maldigo. Es la gran calamidad que nos ha hecho vivir siglos de sufrimiento. La política es absolutamente innecesaria, pero los políticos no consentirán que realmente lo sea porque entonces perderían sus presidencias, sus Casas Blancas, sus Kremlins...

La política no es necesaria, es algo totalmente anticuado. Se necesitaba porque las naciones no paraban de luchar entre sí. Ha habido cinco mil guerras en tres mil años.

Si disolviéramos las fronteras —que solo existen en el mapa, no en la tierra—, ¿a quién le interesaría la política? Desde luego, habría un gobierno mundial, pero solo tendría un carácter funcional. No supondría el menor prestigio, porque no existiría competencia para acceder a él. Si eres presidente del gobierno mundial, ¿qué? No eres más importante que los demás.

Un gobierno funcional es como la red de ferrocarriles. ¿A quién le importa quién dirige la red de ferrocarriles? Si el servicio de Correos funciona bien, ¿a quién le importa quién sea el director?

Las naciones tienen que desaparecer, y con ellas desaparecerá la política. Se suicidará. Lo que quedará será una organización funcional para hacerse cargo de las cosas, que podrá ser rotatorio, como el Rotary Club, en el que a veces el presidente es un negro, otras veces una mujer, otras veces un chino, otras un ruso, otras un estadounidense... pero continúa girando, como una rueda.

Quizá una persona no debería ostentar el puesto más de seis meses, porque más tiempo resultaría peligroso. De modo que seis meses de presidente y después se acabó. Y que no eligieran a nadie más. Es simple torpeza mental elegir una y otra vez al mismo presidente. ¿No veis la torpeza mental? ¿Es que no hay personas inteligentes? ¿Es que solo tenéis un vejestorio para que siga una y otra vez?

Tampoco se necesitarían los partidos políticos en ese mundo. Los individuos deberían decidir individualmente. No se necesitan los partidos políticos, porque solo contribuyen a la destrucción de la democracia. Aunque la gente dice que la democracia no puede existir sin los partidos políticos, yo os digo que la democracia no puede existir con los partidos políticos, porque tienen sus propios intereses.

Cada individuo es libre de presentarse a cualquier cargo o de votar a quien le parezca conveniente, y quien salga elegido puede ser mucho más sensato que cualquier presidente o primer ministro. Entonces, como solo va a ocupar ese puesto durante seis meses, no puede perder el tiempo inaugurando esta universidad y la otra, o ese puente y el otro, o esa carretera; no puede perder el tiempo en absurdas inauguraciones. Y el Parlamento se limita a discutir sobre asuntos absurdos, como si dispusieran de todo el tiempo del mundo. Para aprobar una simple ley necesitan años y años.

Una persona que solo vaya a mantenerse en ese cargo seis meses no puede permitirse semejantes estupideces. Se rodeará de asesores científicos, de expertos en diferentes campos. Por ejemplo: en el terreno de la economía buscará a los mejores cerebros de la economía para que lo asesoren. No dispone de mucho tiempo. No puede apoyarse en políticos de tercera clase que solo conocen el arte de la mentira y nada más. Si tiene que tomar decisiones sobre la educación, pedirá consejo a los grandes especialistas en educación del mundo entero. Pero ahora ocurren cosas tan extrañas...

Os doy una fórmula: un solo mundo.[32]

8
La violencia

NOSOTROS CREAMOS A TODOS LOS DICTADORES DEL MUNDO

Nosotros creamos a todos los dictadores del mundo porque necesitamos que alguien nos diga lo que tenemos que hacer. Y existe una razón muy sutil para ello: cuando alguien te dice lo que tienes que hacer, no es tuya la responsabilidad de si está bien o mal. Te libra de toda responsabilidad; no tienes que pensar en ello, ni preocuparte. Toda la responsabilidad recae sobre la persona que te ordena que hagas algo.

Las personas como Hitler, Stalin o Reagan no ocupan posiciones de poder solamente por sus cualidades. Están ahí porque millones de personas quieren que les digan lo que tienen que hacer, porque si nadie les da órdenes están perdidas.

Nosotros creamos a los dictadores.

Hitler estaba medio loco, pero Alemania, una de las naciones más inteligentes del mundo, creadora de una gran tradición de filósofos, pensadores, teólogos de primera categoría... Incluso en el siglo XX Alemania ha dado al mundo personas como Martin Heidegger... Yo he estudiado a todos los filósofos, pero Heidegger posee tal genio, tal originalidad en sus enfoques de las cosas, completamente nuevos... Y sin embargo era seguidor de Hitler, lo apoyó. Me planteé cuál podría ser la razón y por qué toda una nación apoyó a aquel loco.

La razón está en que nadie quiere responsabilidades, pero en el momento en que pierdes tu responsabilidad —piensas que es una carga y otro la acepta— también pierdes tu individualidad, también pierdes tu libertad.

La responsabilidad no es distinta de la libertad, de la individualidad. En cuanto descargas tu responsabilidad sobre otro, se disuelve tu identidad. Por supuesto, nadie te echará la culpa si algo se tuerce, pero habrás perdido tu alma.

Se condena a los dictadores, pero nadie se para a pensar en la psicología, en cómo se crean los dictadores, en quiénes los crean. Somos nosotros quienes los creamos, y lo hacemos con la esperanza de que ellos asuman la responsabilidad. Pero no nos damos cuenta de que junto con nuestra responsabilidad se nos va la libertad, y también la individualidad, la democracia, la libertad de pensamiento y de expresión, todo.

Perdemos el alma en cuanto dejamos nuestra responsabilidad en manos de otro. Y a algunas personas les gusta dominar, dar órdenes: son dementes.

De modo que es una situación extraña. A la gente le gusta que la libren de responsabilidades, y por otra parte hay personas dispuestas a cargar con todas las responsabilidades, porque así también se llevan toda tu libertad. Se llevan tus derechos, tu individualidad: son personas motivadas únicamente por el deseo de poder. Su demencia es distinta, pero a mí me parece que se ajusta a ciertas necesidades. Pienso que existe cierta sincronía entre quienes quieren librarse de las responsabilidades sin darse cuenta de que al mismo tiempo van a deshacerse de su alma, y los otros locos, que solo rinden culto a una cosa: el poder.[33]

¿Podría hablarnos sobre la violencia?

El hombre es un dilema, porque el hombre es una dualidad. El hombre no es un solo ser, sino que está compuesto de pasado y futuro. El pasado representa lo animal y el futuro lo divino. Entre ambos está el momento presente, entre ambos está la existencia del ser humano, dividida, desgarrada, expuesta al empuje de dos polos diametralmente opuestos.

Si el ser humano retrocede hacia el pasado es un animal. Por eso la ciencia no cree que el hombre sea nada más: otro animal, porque la ciencia solo investiga el pasado. Darwin y otros, sí, tienen razón en cuanto a que el hombre nació de los animales. Eso es cierto en cuanto al pasado, pero no en cuanto a la totalidad del hombre.

La religión indaga en lo posible, en lo que puede ocurrir pero aún no ha ocurrido. La ciencia disecciona la semilla y no encuentra la flor. La religión es visionaria, soñadora, y es capaz de ver lo que aún no ha sucedido: la aparición de la flor. Por supuesto, no se puede encontrar, esa flor no se puede encontrar diseccionando la semilla. Hace falta intuición, no capacidad analítica, sino una especie de visión, de enfoque poético. Solo un verdadero soñador puede ver lo que aún no ha ocurrido.

La religión indaga en lo posible y descubre que el hombre no es animal, sino divino, que el hombre es Dios. Las dos cosas son verdad. El conflicto no tiene fundamento. El conflicto entre ciencia y religión no tiene sentido. Sus enfoques, sus métodos de trabajo y los terrenos que abarcan son completamente distintos.

La ciencia siempre lo reduce todo a los orígenes, mientras que la religión siempre salta hacia el destino final. El hombre es ambas cosas, es un dilema, una angustia constante: ser o no ser, ser esto o aquello.

El ser humano solo puede alcanzar la paz de dos maneras, y una consiste en volver a la animalidad. Entonces será uno, no habrá división, volverán a reinar la paz, el silencio, la armonía... Por eso hay millones de personas que intentan ser animales, siguiendo caminos diversos.

La guerra ofrece la oportunidad de volver a ser animales, y de ahí su gran atractivo. En el transcurso de tres mil años de historia se han librado cinco mil guerras. La guerra estalla sin cesar, en un lugar u otro. No pasa un solo día sin que un ser humano mate a otros. ¿Por qué tal regocijo en la destrucción, en la muerte? La razón está oculta en las profundidades de la psicología humana.

En el momento en que matas, de repente eres solo uno; vuelves a ser animal y desaparece la dualidad. De ahí la tremenda fuerza de atracción del asesinato y del suicidio.

Aún no se puede convencer al hombre de que no sea violento. La violencia estalla. Cambian los nombres, las consignas, pero la violencia sigue siendo la misma. Puede estallar en nombre de la religión, en nombre de la ideología política, de cualquier cosa absurda; basta un partido de fútbol para que la gente se vuelva violenta.

A la gente le interesa tanto la violencia que si no pueden ejercerla por sí mismos, porque corren demasiados riesgos y piensan en las consecuencias, encuentran formas indirectas para hacerlo. La violencia es indispensable en el cine y en la televisión; nadie ve una película sin violencia. El ver violencia y sangre te recuerda de repente tu pasado animal, te olvidas del presente, te olvidas por completo del futuro; te transformas en el pasado.

Te identificas con lo que ocurre en la pantalla, que en cierto modo se convierte en tu propia vida. Dejas de ser espectador; en esos momentos participas, estableces una relación.

La violencia ejerce una gran atracción.

La sexualidad también ejerce gran atracción, porque solo en los momentos de sexo os hacéis uno; el resto del tiempo sois dos, estáis divididos, y persisten la angustia y la ansiedad.

La violencia, el sexo y las drogas contribuyen, al menos de momento, temporalmente, a recaer, a volver a la animalidad, pero ese estado no puede ser permanente.

Hay que comprender una ley fundamental: que nada puede retroceder. En el mejor de los casos, se puede simular, se puede engañar, pero nada puede retroceder, porque el tiempo no retrocede. El tiempo siempre va hacia delante. No se puede reducir a un joven a niño, ni a un anciano a joven; es imposible. El árbol no puede reducirse a la semilla original; también eso es imposible.

La evolución continúa constantemente y es imposible evitarla u obligarla a retroceder.

Por consiguiente, todos los esfuerzos de los hombres por ser animales y encontrar la paz están abocados al fracaso. Puedes emborracharte o drogarte, con marihuana, con LSD, hasta perder el conocimiento. De momento desaparecen todas las preocupaciones, de momento dejas de formar parte de una existencia problemática, te trasladas a una dimensión completamente diferente, pero solo momentáneamente.

Mañana por la mañana habrás vuelto, y al volver el mundo será aún más feo que antes y la vida más problemática que nunca. Porque mientras estabas obnubilado, adormilado por las drogas, los problemas iban aumentando. Los problemas se complicaban aún más. Mientras pensabas que habías superado esos problemas, se enraizaban aún más en tu ser, en tu inconsciente.

Mañana habrás vuelto al mismo mundo, y parecerá más feo al compararlo con la paz que habías logrado con la reducción, la obnubilación, el olvido. En comparación con esa paz, el mundo te parecerá aún más peligroso, más complejo, más aterrador, y entonces solo podrás seguir un camino: aumentar la dosis de droga. Pero eso no te ayudará durante mucho tiempo, y no es el camino para salir del dilema. El dilema permanece, persiste.

El único camino consiste en dirigirse hacia lo divino; el único camino es hacia delante, convertirte en lo que potencialmente eres, transformar lo potencial en real.

El hombre es Dios en potencia, y a menos que se transforme en Dios real no existe posibilidad alguna de satisfacción.

Las personas también se han planteado eso: ¿cómo hacerse divino? Y al hacerse divino, ¿adónde va a parar lo animal?

La solución más sencilla que se ha encontrado en el transcurso de los siglos consiste en reprimir lo animal. Es la misma solución: o reprimir lo divino, mediante la violencia, el sexo, las drogas, olvidar lo divino, que en realidad no es una solución, que nunca logra nada, porque está abocada al fracaso por la naturaleza misma de las cosas, o reprimir lo animal, olvidar lo animal, no mirarlo, enterrarlo en las profundidades del subconsciente para no toparse con él en la vida cotidiana, para no verlo.

El hombre piensa casi de la misma manera que el avestruz. El avestruz piensa que si no lo ve, el enemigo no existe. Por eso, cuando se encuentra con el enemigo, cierra los ojos, y piensa que no existe porque no lo ve.

Lo mismo han hecho el 99 por ciento de las personas religiosas en el transcurso de los siglos. En el uno por ciento restante incluyo a los Buda, Krisna, Kabir. El 99 por ciento de las personas religiosas se han limitado a actuar como los avestruces, algo totalmente inútil.

Reprime el animal que hay en ti, te dicen. Pero no puedes reprimirlo porque tiene mucha energía. Es tu pasado, con una antigüedad de millones de años. Está profundamente enraizado en ti, y no puedes deshacerte fácilmente de él por el simple hecho de cerrar los ojos. Eso es una estupidez.

Y el animal es tu base, son tus cimientos. Naces animal, sin diferencias con otros animales. Puedes ser diferente, pero no lo eres; por el simple hecho de nacer no te haces diferente. Sí, tienes un cuerpo distinto, pero no mucho. También otra clase de inteligencia, pero no demasiado. Hay una diferencia de cantidad, pero no de cualidad.

Si las investigaciones más modernas aseguran que incluso las plantas son inteligentes, sensibles, conscientes, ¿qué decir de los animales? Algunos investigadores sostienen que hasta los metales tienen una especie de inteligencia, de modo que la diferencia entre el hombre y el elefante, entre el hombre y el delfín o entre el hombre y el mono no es una cuestión cualitativa, sino cuantitativa, una cuestión de grados.

Simplemente tenemos un poco más de inteligencia. No supone una gran diferencia, al menos no una verdadera.

Se produce el cambio cualitativo únicamente cuando el ser humano se despierta plenamente, cuando se transforma en Buda; entonces sí existe una diferencia real. Entonces deja de ser animal, entonces se hace divino, pero ¿cómo conseguirlo?

El 99 por ciento de las personas religiosas llevan siglos equivocándose, siguiendo la misma lógica que quienes se entregan a la violencia, al sexo, al alcohol. Es la misma lógica, la de olvidar lo animal. Se han desarrollado numerosas técnicas con este fin: *mantras* para mantenerse ocupado con los cánticos y olvidar así lo animal, repetir «Rama, Rama, Rama, Rama», tan rápidamente que la mente se llena con las vibraciones de esa única palabra. Se trata de un intento de evitar lo animal, pero el animal sigue dentro.

Puedes entonar «Rama» durante siglos enteros, pero no vas a cambiar lo animal con un truco tan simple. No puedes engañar al animal que hay dentro de ti. Y tu religiosidad será superficial. Con solo rascar un poco, se descubre el animal dentro de la persona religiosa, solo con rascar un poquito. La llamada religiosidad no es ni siquiera superficial. Es pura simulación, una formalidad, un ritual social.

Vas a la iglesia, lees la Biblia o el *Gita*, entonas cánticos, rezas, pero es pura ceremonia. No pones el corazón en ello. Y el animal que habita en tu interior se ríe de ti, te ridiculiza. Sabe perfectamente quién eres, dónde estás, y sabe manipularte. Puedes llevar horas enteras entonando cánticos, y si pasa a tu lado una mujer guapa, de repente se acaban los cánticos y te olvidas por completo de Dios. El olor que sale de la panadería... y adiós. Adiós a «Hare Krisna Rama» y todo lo demás.

Basta cualquier cosilla. Alguien te insulta y te enfadas, el animal interior se dispone a vengarse, te encolerizas. En realidad, las personas religiosas se enfadan más que nadie, porque las demás no se reprimen. Y las personas religiosas tienen más perversiones sexuales que nadie, porque las demás no se reprimen. Habría que observar los sueños de esas personas, porque durante el día pueden reprimirse, pero no por la noche, cuando duermen...

El *mahatma* Gandhi dejó escrito que tenía sueños sexuales incluso a los setenta años de edad. ¿Por qué los sueños sexuales a semejante edad? Decía: «Me he hecho disciplinado por el día; no me viene un solo pensamiento sexual durante el día, pero por la noche soy incapaz, soy inconsciente, y desaparecen toda disciplina y todo control».

Freud tiene una teoría muy valiosa, que para conocer a una persona hay que conocer sus sueños, no su vida de vigilia, que es fingida. Su vida real se muestra en los sueños, porque los sueños son más naturales, sin represión, disciplina ni control. De ahí que el psicoanálisis no se ocupe de la vida durante la vigilia. Hay que tenerlo muy en cuenta, que la vida de vigilia es tan fingida que el psicoanálisis no se fía de ella. No vale para nada. El psicoanálisis penetra en los sueños porque son mucho más auténticos que la llamada vigilia.

Resulta irónico que el psicoanálisis no se fije en la vigilia, lo que consideramos la vida real, porque la considera más irreal que los sueños. Los sueños son mucho más reales, porque, al estar profundamente dormido, no puedes distorsionarlos, porque la mente consciente está dormida y el inconsciente es libre de participar. Y el inconsciente es la verdadera mente, porque la mente consciente solo constituye una décima parte del total. Nueve décimas partes son la mente inconsciente, nueve veces más poderosa que la consciente.

¿Y qué haces cuando luchas contra la sexualidad, la ira, la codicia? Lo arrojas al inconsciente, a la oscuridad del sótano, pensando que al no verlas te estás librando de ellas. Pero no es así.

El 99 por ciento de las personas religiosas se reprimen, y cuando se reprime hay algo que llega aún más profundo, que se convierte en parte del ser y empieza a afectar de una manera tan sutil que quizá no se tenga conciencia de ello. Tiene muchas artimañas; no sigue caminos directos, porque en ese caso lo reprimirías. Entonces actúa de una forma tan sutil, tan tortuosa, tan engañosa, enmascarada, que ni siquiera puedes reconocerlo como sexualidad.

Incluso puede enmascararse como oración, amor, ritual religioso, pero si profundizas, si accedes a quedar al desnudo ante alguien que pueda observar y comprender el funcionamiento interno de tu mente, te sorprenderá comprobar que es la misma energía discurriendo por canales distintos. Tiene que discurrir por distintos canales, porque la energía nunca puede reprimirse.

Debemos comprenderlo de una vez por todas: la energía jamás puede reprimirse. La energía puede transformarse, pero no reprimirse.

La verdadera religión consiste en una alquimia, en técnicas y métodos de transformación. La verdadera religión consiste en no reprimir lo animal sino en purificarlo, en elevar lo animal a lo divino, en utilizar y domar lo animal para ascender a lo divino. Puede convertirse en un vehículo enormemente poderoso, porque es poder.

La sexualidad puede utilizarse como una gran fuente de energía, acceder con ella a las puertas mismas de Dios, pero si la reprimes te enredarás cada vez más.

Si reprimes la sexualidad, se desatará la ira; toda la energía que iba a convertirse en sexualidad se transformará en ira. Y más vale entregarse al sexo que a la ira. En el sexo, al menos hay algo de amor, mientras que en la ira hay violencia pura y nada más.

Cuando alguien reprime su sexualidad, se vuelve violento y vuelca esa violencia sobre sí mismo o sobre otros. Estas son las dos posibilidades: o convertirse en sádico y torturar a otros, o masoquista y torturarse a sí mismo. Pero en cualquier caso, habrá tortura.

¿Sabéis por qué nunca se ha permitido a los soldados que mantuvieran relaciones sexuales? Porque si se les permite tener relaciones sexuales no almacenan suficiente ira, suficiente violencia en su interior. La práctica del sexo supone una liberación, se ablandan, y una persona blanda no puede luchar. Si se priva de sexo a un soldado, luchará mejor. En realidad, la violencia sustituirá la sexualidad.

Sigmund Freud tenía razón al decir que todas las armas no son sino símbolos fálicos: la espada, el cuchillo, la bayoneta, no son sino símbolos fálicos. No se permite al soldado que entre en el cuerpo de otro, en el cuerpo de una mujer. Está loco por penetrar y es capaz de cualquier cosa, y su ser se inunda de un deseo perverso. Es la represión sexual, y le gustaría penetrar el cuerpo de alguien con una bayoneta, con una espada...

En el transcurso de los siglos se ha obligado a los soldados a reprimir sus deseos sexuales.

En el siglo XX hemos visto lo que ocurría. Los soldados estadounidenses son los mejor equipados del mundo, científica y tecnológicamente, son los mejor preparados del mundo, pero se han mostrado más débiles que los demás. En Vietnam, un país pobre, intentaron vencer durante años y tuvieron que aceptar la derrota. ¿Por qué? Porque el soldado estadounidense estaba sexualmente satisfecho por primera vez en la historia, no privado de sexo. Ese fue el problema. No podía vencer. Un país pobre y pequeño como Vietnam... es un milagro. Si no se entiende la psicología parece un milagro. Con tanta tecnología, con tanta ciencia moderna y tanto poder... y los soldados estadounidenses no pudieron hacer nada.

Pero no es nada nuevo, sino una antigua verdad, como demuestra la historia de la India. La India es un país grande, uno de los mayores, solo comparable a China, el segundo país más extenso del mundo, y ha sido conquistada muchas veces por países pequeños. Turcos, mogoles, griegos... Muchos vinieron a este gran país, que fue inmediatamente derrotado y conquistado. ¿Por qué razón? Y los pueblos que vinieron a conquistar eran pobres y estaban hambrientos.

Según mi análisis de la historia de este país, los indios no estaban sexualmente reprimidos en el pasado. Eran los días en que se construyeron templos como los de Khajuraho, Konarak, Puri... Entonces la India no estaba sexualmente reprimida. A pesar de los llamados *mahatmas*, muy escasos, la mayor parte de la población estaba satisfecha sexualmente; reinaban la dulzura, el cariño, la gentileza. A la India le resultaba difícil pelear. ¿Para qué? Piensa en ti mismo. Si quieres pelear, tendrás que privarte de sexo unos cuantos días. No hay más que preguntárselo a Mohamed Alí y a otros boxeadores: antes de un combate tienen que mantenerse célibes unos cuantos días. Es algo obligado. No hay más que preguntarles a los atletas que participan en los Juegos Olímpicos: antes de la competición se privan de sexo durante varios días. Eso les proporciona empuje, violencia, los hace capaces de luchar. Corren más rápido, atacan más rápido, porque la energía hierve en su interior. Por eso siempre se ha reprimido a los soldados.

Si los soldados de todos los ejércitos del mundo estuvieran sexualmente satisfechos habría paz. Si se permitiera que la gente estuviera sexualmente satisfecha habría menos enfrentamientos entre musulmanes e hindúes, menos guerras santas entre cristianos y musulmanes. Todas esas estupideces desaparecerían.

Si se propaga el amor, desaparecerá la guerra. No pueden coexistir.

La represión no es el camino. El camino es la transformación. No hay que reprimir nada.

Si existe en ti el deseo sexual, no lo reprimas, porque entonces surgirán más problemas que resultarán más difíciles de resolver.

Si puedes llegar a una sexualidad natural, espontánea, las cosas resultarán muy sencillas, increíblemente sencillas. Entonces tu energía es natural, y la energía natural no pone ningún obstáculo a la transformación. Por eso insisto en que se puede pasar del sexo a la superconciencia.

La transformación solo puede darse cuando aceptas tu ser natural.

Todo lo natural es bueno. Sí, también es posible algo más, pero ese más será posible solamente si aceptas tu naturaleza en su totalidad, si la abrazas, si no te sientes culpable. Ser culpable, sentirse culpable, equivale a ser irreligioso. En tiempos pasados se nos decía justo lo contrario: siéntete culpable y así serás religioso. Lo que yo digo es que si te sientes culpable nunca serás religioso.

Hay que acabar con el sentimiento de culpa. Eres como Dios te ha hecho, eres lo que la existencia te ha hecho. La sexualidad no es una creación tuya, sino un don de Dios.[34]

9

La terapia

¿Por qué abrazar es un instrumento terapéutico tan increíblemente eficaz? Antes pensaba que lo único que servía eran la claridad, el ingenio y el análisis, pero todo eso son tonterías en comparación con un abrazo [compartido].

EL SER HUMANO necesita que lo necesiten, eso constituye una de sus necesidades fundamentales. A menos que te muestren afecto, empiezas a morir, y a menos que sientas que eres importante para alguien, aunque solo sea una persona, tu vida carece de sentido. Por eso el amor es la mejor terapia.

El mundo necesita una terapia porque al mundo le falta amor.

En un mundo en el que realmente reinara el amor no se necesitaría ninguna terapia; el amor sería suficiente, más que suficiente. Abrazar es un simple gesto de amor, de calor, de afecto. La sensación de calor que transmite la otra persona derrite muchas enfermedades, derrite el ego, frío como el hielo, y te hace sentir de nuevo como un niño.

Los psicólogos son plenamente conscientes de que si a un niño no lo besan, no lo abrazan, le falta alimento. El cuerpo necesita comida tanto como el alma necesita amor. Puedes cubrir todas las necesidades físicas de un niño, proporcionarle todas las comodidades físicas, pero si no lo abrazas no llegará a ser una persona totalmente sana. En el fondo se sentirá triste, abandonado, sin afecto. Lo habrán atendido, pero no mimado.

Se ha observado que si no se abraza a un niño, empieza como a retroceder, incluso puede morir, aunque se le proporcione todo lo necesario. Se le han dispensado todos los cuidados corporales, pero no ha estado rodeado de cariño. Se ha quedado aislado, sin conexión con la existencia.

El amor constituye nuestra conexión, nuestras raíces.

Al igual que hay que respirar —porque para el cuerpo es esencial; si se deja de respirar, se deja de existir—, el amor es el aliento interno. El alma vive gracias al amor.

El análisis no sirve, ni el ingenio, ni la claridad, ni los conocimientos, ni la erudición. Podrás saber todo lo que se puede saber sobre la terapia, ser un experto, pero si no conoces el arte del amor te quedarás en la superficie del milagro de la terapia.

En cuanto empiezas a sentir compasión del paciente, del que sufre... de cien casos, noventa personas sufren fundamentalmente porque no han sido amadas. Si empiezas a sentir la necesidad de amor del paciente y si puedes satisfacer esa necesidad, el paciente experimentará una mejoría casi mágica.

No cabe duda de que el amor es el fenómeno más terapéutico.

A Freud le aterrorizaba tanto, tanto... Jamás se le habría ocurrido abrazar a un paciente; ni siquiera estaba dispuesto a mirarlo cara a cara, porque al escuchar sus miserias, sus pesadillas, podría haber empezado a sentir compasión, podrían habérsele humedecido los ojos, echarse a llorar o en un descuido incluso tomarle de la mano.

Le tenía tanto miedo a una relación afectuosa entre terapeuta y paciente que inventó la siguiente estratagema: el paciente tenía que estar tendido en el diván, y detrás se sentaba el psicoanalista, de modo que no se vieran cara a cara.

Y hay que recordar algo muy importante: que solo cuando nos miramos cara a cara crece el amor. Los animales no pueden desarrollar el amor porque hacen el amor sin mirarse, y así no pueden surgir ni la amistad ni la relación. En cuanto acaban con la relación sexual se van cada uno por su lado, sin ni siquiera un gracias, un adiós o un hasta luego. Los animales no han sido capaces de crear la amistad, la familia, la sociedad, por la sencilla razón de que cuando están haciendo el amor no se miran a los ojos, ni a la cara, como si el sexo para ellos fuera algo prácticamente mecánico. No existe ningún elemento humano en su relación sexual.

El ser humano ha creado la dimensión de todas las relaciones por la sencilla razón de que es el único animal que hace el amor mirando a su pareja. Los ojos empiezan a establecer comunicación y las expresiones faciales se convierten en un sutil lenguaje. Y además, los cambios de humor y las emociones... el gozo, el éxtasis, el resplandor del orgasmo... Y así se construye la intimidad.

La intimidad es necesaria, es un requisito indispensable. Por eso es bueno hacer el amor con luz, no en medio de la oscuridad, o al menos con una luz tenue, la de una vela. Hacer el amor con oscuridad es una parte del animal que habita en nosotros, que evita encararse con el otro, una estrategia para esquivarnos.

A Freud le daba mucho miedo el amor; tenía miedo de su amor reprimido, de enredarse, de relacionarse. Quería quedarse fuera, no implicarse con la persona, no formar parte de su interioridad, no adentrarse en aguas profundas y limitarse a ser un observador científico, distante, lejano. Quería crear el psicoanálisis como una ciencia, pero ni lo es ni lo será nunca. Es un arte, mucho más próximo al amor que a la lógica.

Y el verdadero psicoanalista no evita profundizar en la interioridad del paciente; se arriesga. Es arriesgado, porque supone adentrarse en aguas turbulentas. Puede acabar ahogándose, porque al fin y al cabo también es humano. Puede meterse en líos, en complejidades, crearse problemas, pero tiene que arriesgarse.

Por eso quiero tanto a Wilhelm Reich. Él fue quien transformó la fisonomía del psicoanálisis, al establecer una relación con el paciente. Desechó el diván y la actitud distante que representa. Fue mucho más revolucionario que Freud, que siguió siendo tradicional, asustado de sus propias represiones.

Si no tienes miedo de tus propias represiones puedes ayudar enormemente. Si no tienes miedo de tu inconsciente, si has resuelto un poco tus problemas, puedes ayudar mucho metiéndote en el mundo del paciente, participando en lugar de limitarte a observar.

Lo cierto es que como los psicoanalistas tienen sus propios problemas, a veces más que el paciente, se puede comprender el miedo de Sigmund Freud. Por mi parte, quisiera expresarme de una forma categórica al respecto: a menos que una persona abra de verdad los ojos, se ilumine, no puede ser un terapeuta auténtico, verdadero.

Solo un Buda puede ser un auténtico terapeuta, porque no le queda ningún problema. Puede fusionarse y fundirse con el paciente; aún más, para él, el paciente no es el paciente.

Esa es la diferencia entre la relación que existe entre un paciente y un terapeuta, y la relación que existe entre un discípulo y un maestro. El discípulo no es un paciente; es un ser amado, querido. El maestro no es solo un observador, porque participa. Han perdido sus distintas entidades, se han hecho uno, y esa unidad sirve de gran ayuda.

Abrazar es solo un gesto de unidad... Incluso ese gesto sirve de ayuda.

De modo que tienes razón. Preguntas: «*¿Por qué abrazar es un instrumento terapéutico tan increíblemente eficaz?*».

Sí, lo es, y se trata de un simple gesto. Si es verdadero, no solo un gesto, sino que lo haces de corazón, puede convertirse en un instrumento mágico, puede ser milagroso. Puede transformar la situación en un instante.

No hay muchas cosas que entender al respecto. Una de ellas es: nos equivocamos al pensar que el niño muere y el hombre se hace adolescente, después muere el adolescente y el hombre llega a joven, después el joven muere y llega a la mediana edad y así sucesivamente. El niño nunca muere... nada muere jamás. El niño está ahí, siempre está ahí, rodeado por otras experiencias, rodeado por la adolescencia, después por la juventud, después por la madurez, después por la vejez... pero el niño siempre sigue ahí.

Eres como una cebolla, una capa encima de otra, pero cuando pelas una cebolla encuentras capas más nuevas. En cuanto profundizas, encuentras capas más nuevas. Lo mismo ocurre con el hombre: si profundizas en él siempre encontrarás al niño inocente, y ponerse en contacto con ese niño inocente es terapéutico.

Abrazar te proporciona un contacto inmediato con el niño. Si abrazas a alguien con calor, con amor, no es un gesto impotente, sino algo importante, elocuente, verdadero; si tu corazón fluye con él, estableces un contacto inmediato con el niño, con el niño inocente. El niño inocente que sale a la superficie incluso unos segundos supone una enorme diferencia, porque la inocencia del niño siempre es sana y saludable, sin corromper. Has llegado al corazón mismo de la persona, donde jamás ha entrado la corrupción, has llegado al corazón virgen, y conseguir que ese corazón virgen vuelva a latir con vida es suficiente. Has iniciado un proceso de curación, lo has desencadenado.

Todo niño es tan nuevo, está tan vivo, tan lleno de entusiasmo que esa misma condición lo hace sano.

Si puedes acariciar de alguna manera al niño en el paciente... y abrazar es simplemente una de las cosas más importantes.

El análisis es el camino de la mente; el abrazo es el camino del corazón. La mente es la causa de todas las enfermedades y el corazón es el origen de toda curación.[35]

Un hombre entra en la consulta de un psiquiatra

Un hombre entra en la consulta de un psiquiatra y dice:
—Doctor, me estoy volviendo loco. Estoy convencido de que soy una cebra. Cada vez que me miro en el espejo tengo todo el cuerpo cubierto de rayas negras.

El psicoanalista le dice, intentando calmarlo:
—Tranquilo, tranquilo. Relájese, váyase a casa, tome estas pastillas para dormir bien, y seguro que esas rayas negras desaparecen.

El pobre hombre va a su casa y vuelve a la consulta del psiquiatra al cabo de dos días. Entonces le dice:
—Mire, doctor, me siento muy bien. ¿Me puede recetar algo para las rayas blancas?

Pero el problema continúa.

Una vez alguien me trajo a un joven loco. Al joven le había dado por pensar que se le metían moscas en el cuerpo, por la nariz y por la boca, mientras dormía, y que no paraban de zumbar en su interior. Y claro, estaba desesperado. Iba de un lado a otro, se revolvía, no podía quedarse quieto porque esos derviches no paraban de danzar en su interior; ni siquiera podía dormir. Un auténtico martirio. ¿Qué hacer con ese hombre? Yo le dije:

—Túmbate en la cama, descansa diez minutos y ya veremos qué se puede hacer.

Lo cubrí con una sábana para que no viera nada y recorrí toda la casa para cazar unas cuantas moscas. Me resultó difícil porque no lo había hecho nunca, pero me ayudó mi experiencia con atrapar personas.

Logré cazar tres. Las metí en una botella, se las llevé a aquel hombre, le hice unos pases de abracadabra, le dije que cerrara los ojos y le enseñé la botella.

La miró y dijo:

—Sí, ha cazado algunas, pero son las más pequeñas. Las grandes siguen ahí... y son muy grandes.

Muy complicado. ¿De dónde sacar moscas tan grandes? Y dijo:

—Le estoy muy agradecido. Al menos me ha librado de las pequeñas, pero las grandes son grandes de verdad.

Las personas siguen a lo suyo. Si las ayudas por un lado, te vendrán con el mismo problema por otro, como si hubiera una necesidad profunda. Intenta comprenderlo.

Vivir sin ningún problema es muy difícil, casi humanamente imposible. ¿Por qué? Porque un problema te distrae, tienes algo con lo que entretenerte. Un problema te proporciona una ocupación, sin estar ocupado. Un problema te obliga a meterte en algo. Si no existe ningún problema, no podrás aferrarte a la periferia de tu ser; te tragará el centro.

Y el centro de tu ser está vacío. Es como el cubo de una rueda.

La rueda se mueve sobre el cubo vacío. Tu núcleo está vacío, no es nada, es la nada, *shunyam*, el vacío, como un abismo. Como tienes miedo de ese vacío te aferras a la llanta de la rueda o, como mucho, si eres un poco atrevido, a los rayos, pero nunca te acercas al cubo. Empiezas a asustarte, a temblar.

Los problemas te ayudan. Problemas por resolver; ¿cómo vas a ir hacia dentro? La gente acude a mí a decirme: «Queremos ir hacia dentro, pero tenemos problemas». Piensan que no van a llegar al interior por los problemas. Lo que ocurre es justo lo contrario, que porque no quieren ir hacia adentro están creando problemas.

Vamos a intentar que comprendas esto lo mejor posible: tus problemas son falsos.

Yo me ocupo de tus problemas por pura cortesía. Son todos falsos, un sinsentido, pero te ayudan a evitarte a ti mismo. Te distraen. Piensas: ¿cómo voy a meterme ahí? Hay tantos problemas por resolver antes de este... Pero en cuanto se resuelve un problema, empieza a surgir otro. Y si miras, si te fijas, te das cuenta de que el otro problema tiene el mismo carácter que el anterior. Intenta resolverlo, y surge un tercero, para sustituirlo inmediatamente.

Voy a contar una anécdota.

PSIQUIATRA:
—Los adolescentes sois un peligro público. No tenéis sentido de la responsabilidad. Olvidaos de las cosas materiales y pensad en otras cosas, como la ciencia, las matemáticas y demás. ¿Qué tal vas con las mates?

Paciente:
—No muy bien.
—Voy a ponerte una prueba para obtener datos objetivos. Dime un número.
—Royal 3447. Es la tienda donde trabaja mi novia.
—No quiero un número de teléfono. Un número cualquiera.
—Vale. Noventa y tres.
—Eso está mejor. Otro número, por favor.

—Cincuenta y cinco.
—Otro más.
—Noventa y tres.
—Muy bien, muy bien. ¿Lo ves? Si quieres, tu mente puede seguir otros caminos.
—Exacto. Noventa y tres, cincuenta y cinco, noventa y tres. ¡Menudo tipazo!

Y VUELTA CON LA NOVIA, si no por el número de teléfono, por las medidas de su cuerpo. Y así continúa todo, hasta el infinito.

Vayamos a lo esencial. En primer lugar, ¿por qué quieres crear problemas? ¿Son problemas, realmente?

¿Te has planteado la pregunta esencial, si realmente son problemas o si tú los estás creando y te has acostumbrado a crearlos, para que te hagan compañía, porque si no hay problemas te sientes solo? Incluso te gustaría sentirte triste, pero no te gustaría sentirte vacío. La gente se aferra a sus tristezas, pero no está dispuesta a quedarse vacía.

Yo lo compruebo todos los días. Llega una pareja. Llevan años peleándose; dicen que llevan peleándose quince años. Casados desde hace quince años, sin parar de pelearse y de hacerse la vida imposible. ¿Por qué no se separan? ¿Por qué se aferran a la infelicidad? Cambiad o separaos. ¿Qué sentido tiene echar a perder vuestra vida? Pero yo comprendo qué es lo que ocurre.

No están preparados para vivir solos. La infelicidad al menos les hace compañía. Y si se separan, no saben qué hacer con sus vidas. Se han adaptado a una pauta de conflictos, ira, violencia y peleas continuas, a no parar de meterse el uno con el otro. Se han aprendido el truco y no saben cómo estar en otra situación con alguien con una personalidad diferente. ¿Cómo estar con alguien distinto? No conocen otra cosa. Han aprendido un lenguaje especial de infelicidad y se sienten con destreza en ese lenguaje. Moverse con otra persona supondría empezar desde el principio. Tras quince años metido en un asunto concreto, te da miedo meterte en otro.

Me han contado el caso de un gran astro del cine que fue a ver a un psiquiatra y le dijo:

—No tengo talento para la música, no sé actuar. Soy feo y tengo poca personalidad. ¿Qué puedo hacer?

Y eso que es un actor famoso. Así que le dice el psiquiatra:

—¿Por qué no deja de actuar? Si piensa que no tiene talento, que no es el trabajo para el que está destinado, ¿por qué no deja ese trabajo?

El actor replicó:

—¿Cómo? ¿Después de veinte años y cuando casi me he hecho famoso?

También inviertes en tus sufrimientos. Observa una cosa. Cuando desaparece un problema, fíjate: el verdadero problema irá a parar inmediatamente a otra cosa. Es como la serpiente que se desprende sin cesar de la vieja piel, pero la serpiente sigue existiendo. [El «¿por qué?» es la serpiente. Así era cuando llorabas. Ahora has dejado de llorar; ríes. La serpiente se ha desprendido de la piel vieja. Ahora el problema es: «¿Por qué?». ¿No puedes concebir una vida sin un «¿por qué?».]

¿Por qué haces de la vida un problema? La vida es tan inmensamente hermosa... ¿Por qué no vivirla ahora mismo? Llorar es un gesto de vida. También reír es un gesto de vida. A veces estás triste. Es un gesto de vida, un estado de ánimo. Hermoso. A veces eres feliz, estás desbordante de alegría, bailando. También eso es bueno y hermoso. Ocurra lo que ocurra, acógelo y quédate con ello, y poco a poco comprobarás que te has librado de la costumbre de hacer preguntas y de crearle problemas a la vida.

Y cuando no creas problemas, la vida desvela todos sus misterios. Nunca se desvela ante una persona que no para de hacer preguntas. La vida está dispuesta a abrírsete si no la conviertes en un problema. Si creas problemas, el mismo hecho de crear problemas te cierra los ojos. Te vuelves agresivo con la vida.

En eso consiste la diferencia entre el logro científico y el logro religioso. El científico es como un hombre agresivo, que intenta arrancarle verdades a la vida, que obliga a la vida a entregar verdades... casi a punta de pistola, con violencia. El religioso no apunta a la vida con una pistola, haciéndole preguntas.

El hombre religioso simplemente se relaja con la vida, flota con ella, y la vida revela muchas cosas al religioso, pero no se las revela al científico. El científico siempre andará recogiendo las migas que han quedado en la mesa. Nunca será invitado al banquete.

Quienes viven la vida, la acogen, la aceptan con alegría, sin preguntas, con confianza, esos son los invitados.[36]

¿Qué es la neurosis y cuál es su cura?

La neurosis nunca había alcanzado tal carácter de epidemia como en la actualidad. Casi se está convirtiendo en un estado normal de la mente humana. El algo que hay que comprender.

El pasado era más sano espiritualmente, por la sencilla razón de que no se introducían tantas cosas en la mente al mismo tiempo, de que no se sobrecargaba la mente. La mente actual está sobrecargada, y lo que no se asimila produce neurosis. Es como si no parases de comer, de atracarte de comida. Lo que el cuerpo no digiere resulta pernicioso. Y lo que comes es menos importante que lo que ves y oyes. Con los ojos, con los oídos, con todos los sentidos, no paras de percibir miles de cosas, a cada momento. Y para asimilar no dispones de más tiempo. Es como estar sentado continuamente a la mesa, comiendo y sin parar de comer durante veinticuatro horas al día.

Esa es la situación de la mente actual, que está sobrecargada. A nadie puede sorprenderle que se venga abajo. Existe un límite para todo mecanismo, y la mente es uno de los mecanismos más delicados y sutiles.

Una persona realmente sana dedica el 50 por ciento del tiempo a asimilar sus experiencias. 50 por ciento de actividad, 50 por ciento de inactividad: en eso consiste el equilibrio. 50 por ciento de pensar, 50 por ciento de meditar: en eso consiste la cura.

La meditación no es sino el tiempo en el que puedes relajarte por completo y adentrarte en ti mismo, cuando cierras todas las puertas, todos los sentidos, a los estímulos externos. Desapareces del mundo. Te olvidas del mundo, como si no existiera... ni periódicos, ni radio, ni televisión ni gente.

Estás solo en tu ser más íntimo, relajado, en casa.

En esos momentos se asimila todo lo que se ha acumulado. Se desecha lo que no vale la pena. La meditación funciona como un cuchillo de doble filo: por un lado asimila cuanto sirve de alimento y por otro rechaza y se deshace de la porquería.

Pero la meditación ha desaparecido del mundo. En la antigüedad la gente tenía de una forma natural una actitud meditativa. La vida no presentaba complicaciones, y la gente tenía tiempo para sentarse tranquilamente sin hacer nada, o mirar las estrellas, los árboles, o escuchar el canto de los pájaros. Tenían intervalos de profunda pasividad. En esos momentos te haces más sano, más entero.

La neurosis supone que llevas tal carga en la mente que esa carga te está matando. No puedes moverte. No hay posibilidad de que tu conciencia escape. No puedes ni arrastrarte... la carga es excesiva. Y la carga aumenta a cada momento. Te desmoronas, y es natural.

Hay que comprender unas cuantas cosas. La neurosis es como el ratón que llega sin cesar al callejón sin salida, que no aprende. Sí, no aprender es una neurosis... esa es la primera definición. Que siempre llegas al callejón sin salida.

Te has enfadado. ¿Cuántas veces te has enfadado? ¿Y cuántas veces te has arrepentido de haberte enfadado? Sin embargo, con un simple estímulo reaccionarás igual. No has aprendido nada. Te has dejado llevar por la codicia, y la codicia te ha hecho aún más desgraciado. Sabes que la codicia nunca le ha dado a nadie la felicidad, pero sigues siendo codicioso, sigues en lo mismo. No aprendes.

No aprender produce neurosis, es neurosis.

Aprender significa asimilar. Intentas algo y descubres que no funciona. Lo dejas. Vas en otra dirección, intentas otra alternativa. Está muy bien, es inteligente. Darte de cabezazos contra una pared donde sabes perfectamente que no hay ninguna puerta es neurótico.

Las personas están cada día más neuróticas porque siguen dirigiéndose al callejón sin salida, intentando algo que no funciona. Quien es capaz de aprender jamás se vuelve neurótico, no es posible. Ve inmediatamente que se trata de un muro y abandona la idea. Empieza a moverse en otras dimensiones. Existen otras alternativas. Ha aprendido algo.

Se cuenta que Edison tenía entre manos un experimento en el que había fracasado setecientas veces. Sus colegas estaban desesperados. Habían pasado tres años y él seguía intentándolo, una y otra vez. Y todas las mañanas sentía el mismo entusiasmo, el entusiasmo del primer día. Y habían pasado tres años.

Un día sus colegas se reunieron y le dijeron:

—Esto no tiene sentido. Ha salido mal setecientas veces. Ya va siendo hora de que abandonemos el experimento.

Por lo visto, Edison replicó:

—Pero ¿cómo que ha salido mal? Hemos aprendido que nos hemos equivocado con esas setecientas posibilidades. ¡Ha sido una gran experiencia! Hoy no voy a hacer el mismo experimento. He pensado en otro. Nos estamos acercando a la verdad. ¿Cuántas alternativas erróneas pueden existir? Tiene que haber un límite. Si existen mil alternativas erróneas, ya hemos descartado setecientas, y solo nos quedan trescientas. Y entonces daremos en el blanco.

En eso consiste aprender. Hacer un experimento, ver que no funciona, intentar una alternativa, ver que no funciona, y la persona sensata lo deja. El estúpido sigue empeñándose. El estúpido lo llama coherencia, y dice: «Lo hice ayer y lo voy a hacer hoy. Y mañana también». Es cabezota, testarudo. Dice: «Pero ¿cómo voy a dejarlo? Con todo lo que he invertido en eso. No puedo cambiarlo». Sigue insistiendo y desperdicia su vida entera. Y a medida que se aproxima el momento de la muerte se desespera, no sabe qué hacer. En lo más hondo sabe perfectamente que va a fracasar. Ha fracasado muchas veces, y sin embargo sigue intentando lo mismo, sin haber aprendido nada. Eso provoca la neurosis.

Quien es capaz de aprender nunca se volverá neurótico. Un discípulo nunca se volverá neurótico. «Discípulo» significa el que es capaz de aprender, el que nunca llega a ser un erudito, sino que siempre está en el proceso de aprendizaje.

La erudición lleva a la neurosis. No es casualidad que profesores, filósofos y psiquiatras se vuelvan locos fácilmente. Han aprendido y llegado a la conclusión de que ya no queda nada por aprender. En el momento en que decides que ya no queda nada por aprender dejas de crecer.

Dejar de crecer es neurosis: esa es la segunda definición.

Evidentemente, el mundo era muy distinto en épocas pasadas. El equivalente de unas seis semanas de estímulos sensoriales hace seiscientos años es lo que recibimos ahora en un solo día, una presión para aprender y adaptarse unas cuarenta veces superior. El hombre actual tiene que ser capaz de aprender más que en toda la historia de la humanidad, porque ahora hay más que aprender.

El hombre actual tiene que ser capaz de adaptarse a nuevas situaciones todos los días, porque el mundo está cambiando a toda prisa. Es un gran reto.

Si se acepta, un gran reto ayudará enormemente a la expansión de la conciencia. El hombre actual, o se volverá completamente neurótico o se transformará debido a la presión misma. Depende de cómo te lo tomes. Una cosa es cierta: que no se puede volver atrás. Los estímulos sensoriales seguirán aumentando. Recibiréis más información y la vida cambiará, a un ritmo cada vez más rápido. Y tendréis que ser capaces de aprender nuevas cosas, de adaptaros a ellas.

En el pasado el hombre vivía en un mundo casi estático. Todo era estático. Entonces habrías dejado el mundo exactamente igual que tu padre te lo había dejado a ti. No habrías cambiado nada. No había necesidad de aprender demasiado. Bastaba con saber un poquito, y así había espacio en la mente, espacios vacíos, que ayudaban a la gente a mantenerse cuerda. Ahora ya no existe un espacio vacío, a menos que lo crees a propósito.

La meditación es más necesaria que nunca.

La meditación es tan necesaria que se trata casi de una cuestión de vida o muerte.

En épocas pasadas era un lujo; a muy pocas personas les interesaba: solo a un Buda, un Mahavira, un Krisna. Los demás eran silenciosos, felices, cuerdos porque sí. No sentían ninguna necesidad de pensar en la meditación; meditaban de una forma inconsciente. La vida se deslizaba con tal silencio, con tal lentitud, que aun los más estúpidos eran capaces de adaptarse a ella. En la actualidad el cambio es tan rápido, va a tal velocidad, que aun los más inteligentes se sienten incapaces de adaptarse a él. La vida cambia día a día, y tienes que volver a aprender, tienes que aprender una y otra vez.

En la actualidad no puedes dejar de aprender; tiene que ser un proceso de por vida.

Tendrás que seguir aprendiendo hasta el día mismo de tu muerte, porque solo así te mantendrás cuerdo y evitarás la neurosis. Y la presión es muy grande, cuarenta veces mayor.

¿Cómo aliviar esa presión? Tendrás que internarte a propósito en los momentos de meditación. Si una persona no medita al menos una hora al día, la neurosis no sobrevendrá por casualidad, sino que la persona misma la desencadenará.

Uno debe olvidarse del mundo durante una hora para internarse en su propio ser. Estará tan a solas durante una hora que nada accederá a él: ni un pensamiento, ni un recuerdo, ni una fantasía; durante una hora su conciencia carecerá de contenidos, y eso la rejuvenecerá y la renovará. Eso liberará nuevas fuentes de energía y esa persona volverá al mundo más joven, renovada, más capaz de aprender, con mayor capacidad de asombro en la mirada, con más respeto en el corazón, como un niño.

Esa presión para aprender y la antigua costumbre de no aprender están volviendo loca a la gente. La mente actual está realmente sobrecargada y no se le da tiempo para digerirlo todo, para incorporarlo al propio ser. Ahí es donde entra en juego la meditación y adquiere más importancia que nunca.

Si no le dejamos tiempo a la mente para que descanse con la meditación, reprimimos todos los mensajes que le llegan continuamente. Nos negamos a aprender, decimos que no tenemos tiempo. Entonces los mensajes empiezan a acumularse. Si no tienes tiempo para escuchar los mensajes que recibe tu mente sin cesar, empiezan a acumularse, como se van acumulando los papeles en tu mesa, o las cartas, porque no tienes tiempo para leerlos y contestarlos. La mente se abarrota de la misma manera... Tantos papeles, tantas cartas que leer, que contestar, tantas cosas a las que atender...

Me han contado...

EL *MULÁ* NASRUDÍN DIJO UN DÍA: «Si hoy pasa algo, no tendré tiempo de ocuparme del asunto al menos hasta dentro de tres meses. Ya han pasado muchas cosas malas y ahí están, esperando. Si hoy pasa algo, no tendré tiempo de ocuparme del asunto al menos hasta dentro de tres meses», insistió.

Hacer cola. Ves que estás haciendo cola en tu interior... y que continúa formándose la cola. Y cuanto más grande, menos espacio te queda; cuanto más grande, mayor el ruido en tu interior, porque todo lo que has acumulado requiere tu atención.

Esto suele ocurrir a los cinco años de edad, cuando el auténtico aprendizaje prácticamente toca a su fin, y dura hasta la muerte. En los viejos tiempos estaba bien. Bastaban entre cinco y siete años para aprender todo lo que se iba a necesitar en la vida; eran suficientes. Siete años de aprendizaje servirían para setenta de vida, pero ahora ya no es posible.

No puedes dejar de aprender porque siempre están surgiendo cosas nuevas y no puedes enfrentarte a esas cosas nuevas con ideas viejas. No puedes depender de tus padres y sus conocimientos, no puedes depender ni siquiera de tus profesores del colegio y la universidad, porque te hablan de algo desfasado. Han ocurrido muchas más cosas. Ha llovido mucho desde entonces.

Esa fue mi experiencia de estudiante. Me sorprendían los conocimientos de mis profesores porque eran muy antiguos, tenían cincuenta años de antigüedad. Cuando ellos eran jóvenes habían recibido esos conocimientos de sus profesores. Desde entonces no se habían molestado en mirar lo que ocurría a su alrededor. Sus conocimientos eran completamente inútiles.

Tenía continuos enfrentamientos con mis profesores, y me echaron de muchos centros, me expulsaron, porque los profesores decían que no podían hacer carrera de mí. Y yo no creaba problemas; simplemente les hacía ver que lo que decían estaba desfasado. Pero eso hiere el ego. Lo habían aprendido en su época universitaria y pensaban que el mundo se había detenido allí y entonces.

Ahora los estudiantes no pueden depender de sus profesores, y los niños no pueden depender de sus padres, y de ahí la gran rebelión que está en marcha. No tiene nada que ver con ninguna otra cosa. Los estudiantes ya no pueden respetar a sus profesores a menos que estos sigan aprendiendo continuamente. No merecen respeto. ¿Por qué habrían de merecerlo? No existe razón alguna. Y los niños no pueden respetar a sus padres porque el enfoque de los padres sobre las cosas parece muy primitivo. Los niños pequeños están empezando a darse cuenta de que lo que dicen sus padres está desfasado. Los padres tendrán que aprender continuamente si quieren ayudar a sus hijos a crecer, y los profesores también tendrán que aprender continuamente. Nadie puede dejar de aprender en la actualidad, y a una velocidad cada vez mayor.

De modo que, en primer lugar, no hay que dejar de aprender, porque si no sobreviene la neurosis, porque dejar de aprender significa que estás acumulando información que no has asimilado, que no has digerido, que no ha pasado a la masa de tu sangre, que está esperando a que la aceptes.

Y en segundo lugar, necesitarás tiempo para relajarte. La presión es excesiva. Necesitarás tiempo para librarte de esa presión. Dormir ya no puede servirte de ayuda porque incluso el acto de dormir se está sobrecargando. Los días se sobrecargan de tal manera que cuando te quedas dormido solo el cuerpo se relaja en la cama, pero la mente sigue organizando cosas. Eso es lo que se llama soñar, nada más que un esfuerzo desesperado de la mente para ordenar las cosas porque tú no le vas a dedicar tiempo.

Tienes que relajarte conscientemente, hasta llegar a la meditación. Unos minutos de meditación evitarán la neurosis.

Con la meditación la mente se despeja, se digieren las experiencias y desaparece la sobrecarga, dejando la mente renovada, joven, limpia y clara.

En tiempos pasados el volumen de entrada de información ocupaba una décima parte del tiempo de una persona y el tiempo de meditación nueve décimas partes. En la actualidad ocurre justo lo contrario: nueve décimas partes para el volumen de entrada de información y una décima parte de tiempo dedicado a la meditación.

Muy raramente te relajas. Muy raramente te sientas en silencio, sin hacer nada. Está desapareciendo incluso esa décima parte de tiempo dedicado a la meditación inconsciente. Y así, el ser humano se volverá completamente loco. Ya está ocurriendo.

¿Qué quiero decir con el tiempo de meditación inconsciente? Simplemente salir al jardín, jugar con tus hijos... eso es tiempo de meditación inconsciente. O nadar en la piscina... eso es también tiempo de meditación inconsciente. O cortar el césped, escuchar el canto de los pájaros... también eso es tiempo de meditación inconsciente. También eso significa desaparecer, porque siempre que la gente tiene tiempo, se sienta en el sofá y se pega al televisor.

Pero la televisión ceba tu mente con una información terriblemente peligrosa. No serás capaz de digerirla. O a lo mejor lees los periódicos. Te están metiendo toda clase de tonterías en la cabeza. Siempre que tienes tiempo enchufas la radio o el televisor. O algún día te sientes bien y para relajarte te vas al cine. ¿Qué clase de relajación es esa? La película no te permitirá relajarte, porque te bombardeará sin cesar con información.

La relajación significa que no te envíen información.

Puede servir oír el canto del cuclillo, porque con eso no te están transmitiendo ninguna información. Escuchar música también puede servir, porque no te están cebando con información. La música no tiene idioma; es puro sonido. No envía ningún mensaje, simplemente te deleita. La danza está bien, y también la música, como trabajar en el jardín o jugar con los niños. O simplemente quedarte sentado sin hacer nada. Esa es la cura. Y si lo haces conscientemente, el efecto será mayor.

Crea un equilibrio.

La neurosis es un estado mental de desequilibrio: demasiada actividad y ninguna inactividad, demasiado elemento masculino y ningún elemento femenino, demasiado *yang* y demasiado poco *yin*. Y tienes que funcionar al 50 por ciento. Tienes que mantener un profundo equilibrio. Necesitas cierta simetría en tu interior. Tienes que ser *ardhanarishwar*, mitad hombre y mitad mujer, y así nunca te volverás neurótico.

La individualidad no es ni masculina ni femenina, sino simple unidad. Intenta alcanzarla entre el tiempo que pasas haciendo y el tiempo que pasas no haciendo. En eso consiste la salud. Eso es lo que Buda llamaba el Camino del Centro, *majjhim nikaya*. Quédate justo en el centro. Y recuerda que también puedes desequilibrarte y moverte hacia el otro extremo; puedes hacerte demasiado inactivo. También eso resulta peligroso. Tiene sus propios riesgos y dificultades. Si te vuelves demasiado inactivo, tu vida perderá la danza, tu vida perderá alegría, empezarás a morir.

De modo que yo no digo que seas inactivo. Lo que digo es que tiene que existir un equilibrio entre la acción y la inacción. Que se equilibren entre sí, de modo que tú quedes en el centro. Que sean las dos alas de tu ser. Un ala no debe ser mayor que la otra.

En Occidente la actividad es excesiva; la inactividad ha desaparecido. En Oriente la inactividad es excesiva y ha desaparecido la actividad. Occidente conoce la prosperidad y la riqueza en el exterior y la pobreza en el interior; Oriente conoce la riqueza, la prosperidad en el interior y la pobreza en el exterior. Ambos sufren porque ambos han elegido los extremos.

Mi enfoque no es ni oriental ni occidental, ni masculino ni femenino, ni de actividad ni de inactividad; mi enfoque es el de la simetría, el equilibrio absolutos, en ti. Por eso les digo a mis *sannyasins*:* No abandonéis el mundo. Estad en en el mundo y al mismo tiempo no estéis en él. Es lo que los taoístas llaman *wei-wu-wei*,

---

* Tradicionalmente, un *sanyasin* es un buscador espiritual que renuncia al mundo; como utiliza Osho el término, es un buscador, o discípulo, que permanece en el mundo pero trata de traer la meditación y la conciencia a todo lo que hace. *(N. del T.)*

la actividad mediante la inactividad, el encuentro de *yin* y *yang*, de *anima* y *animus*. El resultado es la iluminación. El desequilibrio significa la neurosis; el equilibrio, la iluminación.[37]

¿Podría hablar sobre la locura? He comprobado que los psiquiatras no saben nada de ella a pesar de todos sus esfuerzos. Al parecer, hay dos tipos de locura. Usted ha hablado de la locura como un paso hacia la iluminación, y también ha dicho que la psicosis es una forma grave de cobardía ante la realidad de la vida. No parece que todos los locos que aseguran ser Jesucristo hayan tenido una experiencia de Dios.

Hay dos clases de locura, pero la psiquiatría moderna solo es consciente de una, y como no es consciente de la otra, su comprensión de la locura es sesgada, errónea, imperfecta y además dañina.

La primera clase de locura que tienen en cuenta los psiquiatras es la que se sitúa por debajo de la mente racional. Cuando no puedes soportar las realidades, cuando resultan excesivas, cuando no puedes más, la locura es una forma de huir a tu propio mundo subjetivo, para olvidar las realidades. Creas tu propio mundo subjetivo, empiezas a vivir en una especie de mundo imaginario, empiezas a soñar incluso con los ojos abiertos, de modo que puedes evitar las realidades que te resultan excesivas, insoportables. Eso es una evasión; caes por debajo de la mente racional, vuelves a la mente animal, y eso significa caer en lo inconsciente.

Otras personas consiguen lo mismo de otras maneras. El alcohólico lo consigue con el alcohol. Bebe demasiado; se queda completamente inconsciente. Se olvida del mundo, y de todos sus problemas y ansiedades: la mujer, los hijos, el trabajo, la gente. Se traslada a su inconsciente con la ayuda del alcohol. Se trata de una locura transitoria que desaparecerá al cabo de unas horas.

Y siempre que se presentan momentos difíciles en el mundo, las drogas adquieren gran importancia. Tras la Segunda Guerra Mundial, las drogas adquirieron enorme importancia en todo el mundo, especialmente en los países que habían sido testigos de esa guerra, en los países que habían tomado conciencia de que estamos sobre un volcán que puede entrar en erupción de un momento a otro. Hemos visto Hirosihma y Nagasaki arrasadas en cuestión de segundos... cien mil personas muertas en cinco segundos. Entonces, la realidad resulta excesiva, no es soportable, y de ahí que la nueva generación, la generación más joven, empezara a interesarse por las drogas.

Las drogas, su influencia en el mundo entero y en las nuevas generaciones se remontan a la experiencia de la Segunda Guerra Mundial. Fue la Segunda Guerra Mundial lo que dio lugar a los hippies, lo que ha creado a los drogadictos. Como la vida es tan peligrosa y la muerte puede sobrevenir en cualquier momento... ¿cómo evitarlo, cómo olvidarse de todo?

En épocas de tensiones y problemas, a la gente le da por tomar drogas. Siempre ha sido así. Es una forma de crear una locura transitoria. Y cuando hablo de locura me refiero a caer por debajo de la mente racional, porque solo la mente racional puede ser consciente de los problemas. No conoce las soluciones; solo conoce los problemas. De modo que si los problemas son manejables y puedes coexistir con esos problemas, sigues cuerdo. Cuando te das cuenta de que es excesivo, te vuelves loco.

La demencia es un proceso intrínseco para rehuir los problemas, las realidades, las angustias, las situaciones de tensión.

Hay muchas formas de rehuir las cosas. Algunos se hacen alcohólicos, otros toman LSD, otros fuman marihuana. Y hay otras personas que no tienen tanto valor, y que se ponen enfermas. Sufren cáncer, tuberculosis, parálisis, y así dicen al mundo: «¿Qué puedo hacer? Estoy paralítico. Si no puedo enfrentarme a las realidades, no es mi responsabilidad. Estoy paralítico». O: «Si mi negocio se está hundiendo, ¿qué puedo hacer? Tengo cáncer».

Así es como las personas protegen su ego, con métodos lastimosos, pero al fin y al cabo, métodos para proteger el ego.

En lugar de librarse del ego, la gente lo protege sin cesar.

Siempre que la vida presenta demasiada tensión ocurren estas cosas. Las personas sufren enfermedades extrañas, enfermedades incurables, incurables porque en el interior de la persona se presta gran ayuda a la enfermedad, y si no colabora con la medicina y con el médico no existe ninguna posibilidad de curación. Nadie puede curarte en contra de tu voluntad. Recuerda: es una verdad fundamental.

Si inviertes mucho en el cáncer, si quieres que siga ahí porque te protege, tendrás la sensación de por causa del cáncer no puedes luchar en el mercado de trabajo, que no puedes competir, que es debido al cáncer, si has invertido en él... y nadie puede curarte, porque seguirás creándolo. Es una enfermedad psicológica; está enraizada en tu psique.

Y lo sabe todo el mundo. Los estudiantes se ponen enfermos cuando se aproximan los exámenes. Algunos hasta enloquecen. Y después de los exámenes, todo va bien. Cada vez que tienen un examen, se ponen enfermos: fiebre, neumonía, hepatitis, esto y lo de más allá. Si lo observas te sorprenderás... ¿Por qué se ponen enfermos tantos estudiantes en la época de exámenes? Y tras los exámenes, de repente todo va bien. Les dicen a sus padres: «¿Qué podía hacer, si estaba enfermo? Por eso no he aprobado», o «Estaba enfermo. Por eso he sacado un aprobado raspado. Si no, matrícula». Es una estrategia.

Si tu enfermedad es una estrategia, no hay forma de curarla. Si tu alcoholismo es una estrategia, no hay forma de curarlo, porque quieres continuar con él. Eres su creador, lo creas tú mismo, aunque quizá no conscientemente.

Y lo mismo ocurre con la locura, el último recurso. Cuando todo lo demás falla, incluso el cáncer, el alcohol, la marihuana, la parálisis, cuando todo falla, queda el último recurso, el de volverse loco.

Por eso la locura se da más en los países de Occidente que en los de Oriente, porque la vida aún no está tan cargada de tensiones en Oriente. La gente es pobre, pero la vida no está tan cargada de tensiones. La gente es tan pobre que no puede permitirse semejantes tensiones. La gente es tan pobre que no puede permitirse el lujo de la psiquiatría y el psicoanálisis.

La locura es un lujo. Solo pueden permitírsela los países ricos. Este es uno de los tipos de locura de la que son conscientes los psicólogos: caer por debajo de la mente racional, dirigirse hacia lo inconsciente, dejar a un lado la poca conciencia que tenías. No tenías mucha desde el principio; solo una décima parte de la mente es consciente. Eres como un iceberg: una décima parte por encima de la superficie, nueve partes por debajo. Nueve décimas partes de la mente son inconscientes. La locura significa desprenderse de esa décima parte de conciencia, de modo que todo el iceberg se esconde bajo la superficie.

Pero existe otro tipo de locura —también hay que llamarla locura porque guarda cierta semejanza— que superar la mente racional. Una consiste en ir por debajo de la mente racional; la otra, en ir por encima de la mente racional, en ir hacia arriba. La mente racional se pierde en ambos casos: en uno de ellos te vuelves inconsciente, y en el otro superconsciente. La mente normal se pierde en ambos casos.

En uno de los casos te vuelves completamente inconsciente, y surge cierta integridad. Se puede observar: los locos tienen cierta integridad, cierta coherencia, son uno. Se puede confiar en los locos. No son dos; solo uno. Es coherente porque solo tiene una mente, la inconsciente. Ha desaparecido la dualidad, y también se descubre cierta inocencia en el loco. Es como un niño. No tiene malicia; no puede tenerla. En realidad, se ha vuelto loco porque no podía ser malicioso. No podía desenvolverse en un mundo de malicia. En el loco se descubre cierta sencillez, cierta pureza.

Si observas a los locos te enamorarás de ellos. Poseen una especie de unidad. No están divididos, no son dobles; son uno. Naturalmente, son uno en contra de la realidad, son uno en su mundo de sueños, en sus ilusiones, pero son uno. La locura posee coherencia, unidad. En ella no cabe lo duda; todo es pura creencia.

Y lo mismo se puede aplicar al otro tipo de locura. Una persona supera la razón, va más allá de la razón, se hace completamente consciente, superconsciente. En el primer tipo de locura, la parte que era consciente se disuelve en las nueve partes que eran inconscientes. En el segundo tipo de locura, las nueve partes que no eran conscientes empiezan a ascender y salen todas a la luz, por encima de la superficie. Entonces toda la mente se hace consciente.

Ese es el significado de la palabra «Buda», hacerse completamente consciente. Pero esa persona también parecerá loca, porque será coherente, absolutamente coherente. Estará centrada, más centrada que ningún loco. Estará perfectamente integrada. Será un individuo, literalmente un «individuo», es decir, indivisible. No tendrá ninguna división.

De modo que ambos se parecen: el loco cree, y el Buda confía. Y la creencia y la confianza se parecen. El loco es uno, completamente inconsciente; el Buda también es uno, completamente consciente. Y la unidad también se parece. El loco ha abandonado la razón, el razonar, la mente; el Buda también ha abandonado el razonar, la racionalidad, la mente. Son parecidos, y al mismo tiempo polos opuestos. El primero ha caído por debajo de lo humano; el segundo se ha elevado por encima de lo humano.

La psicología moderna seguirá siendo incompleta a menos que empiece a estudiar a los budas. Seguirá siendo incompleta, con una visión incompleta, parcial, y una visión parcial es muy peligrosa. Una verdad parcial es muy peligrosa, más que una mentira, porque da la sensación de que se tiene la razón.

La psicología moderna tiene que dar un salto cuántico. Tiene que transformarse en la psicología de los budas. Tendrá que internarse en el sufismo, en el hasidismo, en el zen, en el tantra, en el yoga, en el taoísmo. Solo entonces será realmente psicología. La palabra «psicología» significa la ciencia del alma. Aún no es psicología, aún no es la ciencia del alma.

En eso consisten las dos posibilidades: ir por debajo de ti o ir por encima de ti.

Vuélvete loco como Buda, Bahaudin, Mahoma, Jesucristo. Vuélvete loco como yo. Y esa locura posee una inmensa belleza, porque todo lo bello nace de esa locura, y todo lo poético fluye de esa locura. Las mayores experiencias de la vida, los mayores éxtasis de la vida nacen de esa locura.[38]

En Occidente, el psicoanálisis se ha desarrollado gracias a Freud, Adler, Jung y Reich, para resolver los problemas que surgen del ego, como las frustraciones, los conflictos, la esquizofrenia y la locura. Por favor, ¿podría explicar las contribuciones, limitaciones y fallos del psicoanálisis para resolver los problemas humanos enraizados en el ego en comparación con sus técnicas de meditación?

Lo primero que hay que comprender es que cualquier problema enraizado en el ego no puede resolverse sin trascender el ego. Puedes aplazar el problema, puedes procurarte un poco de normalidad, puedes diluir el problema, pero no resolverlo. Se puede conseguir que una persona funcione con más eficacia en la sociedad gracias al psicoanálisis, pero el psicoanálisis no resuelve ningún problema. Y cuando un problema se aplaza, se desvía, crea otro problema. Simplemente lo cambia de lugar, pero el problema continúa. Tarde o temprano volverá a estallar, y cuando se produzca el nuevo estallido del antiguo problema resultará más difícil aplazarlo y desviarlo.

El psicoanálisis es un alivio temporal porque no puede concebir nada que trascienda el ego. Solo se puede resolver un problema cuando se supera. Si no puedes ir más allá, entonces el problema eres tú. ¿Y quién lo resolverá? Entonces tú eres el problema; el problema no es algo distinto de ti.

El yoga, el tantra y todas las técnicas de meditación tienen diferentes bases. Aseguran que los problemas están ahí, que los problemas están a tu alrededor, pero que tú nunca eres el problema. Puedes trascenderlos; puedes mirarlos como un observador contempla el valle desde la montaña.

El ser que actúa como testigo puede resolver el problema. Solo con actuar como testigo se resuelve la mitad del problema, porque cuando puedes observar un problema, ser testigo imparcial, puedes quedarte al margen y mirarlo. La claridad que proporciona el hecho de ser testigo te da la clave, te ofrece la solución. Y casi todos los problemas existen porque no se pueden comprender con claridad.

No necesitas soluciones; necesitas claridad.

Un problema debidamente comprendido se resuelve, porque el problema surge debido a una mente que no comprende.

Tú mismo creas el problema porque no comprendes. De modo que lo fundamental no consiste en resolver el problema; lo fundamental consiste en crear más comprensión. Y si existen más comprensión, más claridad, y si puedes enfrentarte al problema imparcialmente, observarlo como si no fuera contigo, como si fuera asunto de otra persona, si puedes crear un distanciamiento entre el problema y tú... solo entonces se puede resolver.

La meditación crea distanciamiento, proporciona perspectiva. Vas más allá del problema. Cambia el nivel de conciencia.

Con el psicoanálisis te mantienes en el mismo nivel. El nivel nunca cambia; vuelves a ajustarte al mismo nivel. No cambian ni tu conciencia, ni tu estado de alerta, ni tu capacidad de ser testigo. A medida que te vas adentrando en la meditación te elevas más y más. Puedes contemplar los problemas desde arriba. Están en el valle, y tú has llegado a la cima de una montaña. Con esa perspectiva, desde esa altura, todos los problemas parecen diferentes. Y cuanto más aumenta el distanciamiento, más capaz eres de observarlos como si no fueran contigo.

Has de recordar una cosa: si un problema no va contigo, siempre estarás dispuesto a aconsejarle a otro cómo resolverlo. Si el problema es cosa de otra persona, si otra persona se encuentra en dificultades, siempre tienes algo que decir. Siempre puedes dar un buen consejo, pero si el problema es asunto tuyo, no sabes qué hacer. ¿Qué pasa? El problema es el mismo, pero en este caso estás implicado. Cuando se trataba del problema de otra persona, mantenías un distanciamiento desde el que podías considerarlo de una forma imparcial. Todo el mundo puede dar buenos consejos a los demás, pero cuando se trata del problema de uno mismo, se acaban los consejos, porque se pierde el distanciamiento.

Alguien ha muerto, y su familia está triste; entonces puedes dar buenos consejos. Puedes decir que el alma es inmortal, puedes decir que nada muere, que la vida es eterna. Pero ha muerto alguien a quien tú querías, que significaba algo para ti, que era alguien cercano, alguien íntimo, y ahora te das golpes de pecho, gritas y lloras. No puedes darte ese mismo consejo a ti mismo, que la vida es inmortal y que nadie muere. Ahora te parece absurdo.

De modo que recuerda que al dar consejos a los demás puedes parecer un idiota. Cuando le dices a alguien cuyo ser querido ha muerto que la vida es inmortal, pensará que eres imbécil. Le estás diciendo tonterías. Él sabe cómo se siente uno cuando se pierde a un ser querido. Ninguna filosofía lo consolará. Y sabe por qué dices eso: porque no es tu problema. Puedes permitirte ser sensato; él no.

Con la meditación trasciendes tu ser normal. Surge un nuevo punto desde el que puedes observar las cosas de un modo distinto. Se crea el distanciamiento, los problemas siguen ahí, pero ahora están muy lejos, como si le ocurrieran a otra persona. Ahora puedes darte buenos consejos a ti mismo, pero no hay necesidad de hacerlo. El propio distanciamiento te hará prudente.

De modo que la técnica de la meditación consiste en crear un distanciamiento entre los problemas y tú.

Ahora mismo, tal y como eres, estás tan enredado en tus problemas que no puedes pensar, no puedes meditar, no puedes traspasarlos, no puedes superarlos como testigo.

El psicoanálisis solo te ayuda a readaptarte. No es una transformación: eso por un lado. Y por otro, con el psicoanálisis te haces dependiente.

Necesitas un experto, y ese experto lo hará todo. Te llevará tres, cuatro o incluso cinco años si el problema es muy profundo, y te harás dependiente; no crecerás. Por el contrario, serás cada día más dependiente. Necesitarás al psicoanalista todos los días, o dos o tres veces a la semana. Si no lo ves un día, te sientes perdido. Si dejas el psicoanálisis, te sientes perdido. Llega a ser como un estupefaciente, como el alcohol.

Empiezas a depender de alguien, alguien que es experto. Puedes contarle tu problema y él lo resolverá. Hablará contigo y sacará las raíces inconscientes; pero lo hará él, mientras que el problema lo resolverá otro.

Has de recordar que un problema resuelto por otro no te hará más maduro. Un problema resuelto por otro puede hacer más maduro a quien lo resuelve, pero no te hará más maduro a ti. Incluso puedes hacerte más inmaduro, y siempre que surja un problema necesitarás el consejo de un experto, el consejo de un profesional. Y yo no creo que ni siquiera los psicoanalistas maduren mediante tus problemas, porque ellos acuden a otros psicoanalistas para psicoanalizarse. También ellos tienen problemas. Resuelven tus problemas pero no pueden resolver los suyos. De nuevo se plantea el distanciamiento.

Wilhelm Reich intentó una y otra vez que lo psicoanalizara Sigmund Freud. Freud se negó, y Reich se sintió herido toda la vida por ese rechazo. Y los freudianos, los freudianos ortodoxos, jamás aceptaron que fuera experto porque nunca llegó a psicoanalizarse.

Todo psicoanalista acude a otra persona con sus problemas. Es como el médico. Si un médico está enfermo no puede diagnosticarse a sí mismo. Está tan cerca que le da miedo, y acude a otra persona. Si eres cirujano no puedes operarte a ti mismo... ¿o sí? No existe el distanciamiento. Es difícil operar tu propio cuerpo, pero también es difícil si tu mujer está realmente enferma y hay que practicarle una operación grave... tú no puedes operar porque te temblará la mano. Es tal la intimidad que te dará miedo y no serás buen cirujano. Alguien tendrá que aconsejarte; tendrás que contar con otro cirujano para que opere a tu mujer.

¿Qué ocurre? Tú has operado, has hecho muchas operaciones. ¿Y de repente qué te pasa? No puedes hacer lo mismo con tu mujer o con tu hijo, porque apenas hay distancia... casi no existe distanciamiento. No puedes ser imparcial sin distanciamiento. Por eso, un psicoanalista puede ayudar a otras personas, pero cuando él tiene un conflicto pedirá consejo, otra persona tendrá que psicoanalizarlo. Y es curioso, que incluso alguien como Wilhelm Reich acabara volviéndose loco.

No podemos concebir que un Buda se vuelva loco... ¿o sí? Y si un Buda puede volverse loco, es que no hay forma de salir de este suplicio. Es inconcebible que un Buda se vuelva loco.

Veamos la vida de Sigmund Freud. Fue el padre y fundador del psicoanálisis, se ocupó en profundidad de muchos problemas, pero no resolvió ni un solo problema suyo. Ni un solo problema resuelto. El miedo era un problema tan grande para él como para cualquier otra persona. Tenía miedo y estaba nervioso. La ira era un problema tan importante para él como para todos los demás. Llegaba a ponerse tan furioso que le daba un ataque y se quedaba inconsciente. Y ese hombre sabía mucho sobre la mente humana, pero no le servía de nada cuando se trataba de él mismo.

También Jung se quedaba inconsciente cuando sufría una profunda ansiedad; le daba un ataque. ¿Cuál es el problema? El problema está en el distanciamiento. Estos hombres habían pensado en los problemas, pero sin que creciera su conciencia. Pensaban en profundidad, intelectual, lógicamente, y llegaban a ciertas conclusiones. A veces sus conclusiones estaban bien, pero no se trata de eso. No crecieron en cuanto a la conciencia, no llegaron a ser suprahumanos en ningún sentido. Y a menos que se trascienda la condición humana no se pueden resolver los problemas; solo se pueden adaptar.

En la última época de su vida, Freud dijo que el hombre es incurable. Como mucho se puede esperar que exista como un ser adaptado; no hay otra esperanza. Y eso en el mejor de los casos. Según Freud, el hombre no puede ser feliz. Como mucho, podemos conseguir que no sea demasiado infeliz. Ni más ni menos. Pero no puede ser feliz; no tiene cura. ¿A qué solución puede llegarse con semejante actitud? ¡Y esto, tras cuarenta años de experiencia con seres humanos! Llega a la conclusión de que no se puede ayudar al hombre, de que el hombre es, por naturaleza, infeliz, y que siempre seguirá siendo infeliz.

Pero Oriente [el yoga] dice que se puede trascender al ser humano. No es el hombre el incurable; es su conciencia mínima lo que crea el problema. Si se aumenta la conciencia, si crece la conciencia, disminuyen los problemas. Existen en la misma proporción: si hay un mínimo de conciencia, hay un máximo de problemas; si hay un máximo de conciencia, hay un mínimo de problemas.

Con la conciencia total, los problemas simplemente desaparecen, al igual que el sol sale por la mañana y desaparecen las gotas de rocío. Con la conciencia total no hay problemas porque con la conciencia total no pueden surgir problemas. Como mucho, el psicoanálisis puede ser una curación, pero seguirán surgiendo problemas; no puede prevenir nada.

[El yoga] La meditación llega hasta el fondo mismo. Te cambiará de tal manera que no surgirán los problemas. El psicoanálisis se dedica a los problemas; la meditación se dedica a ti, directamente a ti. No se ocupa de los problemas. Esa es la razón por la que los grandes psicólogos de Oriente —Buda, Mahavira o Krisna— nunca hablan sobre los problemas. Por eso, la psicología occidental piensa que la psicología es un fenómeno nuevo, y no lo es, en absoluto.

Hasta el siglo XX, hasta principios del siglo XX, nadie pudo demostrar científicamente antes de Frued la existencia del inconsciente. Buda hablaba de él hace ya veinticinco siglos, pero Buda nunca abordó ningún problema porque, según decía, los problemas son infinitos. Si abordas cada problema nunca podrás abordarlos realmente. Aborda a la persona misma y olvídate de los problemas.

Aborda el ser mismo y ayúdalo a crecer. A medida que el ser crece, a medida que se hace más consciente, los problemas van desapareciendo; no tienes que preocuparte por ello.

Por ejemplo: una persona es esquizofrénica, está dividida, desdoblada. El psicoanálisis tratará esa división, cómo hacer que esa división sea viable, cómo adaptar a esa persona de manera que pueda funcionar, que pueda vivir pacíficamente en la sociedad. El psicoanálisis abordará el problema, la esquizofrenia. Si esa persona acude a Buda, Buda no hablará sobre el estado de esquizofrenia. Dirá: «Medita para que el ser interior se haga uno. Cuando el ser interior se haga uno, la división desaparecerá en la periferia». La división está ahí, pero no es la causa, sino solo el efecto. En las profundidades del ser existe una dualidad, y esa dualidad ha producido una grieta en la periferia.

Rellenas de cemento la grieta una y otra vez, pero continúa la división interna. Entonces la grieta aparece en otro lado. La rellenas de cemento, y la grieta vuelve a aparecer. Si tratas un problema psicológico, inmediatamente surge otro; lo tratas y surge un tercero.

Esto les va bien a los profesionales, porque viven de ello, pero no sirve de ayuda.

Occidente tendrá que superar el psicoanálisis y a menos que llegue a los métodos de la conciencia desarrollada, del crecimiento interior del ser, de la expansión de la conciencia, el psicoanálisis no servirá de gran ayuda.

En realidad, ya está ocurriendo: el psicoanálisis está desfasado. Los agudos pensadores occidentales están pensando en cómo expandir la conciencia y no en cómo resolver los problemas, en cómo conseguir que las personas sean conscientes y alertas. Las semillas ya han germinado. Hay que recordar la prioridad.

Yo no me ocupo de tus problemas. Hay millones y es inútil resolverlos, porque tú eres el creador y sigues intacto. Si yo resuelvo un problema, tú crearás diez. No puedes ser derrotado porque el creador permanece tras los problemas. Y si sigo resolviéndolos, simplemente desperdiciaré mi energía.

Dejaré a un lado tus problemas; me limitaré a introducirme en ti. Hay que cambiar al creador. Y una vez cambiado el creador, desaparecen los problemas de la periferia. Ya nadie colabora con ellos, nadie ayuda a crearlos, nadie disfruta con ellos. Puede que este mundo te parezca extraño, pero recuerda que disfrutas con tus problemas, y que por eso los creas. Disfrutas con ellos por muchas razones.

La humanidad entera está enferma. Existen razones básicas, causas básicas, que nunca tenemos en cuenta. Siempre que un niño está enfermo se le presta atención; cuando está sano nadie le presta atención. Cuando un niño está enfermo, sus padres lo quieren, o al menos fingen quererlo, pero cuando está bien, nadie se preocupa por él. A nadie se le ocurre darle un beso o un abrazo. El niño aprende el truco. Y el amor es una necesidad básica y la atención un alimento básico. Para el niño, la atención es potencialmente más necesaria incluso que la leche. Algo morirá en su interior si no recibe atención.

La atención es energía. Cuando alguien te mira con cariño te está dando alimento, un alimento muy sutil. El niño necesita atención y tú solo se la prestas cuando está enfermo, cuando hay algún problema. Por eso, si el niño necesita atención creará problemas, será creador de problemas.

El amor es una necesidad básica. El cuerpo crece con alimentos; el alma crece con amor. Pero solo te dan amor cuando estás enfermo, cuando tienes algún problema; si no, nadie te da amor. El niño aprende tu forma de actuar y empieza a crear problemas. Siempre que está enfermo o tiene un problema, todos le prestan atención.

¿Lo has observado alguna vez? En tu casa los niños están jugando en silencio, tranquilamente. Si llegan visitas se ponen a armar jaleo. Eso se debe a que prestas atención a las visitas, y los niños están deseosos de esa atención. Necesitan que tú les prestes atención, y las visitas, y todo el mundo. Harán algo, crearán algún problema. Es algo inconsciente, pero se convierte en una pauta de conducta. Y cuando sean mayores, seguirán haciéndolo.

En el caso de las mujeres, es cierto que el 99 por ciento de sus enfermedades, de sus problemas mentales, son básicamente necesidades de amor. Cuando amas a una mujer, no tiene problemas. Siempre que hay algún problema en el amor, surgen muchos más. Está deseosa de atención, y los psicoanalistas se aprovechan de esa necesidad de atención, porque el psicoanalista presta atención por su profesión. Acudes a él; es un profesional. Te presta toda su atención durante una hora. Digas lo que digas, aunque sean tonterías, te escucha como si estuvieras predicando los evangelios. Te convence de que hables más, de que digas algo, relevante o irrelevante, para sacar a la luz tu mente. Y tú te sientes muy bien.

El 99 por ciento de los pacientes se enamoran de su psicoanalista. Y proteger la relación entre el cliente y el experto es un gran problema, porque tarde o temprano se convierte en una relación de amantes. ¿Por qué? ¿Por qué se enamora una paciente de un psicoanalista? O al contrario: ¿por qué se enamora un paciente de una psicoanalista? Porque es la primera vez que le prestan tanta atención. La necesidad de amor queda satisfecha.

A menos que cambie tu ser básico, nada resultará de resolver los problemas. Tienes un potencial infinito para crear otros nuevos.

La meditación es un esfuerzo para hacerte independiente, en primer lugar, y en segundo lugar, para cambiar el tipo y carácter de la conciencia.

Con un carácter de conciencia distinto no pueden existir los viejos problemas; sencillamente desaparecen. Cuando eras niño, por ejemplo, tenías un tipo distinto de problemas. Al hacerte mayor desaparecieron. ¿Adónde han ido a parar? No los has resuelto; sencillamente han desaparecido. Ni siquiera recuerdas los problemas de tu infancia, pero has crecido, y esos problemas han desaparecido.

Al hacerte un poco mayor, tenías otro tipo de problemas; cuando seas viejo, no existirán. No que vayas a ser capaz de resolverlos; nadie es capaz de resolver los problemas, sino simplemente se te pasan con la edad. Cuando seas viejo te reirás de los problemas que tenías, tan urgentes, tan destructivos que muchas veces pensaste en el suicidio por su causa. Y entonces, cuando seas viejo, te reirás. ¿Adónde han ido a parar esos problemas? ¿Los has resuelto? No; sencillamente has crecido. Esos problemas pertenecían a una fase concreta del crecimiento.

Algo semejante ocurre a medida que profundizas en la conciencia. También desaparecen los problemas. Llega un momento en que eres tan consciente que no surgen problemas. La meditación no es análisis. La meditación es crecimiento. No se ocupa de los problemas, sino del ser.[39]

10
La meditación

LA AUSENCIA DE PENSAMIENTO ES MEDITACIÓN

LA AUSENCIA de pensamiento es meditación. Cuando no se piensa es cuando llegamos a conocer a quien está oculto por nuestros pensamientos. Cuando no hay nubes aparece el cielo azul, y también hay un cielo dentro de ti. Aparta las nubes de los pensamientos para verlo, para conocerlo. Se puede hacer. Cuando la mente está en calma y no tiene pensamientos, en ese silencio, en esa profunda irreflexión, en la ausencia completa de pensamientos se ve la verdad.

¿Qué se puede hacer para conseguirlo? Hay que hacer una cosa muy sencilla, pero te resultará muy difícil porque te has vuelto muy complejo. Lo que es posible para un recién nacido a ti te resulta imposible. El niño se limita a mirar, sin pensar. Solamente ve. Y simplemente ver es maravilloso. En eso consiste el secreto, la llave que puede abrir la puerta de la verdad.

Yo os estoy viendo. Simplemente os estoy viendo. ¿Lo comprendéis? Solo os estoy viendo, sin pensar. Y entonces desciende sobre mí una calma insólita, un silencio palpable, y se ve todo y se oye todo pero nada perturba la calma en el interior. Dentro no hay ninguna reacción, no hay pensamientos. Solo existe *darshan*, «ver».

La conciencia correcta es el método de la meditación.

Tienes que ver, solo ver lo que está dentro y lo que está fuera. Fuera hay objetos; dentro, pensamientos. Tienes que mirarlos sin ningún objetivo concreto. No existe ningún objetivo; solo ver. Eres un testigo, un testigo imparcial, y simplemente ves.

Esa atención, esa vigilancia, poco a poco te lleva a la paz, al vacío, a la ausencia de pensamiento.

Inténtalo y lo conocerás.

A medida que se disuelven los pensamientos se despierta y cobra vida la conciencia. Párate un día tranquilamente, en cualquier sitio, en cualquier momento. Mira, escucha y sé testigo del mundo y de ti mismo. No pienses. Limítate a ser testigo y ver qué ocurre. Deja que crezca la actitud de ser testigo, deja que invada toda tu actividad física y mental. Deja que esté siempre contigo.

Si eres testigo, tu ego desaparecerá y verás, comprenderás lo que realmente eres. El «yo» morirá y se alcanzará el ser.

En esta *sadhana* (disciplina) de ser testigo, en esta observación del propio estado mental, se produce fácilmente una transformación, un cambio, entre lo que se presencia y el que es testigo. Mientras observas tus pensamientos vislumbras al que está observando. Y un día, el que observa aparece en toda su gloria y majestad y tocan a su fin tu miseria y tu desdicha.

No es un método que se pueda practicar solo de vez en cuando para conseguir la liberación. Hay que practicarlo continuamente, día y noche. A medida que se practica el ser testigo, a medida que se avanza hacia el estado de ser testigo, ese estado se hace más estable y empieza a estar presente todo el tiempo.

Poco a poco empieza a acompañarte continuamente, despierto y dormido. Incluso empieza a estar presente durante el sueño. Y cuando eso ocurre, cuando empieza a estar presente incluso mientras duermes, puedes tener la certeza de que ha profundizado en tu interior, de que ha extendido sus raíces a lo largo y lo ancho. Hoy estás dormido incluso cuando estás despierto. Mañana estarás despierto incluso cuando duermas.

Este estado disuelve los pensamientos despertándonos del sueño y de los sueños. Las olas se disuelven en una mente libre de pensamientos y sueños. La mente se queda en calma, sin olas, sin temblores, al igual que el mar está en calma cuando no hay olas, al igual que la llama de una vela no titila cuando no sopla brisa en la casa. Es en tal estado cuando se conoce a Dios, el que es el ser, el que soy yo, la verdad. Y entonces se abren las puertas del palacio de Dios.

Estas puertas, esta entrada, no se encuentra en las palabras... se encuentra en el ser. Por eso digo que no hay que indagar en otro sitio, sino en ti mismo. No vayas a ninguna otra parte. Adéntrate en ti mismo.[40]

¿Qué relación guardan entre sí lo unidireccional, la concentración y la meditación?

Lo unidireccional, la concentración y la meditación no guardan ninguna relación entre sí. Es una de las confusiones más extendidas.

Lo unidireccional es otro nombre de la concentración, pero la meditación es justo lo contrario de la concentración. Sin embargo, la mayoría de los libros, la mayoría de los diccionarios y de los llamados profesores las emplean como sinónimos.

La concentración significa sencillamente enfocar algo unidireccionalmente. Es algo de la mente. La mente puede ser un caos, una aglomeración. La mente puede ser muchas voces, muchas direcciones, una encrucijada. Por lo general, eso es la mente, una aglomeración.

Pero si la mente es un caos, no puedes pensar racionalmente, no puedes pensar científicamente. Para pensar racional y científicamente tienes que concentrarte en el objeto de tu estudio. Sea cual sea el objeto, lo fundamental es que viertas toda tu energía en él. Solo con toda esa fuerza existe la posibilidad de conocer la verdad objetiva; por consiguiente, la concentración es el método de todas las ciencias.

Pero la meditación es algo completamente distinto. En primer lugar, no es de la mente. No es ni una mente unidireccional ni multidireccional; sencillamente no es mente. La meditación significa ir más allá, más allá de la mente y sus límites. No pueden tener ninguna relación; son polos opuestos. La concentración es mente y la meditación no-mente.

Sobre todo Occidente no conoce la meditación. Se ha limitado a la concentración —y de ahí el progreso científico, la tecnología—, pero no ha conocido la ciencia interior del silencio, la paz, de ser una luz hacia ti mismo.

El enfoque unidireccional puede revelar los secretos del mundo exterior. La meditación revela los secretos de tu propia subjetividad. Podría decirse que la concentración es objetiva y que la meditación es subjetiva. La concentración se dirige hacia afuera; la meditación hacia adentro. La concentración significa alejarte de ti mismo; la meditación, llegar a tu centro más recóndito. La mente, la lógica, la razón: todas apuntan hacia lo exterior; para ellas no existe lo interior.

Pero una ley fundamental de la realidad interior consiste en que una persona razonable jamás logra nada en el mundo interior. Se trata de un enfoque irracional, o mejor dicho, suprarracional. Para conocerte a ti mismo no necesitas la mente, sino el silencio absoluto. La mente siempre está ocupada en una o muchas cosas. Tiene montones de pensamientos, de ondulaciones; el lago de la mente jamás se queda en calma.

Tu ser interior solo puede reflejarse en un espejo sin ondulaciones. La ausencia de mente —el silencio absoluto, sin pensamientos, la ausencia total de mente— se convierte en ese espejo sin ondulaciones, sin ni siquiera un solo pensamiento revoloteando. Y de repente, la explosión: has tomado conciencia de tu propio ser por primera vez.

Hasta ahora has conocido las cosas del mundo; ahora conoces al que conoce. Eso es exactamente a lo que se refiere Sócrates cuando dice: «Conócete a ti mismo». Porque sin conocerte a ti mismo —quisiera añadir al consejo de Sócrates— no puedes ser tú mismo, y a menos que seas tú mismo nunca te sentirás tranquilo.

Cierta incomodidad, cierta pena... No sabes muy bien qué es, pero constantemente tienes la sensación de que te falta algo, de que lo tienes todo y sin embargo falta algo que podría darle significado a ese todo. Tu palacio está lleno, con todos los tesoros del mundo, pero tú estás vacío. Tu reino es grande pero tú estás ausente. Tal es la situación del hombre actual; de ahí la constante sensación de sinsentido, de ansiedad, de angustia, de *Angst*.

La mente actual es la más atribulada que ha existido jamás, por la sencilla razón de que el ser humano ha llegado a la mayoría de edad. A un búfalo no le preocupa el sentido de la vida... La hierba es el sentido de la vida para él. Aparte de eso, lo demás le resulta inútil. A los árboles no les interesa el sentido de la vida; con buen riego, tierra fértil y un hermoso sol la vida es un inmenso gozo. No hay árboles ateos, ni árboles con dudas. Salvo para el hombre, la duda no existe. Salvo el hombre, nadie parece preocupado. Ni siquiera los burros se preocupan. Parecen tan relajados, con una tranquilidad tan filosófica... No tienen miedo a la muerte, ni a lo desconocido, ni preocupación por el mañana.

Solo el hombre con su inteligencia lleva una vida muy difícil, continuamente atormentado. Intentas olvidar de mil y un modos, pero vuelve una y otra vez. Y así seguirá ocurriendo a menos que sepas algo de meditación, a menos que aprendas a volverte hacia adentro, a mirar tu propio interior. Y de repente, desaparecerán todos los sinsentidos.

En un nivel muy elevado, estarás tan tranquilo como los árboles. En un nivel de conciencia muy elevado, te sientes tan relajado como toda la existencia. Pero tu relajación posee cierta belleza: que es consciente, que está alerta. Sabe que existe. Sabe que mientras la existencia entera duerme, ella está despierta.

¿Qué sentido tiene un maravilloso amanecer si estás dormido? ¿En qué consiste la belleza de una rosa si estás dormido? La mente es el dormir, estés concentrado o no. La meditación es el despertar. En el momento en que te despiertas, desaparece el dormir y con él todos los sueños, todas las proyecciones, todas las expectativas, todos los deseos. De repente te encuentras en un estado sin deseos, sin ambiciones, en un silencio inconmensurable. Y solo en ese silencio alcanzan la plenitud las flores de tu ser. Solamente en ese silencio abren sus pétalos los lotos.

Recuerda que cualquier profesor que te diga que la concentración es meditación comete un gran crimen. Al no saber que te está engañando, y que engañarte en un asunto tan fundamental, resulta mucho más peligroso que alguien que pueda matarte. Te mata más significativa y profundamente. Destruye tu conciencia; destruye la posibilidad misma de que abras las puertas de todos los misterios que tú eres.

La concentración no tiene nada que ver con la meditación, pero te han dicho los cristianos, los hindúes, los musulmanes, las llamadas religiones organizadas que te concentres en Dios, que te concentres en determinado *mantra* o en la estatua de un Buda, pero que te concentres. Y recuerda que, si te concentras en un hipotético Dios al que nadie ha visto, al que nadie conoce, de cuya existencia no existe ninguna prueba... puedes seguir concentrándote en una hipótesis vacía, que no te revelará tu ser.

Concéntrate en una estatua creada por el hombre, esculpida por ti; concéntrate cuanto quieras, pero no encontrarás nada que transforme tu ser. O concéntrate en unas escrituras, en unos *mantras*, unos cánticos... pero todos esos esfuerzos resultarán vanos.

Traspasa la mente —y el camino para traspasar la mente es muy sencillo—, hazte observador de la mente, porque el observar separa inmediatamente de ti lo que observas. Estás viendo una película, y hay una cosa cierta: que tú no eres el actor. Estás observando la calle y la gente que pasa, y hay una cosa cierta: que tú te has quedado al margen, que no estás en la calle en medio de la gente. Observes lo que observes, no eres tú.

En cuanto empiezas a observar la mente, se produce una experiencia tremenda... el reconocimiento de que tú no eres la mente. Ese reconocimiento, «Yo no soy la mente» significa el comienzo de la no-mente. Has trascendido la muchedumbre, las voces, el caos de la mente, te has trasladado a los silencios del corazón. Ahí está tu hogar, tu ser eterno. Ahí está tu existencia inmortal, esencial.[41]

El arte de la meditación consiste en trascender la mente

El arte de la meditación consiste en trascender la mente, y Oriente ha dedicado casi diez mil años, toda su inteligencia y su genio, a descubrir cómo trascender la mente y sus condicionamientos. Los esfuerzos de esos diez mil años han culminado en el refinamiento del método de la meditación.

En pocas palabras, la meditación significa observar la mente, presenciar la mente. Si eres capaz de observar la mente, mirarla en silencio —sin justificar, sin valorar, sin condenar, sin juzgar a favor ni en contra—, simplemente observarla como si no tuvieras nada que ver con ella... No es más que el tráfico que circula por la mente. Quédate al margen y obsérvalo. Y el milagro de la meditación consiste en que, simplemente observándolo, desaparece poco a poco.

En el momento en que desaparece la mente, llegas a la última puerta, muy frágil, que no está contaminada por la sociedad: tu corazón. En realidad, tu corazón te ofrece inmediatamente una entrada. Nunca te evita, está casi siempre dispuesto a que entres en él para abrirte la puerta que lleva al ser. El corazón es tu amigo.

La cabeza es tu enemiga. El cuerpo es tu enemigo, el corazón tu amigo, pero entre los dos se alza un enemigo como el Himalaya, una enorme montaña. Sin embargo, se puede superar con un método muy sencillo. Buda Gautama llamaba a este método *vipassana*; el patanjali lo llamaba *dhyan*. Esta palabra sánscrita, *dhyan*, en China pasó a *ch'an* y a *zen* en Japón, pero es la misma palabra. En otros idiomas no existe un equivalente exacto de *zen*, *dhyan* o *ch'an*, y se utiliza arbitrariamente la palabra *meditación*.

Pero hay que recordar una cosa: que sea cual sea el significado que aparece en los diccionarios, no es el significado que yo le doy. Todos los diccionarios dicen que meditar significa pensar en algo. Siempre que le digo a una mente occidental: «Medita», la pregunta inmediata es: «¿Sobre qué?». Esto se debe a que en Occidente no se ha desarrollado la meditación hasta el punto que se han desarrollado el *dhyan*, el *ch'an* o el *zen* en Oriente.

La meditación significa sencillamente conciencia, no pensar en algo, concentrarse en algo o reflexionar sobre algo. La palabra que se utiliza en Occidente siempre se refiere a algo.

Como yo la concibo, la meditación significa sencillamente un estado de conciencia.

Es como un espejo... ¿Acaso un espejo intenta concentrarse en algo? Refleja cuanto se pone delante de él, pero le es indiferente. Le es absolutamente indiferente que ante él se ponga una mujer guapa, una mujer fea o nadie. El espejo es una fuente de reflejos; la meditación, una conciencia que refleja. Tú sencillamente reflejas lo que se pone delante de ti.

Y mediante esa simple observación desaparece la mente. [Habréis oído hablar de milagros, pero este es el único milagro. Todos los demás son cuentos.]

Jesús caminando sobre las aguas o transformando el agua en vino o devolviendo la vida a los muertos... son cuentos muy bonitos. Si se entienden simbólicamente tienen gran trascendencia, pero si nos empeñamos en que sean hechos históricos, es absurdo. Simbólicamente son hermosos. Simbólicamente, todo maestro devuelve la vida a los muertos. ¿Qué hago yo aquí? Sacar a la gente de la tumba. Y Jesús sacó a Lázaro de su tumba cuando solo llevaba muerto cuatro días. Yo he sacado de la tumba a personas que llevaban muertas años, toda la vida. Y como habían vivido tanto tiempo en la tumba se resistían a salir. Se resistían con todas sus fuerzas. «¿Qué haces? ¡Estamos en nuestra casa! Vivimos aquí en paz. ¡No nos molestes!»

Simbólicamente es cierto: todo maestro intenta darte nueva vida. Tal y como estás, no estás realmente vivo. Te limitas a vegetar. Si se interpretan los milagros como metáforas, poseen cierta belleza.

Recuerdo una extraña historia que los cristianos han suprimido de sus escrituras, pero que existe en la literatura sufí. Es sobre Jesús.

JESÚS VA A UNA CIUDAD Y CUANDO ENTRA EN ELLA VE A UN HOMBRE A QUIEN RECONOCE. Lo había visto antes. Estaba ciego y Jesús le había curado los ojos. Aquel hombre iba corriendo tras una prostituta. Jesús lo para y le pregunta.

—¿Te acuerdas de mí?

El hombre responde:

—Sí, me acuerdo de ti, y nunca te perdonaré. Cuando era ciego era feliz, porque nunca había visto la belleza. Tú me diste ojos. Pues dime una cosa: ¿qué voy a hacer con estos ojos? Estos ojos se sienten atraídos por las mujeres hermosas.

Jesús no daba crédito. Se quedó perplejo, horrorizado. «Yo pensaba que le había prestado un gran servicio a este hombre y resulta que está enfadado. Dice: "Antes de que me dieras ojos no pensaba en las mujeres, ni pensaba que hubiera prostitutas, pero cuando me diste ojos me destruiste".»

Jesús deja al hombre sin decirle nada; no tiene nada que decirle. Sigue caminando y encuentra a otro hombre tirado en el arroyo, diciendo cosas absurdas, completamente borracho. Jesús lo levanta y recuerda que le había dado piernas, pero él también se siente un poco hundido. Le pregunta al hombre:

—¿Me conoces?

El hombre responde:

—Sí, te conozco. Aunque estoy borracho, no puedo perdonarte. Fuiste tú quien destrozaste mi vida tranquila. Sin piernas no podía ir a ninguna parte. Yo era una persona pacífica: ni peleas, ni juego, nada de amigos, nada de bares. Tú me diste piernas, y desde entonces no he tenido un solo momento de paz, de silencio. Voy detrás de esto, detrás de aquello, y al final, cuando me canso, me emborracho. Y tú mismo puedes ver qué me está pasando. ¡Tú eres responsable de la situación en la que me encuentro! Tendrías que haberme advertido de que si tenía piernas surgirían todos estos problemas. No me avisaste. Me curaste sin pedirme permiso.

Jesús se asustó tanto que abandonó la ciudad. No fue a ningún otro sitio. Se dijo: «Quién sabe qué clase de personas voy a encontrarme». Pero al salir de la ciudad vio a un hombre que estaba intentando colgarse de un árbol. Le dijo:

—¡Espera! ¿Qué estás haciendo?

El hombre respondió:

—¡Otra vez tú! Yo estaba muerto y tú me obligaste a estar vivo otra vez. Ahora no tengo trabajo, mi mujer me ha dejado porque piensa que un hombre que ha muerto no puede resucitar, cree que soy un fantasma. No quiere verme nadie. Mis amigos no me reconocen. Cuando entro en la ciudad nadie me mira. A ver, ¿qué quieres que haga ahora? Ahora que iba a ahorcarme, ¡otra vez apareces! ¿Qué venganza te estás tomando conmigo? ¿Por qué no me dejas en paz? Ya no puedo ni ahorcarme. Antes estaba muerto y tú me resucitaste, y como me cuelgue volverás a resucitarme. ¡Estás tan empeñado en hacer milagros que ni siquiera te importa quiénes tienen que soportar tus dichosos milagros!

ME ENCANTÓ ESTA HISTORIA. Deberían conocerla todos los cristianos.
No existe sino un solo milagro, y ese milagro es la meditación que te aparta de la mente. El corazón siempre te da la bienvenida, siempre está dispuesto a abrirte las puertas, a guiarte hacia tu ser. Y el ser es la totalidad, el bienestar definitivo.[42]

La meditación no es sino un medio

La meditación no es sino un medio para que tomes conciencia de tu verdadero ser, que no ha sido creado por ti, que no tiene que ser creado por ti, porque ya es tú. Naces con él. ¡Tú eres ese ser! No hay que descubrirlo. Si no resulta posible, o si la sociedad no lo permite, y ninguna sociedad lo permite, porque el verdadero ser resulta peligroso, peligroso para las religiones oficiales, peligroso para el Estado, para las masas, para la tradición, porque cuando una persona conoce su verdadero ser se convierte en un individuo... Deja de formar parte de la psicología de las masas, ya no es supersticiosa, no pueden aprovecharse de ella, deja de ser un borrego, no acepta órdenes.

Esa persona vivirá según su luz, vivirá siguiendo los dictados de su interior. Su vida tendrá una belleza y una integridad prodigiosas.[43]

La meditación te ayuda a desarrollar tus facultades intuitivas. Comprendes con toda claridad qué puede satisfacerte, qué va a ayudarte a alcanzar la plenitud. Y sea lo que sea, será diferente para cada persona, para cada individuo: tal es el significado de la palabra «individuo», porque cada persona es única. Y buscar e investigar para encontrar ese carácter único supone una gran aventura, una gran emoción.[44]

11
El amor

¿POR QUÉ ME ASUSTA TANTO EL AMOR?

EL AMOR siempre provoca miedo porque el amor es la muerte, una muerte mayor que la muerte normal y corriente.

Con la muerte normal y corriente muere el cuerpo, pero eso no es la muerte. El cuerpo es como la ropa: cuando se estropea y se queda vieja la cambias por otra. No es la muerte, sino solo un cambio, como cambias de ropa de casa. Pero tú continúas, como continúa la mente... la misma mente antigua en cuerpos nuevos, el mismo vino añejo en botellas nuevas. Cambia la forma, pero no la mente. De modo que la muerte normal y corriente en realidad no es muerte; la verdadera muerte es el amor. El cuerpo no muere pero la mente sí, el cuerpo sigue siendo el mismo pero desaparece el ego.

Cuando amas, tienes que abandonar todos los conceptos que mantienes sobre ti mismo. Cuando amas, no puedes ser el ego, porque el ego no permite el amor, porque son polos opuestos. Si te decides por el ego no podrás decidirte por el amor. Si te decides por el amor tendrás que abandonar el ego, y de ahí viene el miedo.

Cuando te enamoras te atenaza un miedo más grande. Por eso ha desaparecido el amor de este mundo. Muy raramente se produce el fenómeno del amor.

Lo que llamáis amor es una falsa moneda; la habéis inventado porque resulta muy difícil vivir sin amor. Resulta tan difícil porque sin amor la vida no tiene sentido. Sin amor, no hay poesía en la vida. Sin amor, el árbol existe pero no florece. Sin amor, no puedes bailar, no puedes alegrarte, no puedes sentir gratitud, no puedes orar.

Sin amor, los templos son casas normales y corrientes, pero con amor una casa normal y corriente se transfigura, se transforma en templo. Sin amor, te quedas en simples posibilidades, en gestos vacíos.

Con el amor te haces sólido, por primera vez en tu vida. Con el amor, empieza a surgir tu alma. El ego desaparece y surge el alma.

Como es imposible vivir sin amor, la humanidad se ha inventado un truco. La humanidad ha creado un truco, un recurso. Ese recurso consiste en vivir el falso amor, de modo que el ego continúe existiendo. No cambia nada, y puedes seguir jugando a estar enamorado, puedes seguir pensando que amas, puedes seguir convencido de que amas. Pero observa qué pasa con tu amor... ¿qué sacas en claro de ese amor? Nada sino tristeza, nada sino disgustos, nada sino peleas, violencia.

Observa con detenimiento tus relaciones amorosas. Más parecen relaciones de odio que de amor, pero como todo el mundo vive de la misma manera no te das cuenta. Todo el mundo lleva esa falsa moneda, y no te das cuenta. La verdadera moneda del amor es muy cara; solo puedes adquirirla a costa de perderte a ti mismo. No hay otra manera.

De modo que tu pregunta tiene sentido.

El ego es una entidad falsa, una simple idea, una nube en el cielo de tu ser; nada más que humo, nada importante, un sueño. El amor exige que dejes a un lado lo que no tienes, y el amor está dispuesto a darte lo que tienes y siempre has tenido. El amor te devuelve tu ser; el ego te lo oculta, mientras que el amor te revela tu ser. Pero el miedo sigue ahí. El miedo es natural, y hay que seguir adelante a pesar de ese miedo.

Sé valiente; no seas cobarde. Solo se pone a prueba el verdadero temple de tu ser cuando surge el amor. Hasta ese momento no conoces tu temple. En la vida cotidiana, en el mercado, cuando haces esto y lo otro, en el mundo de la ambición y del poder, no se pone a prueba tu verdadero temple. Nunca traspasas la línea de fuego.

El amor es el fuego.[45]

¿Por qué es tan doloroso el amor?

El amor es doloroso porque crea el camino hacia la felicidad. El amor es doloroso porque transforma, porque es mutación. Toda transformación resulta dolorosa porque lo viejo tiene que dar paso a lo nuevo. Lo viejo es conocido, seguro, y lo nuevo completamente desconocido. Te internas en un océano ignoto. Con lo nuevo no te sirve la mente; con lo viejo, la mente es muy hábil. La mente solo puede funcionar con lo viejo; con lo nuevo, no te sirve para nada.

Por eso surge el miedo, y al abandonar el mundo viejo, tan cómodo, tan seguro, también surge el dolor. Es el mismo dolor que siente el niño al abandonar el vientre materno, el mismo dolor que siente el pájaro al salir del huevo, el mismo dolor que sentirá el pájaro la primera vez que intente alzar el vuelo.

El miedo a lo desconocido, y la seguridad de lo conocido, la inseguridad de lo desconocido, lo impredecible de lo desconocido... todo eso asusta mucho.

Y como se va a producir la transformación de tu propio ser en un estado de no ser, el tormento será terrible, pero no se puede experimentar el éxtasis sin pasar por el tormento. Para purificarse, el oro tiene que pasar por el fuego.

El amor es fuego.

Debido al dolor del amor, millones de personas llevan una vida sin amor. También ellas sufren, pero su sufrimiento es inútil. Sufrir con el amor no es sufrir en vano. Sufrir con el amor es creativo, te lleva a los niveles más elevados de la conciencia. Sufrir sin amor es un derroche absurdo, que no lleva a ninguna parte, que te mantiene en el mismo círculo vicioso.

La persona sin amor es narcisista, está cerrada. Solo se conoce a sí misma. ¿Y cuánto puede conocer de sí mismo si no ha conocido al otro? Porque solo el otro puede funcionar como espejo. Nunca te conocerás a ti mismo sin conocer al otro. El amor es también algo fundamental para el conocimiento de uno mismo. La persona que no ha conocido al otro con profundo amor, con intensa pasión, con éxtasis, no podrá saber quién es ella misma, porque no tendrá espejo en el que ver su propio reflejo.

La relación es un espejo, y cuanto más puro es el amor, cuanto más elevado el amor, mejor el espejo, más claro. Pero el amor más elevado requiere que te abras. Para el amor más elevado tienes que ser vulnerable. Tienes que deshacerte de tu coraza, y eso resulta doloroso. No debes estar constantemente en guardia. Tienes que deshacerte de la mente calculadora, arriesgarte. Tienes que vivir peligrosamente. El otro puede herirte, y ese es el miedo a ser vulnerable. El otro puede rechazarte, y ese es el miedo a enamorarse.

El reflejo de tu propio ser que encontrarás en el otro puede resultar feo; de ahí surge la ansiedad. Evita el espejo, pero si lo evitas no te volverás guapo. Tampoco crecerás evitando esa situación. Hay que aceptar el reto.

Hay que adentrarse en el amor. Ese es el primer paso hacia Dios, y no se puede rehuir. Quienes intentan rehuir el paso hacia el amor nunca llegarán a Dios. Ese paso es necesario porque solo tomas conciencia de tu totalidad cuando te provoca la presencia del otro, cuando tu presencia queda realzada por la presencia del otro, cuando te sacan de tu mundo narcisista, cerrado, al cielo abierto.

El amor es un cielo abierto. Enamorarse significa alzar el vuelo, pero no cabe duda de que el cielo ilimitado produce temor.

Y deshacerse del ego es muy doloroso porque nos han enseñado a cultivarlo. Pensamos que el ego es nuestro único tesoro. Lo protegemos, lo decoramos, lo perfeccionamos, y cuando el amor llama a nuestra puerta, lo único que se necesita para enamorarse es dejar a un lado el ego, sin duda algo muy doloroso. Le has dedicado toda la vida, es lo único que has creado, ese ego tan feo, esa idea de «Yo soy algo distinto de la existencia».

Esta idea es fea porque es falsa. Esta idea es ilusoria, pero nuestra sociedad está basada, en la idea de que cada persona es una persona, no una presencia.

La verdad es que en el mundo no hay ninguna persona, sino solo presencia. Tú no existes, no como ego, como algo distinto del todo.

Formas parte del todo. El todo te penetra, el todo respira en ti, palpita en ti, el todo es tu vida.

El amor te proporciona la primera experiencia de estar en sintonía con algo que no es tu ego. El amor te da la primera lección para estar en armonía con alguien que nunca ha formado parte de tu ego. Si puedes estar en armonía con una mujer, si puedes estar en armonía con un hombre, con un amigo, con tu hijo o con tu madre, ¿por qué no puedes estar en armonía con todos los seres humanos? Y si estar en armonía con una sola persona produce tal gozo, ¿cuál será el resultado de estar en armonía con todos los seres humanos? Y si puedes estar en armonía con todos los seres humanos, ¿por qué no con los animales y los árboles? Un peldaño lleva al otro.

El amor es una escalera. Empieza con una persona y acaba con la totalidad. El amor es el principio; Dios el final. Temer al amor, tener miedo de sufrir dolor por el amor equivale a quedarse encerrado en una celda oscura.

El hombre actual vive en una celda oscura, es narcisista. El narcisismo es la mayor obsesión de la mente actual.

Y entonces surgen los problemas, problemas absurdos. Algunos problemas son creativos porque te llevan a una conciencia más elevada. Hay problemas que no te llevan a ninguna parte; simplemente te mantienen atado, te mantienen en tu antigua confusión.

El amor crea problemas. Puedes evitar esos problemas evitando el amor, pero son problemas esenciales, que hay que afrontar, que hay que vivir, superar. Y para superarlos, hay que recorrer el camino. El amor es lo único que realmente merece la pena. Todo lo demás es secundario. Si contribuye al amor, es bueno. Todo lo demás se reduce a un medio, mientras que el amor es el fin. Por tanto, adéntrate en el amor, a toda costa.

Si no te adentras en el amor, como han decidido hacer tantas personas, te quedarás anclado en ti mismo. Entonces tu vida no es una peregrinación, no es un río que desemboca en el mar, sino una charca de agua estancada, sucia, y dentro de poco no habrá sino porquería y cieno. Para mantenerse limpio hay que seguir fluyendo. Un río se mantiene limpio porque fluye sin cesar. El fluir es el proceso para mantenerse siempre virgen.

Un amante siempre se mantiene virgen. Todos los amantes son vírgenes. Quienes no aman no pueden mantenerse vírgenes; se quedan aletargados, estancados, tarde o temprano empiezan a apestar —más bien temprano que tarde— porque no tienen adónde ir. Su vida está muerta.

En esa situación se encuentra el ser humano actual, y por eso proliferan las neurosis, las locuras. Las enfermedades psicológicas han adquirido proporciones epidémicas. Ya no se trata de unas cuantas personas enfermas psicológicamente; la realidad es que la tierra entera se ha convertido en un manicomio. La humanidad entera padece una especie de neurosis.

Y esa neurosis procede del estancamiento narcisista. Todo el mundo se aferra a la ilusión de tener su propio ser, algo distinto del resto, y la gente se vuelve loca. Y esa locura carece de sentido, es improductiva, nada creativa. O las personas se suicidan. También esos suicidios son improductivos, faltos de creatividad.

Quizá no te suicides con veneno, tirándote desde un acantilado o pegándote un tiro, pero puedes suicidarte con un proceso muy lento, que es lo que suele ocurrir. Muy pocas personas se suicidan de golpe. Otras prefieren un suicidio lento, ir muriendo poco a poco, lentamente, pero se puede decir que existe una tendencia suicida casi generalizada.

Esa no es forma de vivir, y la razón, la razón fundamental, es que hemos olvidado el lenguaje del amor. Ya no tenemos la suficiente valentía para adentrarnos en esa aventura llamada amor. Por eso a la gente le interesa el sexo, porque con el sexo no te arriesgas. Es algo pasajero, y no te implicas. El amor significa implicación, compromiso; no es algo pasajero. En cuanto empieza a arraigar, puede durar para siempre. Puede suponer un compromiso de por vida. El amor requiere intimidad, y solo cuando intimáis se puede convertir el otro en espejo. Cuando hay un encuentro sexual con una mujer o con un hombre, no os encontráis; simplemente evitáis el alma de la otra persona. Os limitáis a utilizar el cuerpo de esa persona y salís corriendo, y la otra persona utiliza tu cuerpo y sale corriendo. No llegáis a la intimidad necesaria para revelaros mutuamente vuestro auténtico rostro.

El amor es el mayor *koan* del zen.

Resulta doloroso, pero no lo rehúyas. Si lo rehúyes, habrás rehuido tu mayor oportunidad de crecer. Intérnate en el amor, súfrelo, porque mediante el sufrimiento se alcanza el éxtasis. Sí, hay dolor, pero del dolor nace el éxtasis. Sí, tendrás que morir como ego, pero si puedes morir como ego, nacerás como Dios, como Buda. Y el amor te dará a probar por primera vez el tao, el sufismo, el zen. El amor te ofrecerá la primera prueba de que Dios existe, de que la vida no carece de sentido.

Quienes dicen que la vida carece de sentido son quienes no han conocido el amor. Lo único que quieren decir es que se han perdido el amor en la vida.

Que haya dolor, que haya sufrimiento. Atraviesa la noche oscura y llegarás a un maravilloso amanecer. Solo en el seno de la noche oscura puede desarrollarse el sol; la mañana llega únicamente atravesando la noche.

Yo lo enfoco todo hacia el amor. Yo solo enseño el amor, el amor y nada más. Podéis olvidaros de Dios; no es sino una palabra vacía. Podéis olvidaros de las oraciones porque no son sino rituales que otros os imponen. El amor es una oración natural, que no impone nadie. Nacemos con ella.

El amor es el verdadero Dios, no el Dios de los teólogos, sino el Dios de Buda, de Jesucristo, de Mahoma, de los sufíes. El amor es un *tariqa*, un método, para matarte como individuo y ayudarte a transformarte en el infinito.

Desaparece como una gota de rocío y transfórmate en mar, pero tendrás que traspasar la puerta del amor.

Y no cabe duda de que cuando empiezas a desaparecer como una gota de rocío y has vivido mucho tiempo como una gota de rocío, te duele, porque hasta entonces habías pensado: «Yo soy esto, y está acabándose. Me estoy muriendo». No te estás muriendo; solo experimentas esa impresión. Te has identificado con la impresión, pero la impresión sigue siendo eso, una impresión. Y únicamente cuando desaparezca la impresión podrás ver quién eres, y esa revelación te llevará a la cima del gozo, de la felicidad.[46]

Por favor, ¿podría hablarnos de la diferencia entre el amor propio bien entendido y el orgullo egoísta?

Existe una gran diferencia entre ambos, aunque pueden resultar muy parecidos. Un amor propio bien entendido es un gran valor religioso. La persona que no se ama a sí misma no será capaz de amar a nadie. La primera oleada del amor tiene que rodearte a ti mismo. Tienes que amar tu propio cuerpo, tu alma, tu totalidad.

Y eso es algo natural, porque si no, no podrías sobrevivir. Y también es bello, porque te embellece. La persona que se ama a sí misma se vuelve grácil, elegante. La persona que se ama a sí misma está abocada a ser silenciosa, más meditativa, con una actitud hacia la oración más marcada que la que no se ama a sí misma.

Si no quieres tu casa, si no te gusta, no la limpiarás; si no te gusta no la pintarás, no la rodearás de un hermoso jardín ni le pondrás un estanque con lotos. Si te amas a ti mismo crearás un jardín a tu alrededor, intentarás desarrollar tu potencial, intentarás expresar todo lo que hay en tu interior. Si te amas, te regarás y te nutrirás.

Y ya verás qué sorpresa si te amas a ti mismo: los demás también te amarán. Nadie ama a quien no se ama a sí mismo. Si ni siquiera puedes amarte a ti mismo, ¿quién va a molestarse en hacerlo? Y quien no se ama a sí mismo no puede permanecer neutral. Recuérdalo: en la vida no existe la neutralidad.

Quien no se ama a sí mismo, odia, tiene que odiar... la vida no conoce la neutralidad. La vida siempre supone una elección. No amar no significa que puedas mantenerte en ese estado sin amor; por el contrario, odiarás.

Y la persona que se odia a sí misma se vuelve destructiva. Y la persona que se odia a sí misma odiará a todos los demás, será violenta y colérica, siempre estará enfadada. Si una persona se odia a sí misma, ¿cómo puede esperar que la amen los demás? Su vida quedará destruida. El amor propio es un gran valor religioso.[47]

12
La ausencia de ego

Siempre nos habla de que hay que librarse del ego, pero ¿cómo puedo hacerlo si no sé distinguir entre el ego y mi verdadero carácter?

No puedes librarte del ego. Es como la oscuridad: no puedes librarte de la oscuridad; solo puedes hacer la luz. En cuanto existe la luz, deja de existir la oscuridad. Podría decirse que esa es la forma de librarse de la oscuridad, pero no hay que tomárselo en sentido literal. La oscuridad no existe; es la ausencia de luz. De ahí que no se pueda influir directamente sobre ella. Con la luz solo se pueden hacer dos cosas: o encenderla o apagarla. Si quieres oscuridad, apaga la luz; si no quieres oscuridad, enciende la luz. No se puede uno librar del ego.

La meditación se puede aprender. La meditación funciona como una luz, es luz.

Transfórmate en luz, y no encontrarás el ego por ninguna parte.

Si quieres librarte de él te verás en dificultades, porque, ¿quién es el que quiere librarse de él? Es el ego mismo, con un nuevo juego, el juego llamado espiritualidad, religión, realización. ¿Quién plantea esta pregunta? El ego mismo, que te engaña. Y cuando el ego pregunta cómo deshacerse de él, naturalmente piensas: «No puede ser el ego. ¿Cómo va a querer suicidarse el ego?». Así es como te engaña.

Tu propio carácter no plantea preguntas, no necesita respuestas. Tu propio carácter es luz, está lleno de luz. No sabe de oscuridades; jamás se ha topado con la oscuridad.

No tienes que librarte del ego. Limítate a indagar, a buscar dónde está; en primer lugar, tienes que encontrarlo. No te preocupes por tu propio carácter. Sigue buscando el ego y no lo encontrarás; por el contrario, encontrarás tu propio carácter, luminoso, fragante como un loto. Jamás habrás visto semejante belleza, en ninguna otra parte. Es la experiencia más hermosa de la vida, y cuando hayas visto tu propio loto de luz, tu propio loto floreciendo, el ego habrá acabado para siempre. Entonces dejarás de plantear esas preguntas absurdas.

«*¿Cómo distinguir entre el ego y mi verdadero carácter?*», preguntas.

O bien el ego está ahí, y entonces no se conoce el verdadero carácter, o se conoce el verdadero carácter, y entonces no queda nada del ego. Como no puedes tener ambas cosas, no puedes hacer distinciones, no puedes distinguirlas, no pueden estar presentes las dos al mismo tiempo. Solo una puede estar presente.

En estos momentos, seas lo que seas, eres ego, y no debes preocuparte por distinguirlos. Si no hubiera ego no habrías planteado la pregunta. El propio carácter no sabe de preguntas, porque es éxtasis, no un problema.[48]

Pienso que al desarrollar una actitud de entereza ante las dificultades he llegado a resignarme a gran parte de la vida. Tengo la sensación de que esa resignación es como un peso que se opone a mis esfuerzos para vivir más la meditación. ¿Significa esto que he suprimido mi ego y que debo encontrarlo otra vez antes de perderlo realmente?

ESTE ES UNO DE LOS MAYORES PROBLEMAS... parecerá una paradoja, pero es verdad. Antes de perder el ego, tienes que alcanzarlo. Solo el fruto maduro cae al suelo. La madurez lo es todo.

No se puede arrojar por la borda un ego inmaduro, no se puede destruir. Y si luchas con un ego inmaduro para destruirlo y disolverlo, tus esfuerzos serán vanos. En lugar de destruirlo, lo encontrarás más reforzado, de una forma nueva, más sutil.

Es algo fundamental, que hay que comprender: el ego debe llegar a la cima, debe ser fuerte, tiene que alcanzar la integridad, y solo entonces se puede disolver.

No se puede disolver un ego débil, y eso se convierte en un problema.

En Oriente todas las religiones predican la ausencia de ego, de modo que, en Oriente, todo el mundo está en contra del ego desde el principio. Debido a esta actitud, el ego nunca se fortalece, nunca llega al punto de integración a partir del cual puede desaparecer. Nunca llega a madurar. Por eso resulta muy difícil disolver el ego en Oriente, casi imposible.

En Occidente, la tradición occidental, religiosa y psicológica, propone, predica y convence a la gente de que tenga un ego fuerte... porque a menos que tengas un ego fuerte, ¿cómo vas a sobrevivir? La vida es una lucha; si no tienes ego, te destruirán. Así ¿cómo resistirse? ¿Quién va a luchar? ¿Quién va a competir? Y la vida es una continua competición.

La psicología occidental dice que hay que alcanzar el ego, afianzarlo, pero en Occidente resulta muy fácil disolver el ego, de modo que cuando alguien que va en su busca llega a comprender que el problema radica en el ego puede disolverlo fácilmente, con más facilidad que en Oriente.

En eso consiste la paradoja: que en Occidente se enseña el ego y en Oriente se enseña la ausencia de ego; pero en Occidente resulta fácil disolverlo, y en Oriente resulta muy difícil.

Te enfrentas a una ardua tarea, en primer lugar alcanzar el ego y después perderlo, porque solo se puede perder algo que se posee. Si no lo posees, ¿cómo vas a perderlo? Si no eres rico tu pobreza no puede tener la belleza que predica Jesucristo, ser pobre de espíritu. Tu pobreza no puede tener la misma importancia que cuando Buda Gautama se hace mendigo.

Solo el rico puede hacerse pobre, porque únicamente se puede perder lo que se tiene. Si nunca has sido rico, ¿cómo vas a ser pobre? Tu pobreza será superficial; nunca llegará al espíritu. Serás pobre en la superficie, y en el fondo ansiarás riquezas. Tu espíritu ansiará las riquezas, tendrás ambición, un deseo constante de obtener riquezas.

Solamente serás pobre en la superficie, e incluso te consolarás diciéndote que la pobreza es buena, pero no puedes ser pobre, porque solo una persona rica, realmente rica, puede ser pobre. El simple hecho de poseer riquezas no significa ser realmente rico. Puedes seguir siendo pobre. Si sigue existiendo la ambición, eres pobre. Lo que importa no es lo que tienes. Si tienes suficiente desaparece el deseo. Cuando tienes suficientes riquezas, desaparece el deseo.

La desaparición del deseo marca el criterio de lo suficiente. Entonces eres rico; puedes abandonarlo, puedes hacerte pobre, puedes hacerte mendigo como Buda, y entonces tu pobreza es rica, entonces tu pobreza tiene su propio reino.

Y lo mismo ocurre con todo. Los Upanishads, Lao Tzu, Jesucristo o Buda... todos enseñan que el conocimiento es inútil. Limitarse a adquirir conocimientos no resulta de mucha ayuda. No solo no resulta de mucha ayuda, sino que puede convertirse en una barrera. No se necesita el conocimiento, pero eso no significa que debas ser ignorante. Tu ignorancia no será real.

Cuando has acumulado suficientes conocimientos y los abandonas, llegas a la ignorancia. Entonces te haces realmente ignorante, como Sócrates, que decía: «Solo sé que no sé nada». Este conocimiento, o esta ignorancia —podemos llamarlo como nos plazca— es completamente distinto, tiene una cualidad distinta, ha cambiado de dimensión. Si eres ignorante sencillamente por no haber reunido conocimiento, tu ignorancia no puede ser sabia, no puede ser sabiduría, sino simple ausencia de conocimiento. Y el ansia continuará dentro: ¿cómo obtener más conocimientos? ¿Cómo obtener más información?

Cuando tienes demasiados conocimientos —has conocido las escrituras, has conocido el pasado, la tradición, has conocido todo lo que se puede conocer—, de repente te das cuenta de la inutilidad de todo, de repente te das cuenta de que eso no es conocimiento, sino algo prestado. No es tu propia experiencia existencial, no es lo que has llegado a saber. Quizá otros sí lo hayan sabido, pero tú simplemente lo has reunido, de una forma mecánica. No ha surgido de ti, no es algo que haya crecido. Es basura recogida de otras cosas, prestada, muerta.

Recuerda que el conocimiento solo está vivo cuando tú conoces, cuando es tu experiencia inmediata, directa, pero cuando tu conocimiento proviene de otros, es simple memoria, no conocimiento. La memoria está muerta. Cuando reúnes gran cantidad —las riquezas del conocimiento, las escrituras, todo lo que te rodea, las bibliotecas condensadas en tu mente, y de repente te das cuenta de que simplemente llevas la carga de otros, de que no te pertenece nada, de que no has conocido—, entonces puedes abandonarlo, puedes abandonar todo ese conocimiento.

Al abandonarlo surge un nuevo tipo de ignorancia. No se trata de la ignorancia del ignorante, sino de la sabiduría del sabio.

Solamente el sabio puede decir: «No sé», pero al decir «No sé» no siente ansias de conocimiento. Está constatando un hecho. Y cuando puedes decir de corazón «No sé», en ese mismo momento se te abren los ojos, se abren las puertas del conocimiento. En ese mismo momento es cuando puedes decir con toda sinceridad «No sé», cuando eres capaz de adquirir conocimiento.

Esta ignorancia es muy hermosa, pero se obtiene mediante el conocimiento. Es la pobreza a la que se llega mediante la riqueza.

Y lo mismo ocurre con el ego: solo puedes perderlo si lo tienes.

Cuando Buda desciende de su trono, se hace mendigo... ¿Qué necesidad tenía Buda? Era un rey en su trono, en la cúspide de su ego... ¿Por qué llegar a tal extremo, a cambiar su palacio por las calles, a mendigar? Pero en el mendigar de Buda hay belleza. La tierra jamás ha conocido mendigo tan hermoso, mendigo tan rico, mendigo tan majestuoso, tal emperador. ¿Qué ocurrió cuando descendió de su trono?

Descendió de su ego. Los tronos no son sino símbolos, símbolos del ego, del poder, el prestigio, la posición social. Descendió y sobrevino la ausencia de ego.

Esta ausencia de ego no es modestia, no es humildad. Encontrarás a muchas personas humildes, pero bajo su humildad funciona un ego muy sutil.

Se cuenta que Diógenes fue un día a ver a Sócrates. Vivía como un mendigo, llevaba la ropa sucia, llena de agujeros y remiendos. Incluso si le regalaban ropa nueva no se la ponía; primero la ensuciaba y la rompía.

Fue a ver Sócrates y empezó a hablar sobre la ausencia de ego, pero con sus penetrantes ojos, Sócrates debió de darse cuenta de que Diógenes no era un hombre sin ego. Su forma de hablar sobre la humildad era muy egoísta. Por lo visto, Sócrates le dijo: «A través de tu ropa sucia, a través de los agujeros de tu ropa no veo sino el ego. Hablas de humildad, pero tus palabras proceden de un profundo centro del ego».

Así ocurre, así es como se da la hipocresía. Tienes ego, y lo escondes con lo contrario, haciéndote humilde superficialmente. Esa humildad superficial no puede engañar a nadie. Quizá te engañe a ti, pero a nadie más. El ego no para de asomarse por los agujeros de la ropa asquerosa que llevas. Siempre está presente. Esto no es sino engañarte a ti mismo; no vas a engañar a nadie más.

Eso es lo que ocurre si empiezas a desprenderte del ego inmaduro.

Mis enseñanzas parecerán contradictorias, pero son reales como la vida misma. La contradicción es algo inherente a la vida.

Os enseño a que seáis egoístas para que podáis desprenderos del ego.

Os enseño a que seáis absolutamente egoístas. No lo ocultéis, porque si no, nacerá la hipocresía. Y no luchéis contra el fenómeno inmaduro. Dejadlo madurar, y ayudadlo a madurar. Llevadlo al punto culminante. No tengáis miedo; no hay nada que temer. Así llegaréis a comprender la agonía del ego.

Cuando llegue al punto culminante, no necesitaréis ningún Buda, ni a mí, para que os diga que el ego es el infierno. Lo sabréis, porque el culmen del ego será el culmen de vuestras experiencias infernales, será una pesadilla, y entonces no hará falta que nadie os diga: «Abandónalo. Te resultará difícil mantenerlo».

El conocimiento se alcanza únicamente mediante el sufrimiento.

No se puede prescindir de nada mediante argumentaciones lógicas. Se prescinde de algo solo cuando llega a ser tan doloroso que no se puede continuar con ello.

Tu ego aún no te resulta tan doloroso, y por eso puedes sobrellevarlo. Es natural. Yo no puedo convencerte para que lo abandones, e incluso si te convenciera, lo esconderías... eso es todo.

No se puede tirar nada que no esté maduro. El fruto sin madurar se aferra al árbol y el árbol se aferra al fruto. Si los obligas a separarse, se formará una herida, y la cicatriz permanecerá. La herida continuará como si fuera reciente y tú siempre sentirás dolor. Recuerda que todo tiene su momento, su tiempo para crecer, para madurar, para caer a la tierra y disolverse. También el ego tiene su momento, tiene que llegar a la madurez.

De modo que no tengáis miedo de ser egoístas. Lo sois, porque de otro modo hace tiempo que habríais desaparecido.

Tal es el mecanismo de la vida: tenéis que ser egoístas, tenéis que luchar para abriros camino, tenéis que luchar contra los millones de deseos que os rodean, tenéis que debatiros, tenéis que sobrevivir.

El ego es una medida de supervivencia.

Si un niño nace sin ego, morirá. No sobrevivirá; es imposible, porque si tiene hambre no lo notará: «Yo tengo hambre». Notará que hay hambre, pero no la relacionará consigo mismo. En el momento que se siente hambre el niño siente que es él quien tiene hambre y se pone a llorar para que le den de comer. El niño crece mediante el crecimiento de su ego.

Por eso, para mí el ego forma parte del proceso de desarrollo natural.

Pero eso no significa que tengas que mantenerlo para siempre. Es un proceso de desarrollo natural, y para abandonarlo hay que dar un segundo paso, que también es algo natural, pero solo se puede dar el segundo paso cuando el primero ha llegado al punto culminante, al máximo, cuando el primero ha llegado a la culminación.

Por eso yo enseño las dos cosas: la presencia del ego y la ausencia del ego. En primer lugar, sé egoísta, completamente egoísta, como si la existencia entera solo existiera para ti y tú fueras su centro, como si todas las estrellas girasen a tu alrededor, como si el sol solo saliera para ti. Todo existe para ti, para ayudarte a ti. Sé el centro, y no tengas miedo, porque si tienes miedo nunca madurarás.

¡Acéptalo! Forma parte de tu desarrollo. Disfrútalo y llévalo al culmen. Cuando llegue al culmen, de repente te darás cuenta de que tú no eres el centro, que ha sido una tontería, una actitud infantil. Pero como eras aún un niño, no pasa nada.

Ahora has madurado y sabes que no eres el centro. Cuando comprendes que no eres el centro también comprendes que no hay un centro en la existencia o que el centro está en todas partes. O no hay centro y la existencia existe como totalidad, como integridad sin centro como punto de control, o cada átomo constituye un centro.

Jakob Boehme dice que el mundo entero está lleno de centros, que cada átomo es un centro, y que no existe la circunferencia... centros por todas partes y ni una sola circunferencia. Existen estas dos posibilidades. Ambas significan lo mismo; únicamente los términos son diferentes y contradictorios, pero en primer lugar tienes que convertirte en centro.

Lo que pasa es lo siguiente: estás soñando, y si el sueño llega a la culminación, se destruye. Siempre ocurre lo mismo, que cuando un sueño llega al punto culminante, se destruye. ¿Y cuál es el punto culminante de un sueño? El punto culminante de un sueño llega cuando se tiene la sensación de que es real. Tienes la sensación de que es real, no un sueño, y continúas con él hasta que el sueño se hace casi realidad. Nunca puede llegar a ser realidad, sino casi real.

Se aproxima tanto a la realidad que no puedes ir más lejos, porque con dar un paso más el sueño sería real, y no puede serlo porque es un sueño. Cuando se acerca tanto a la realidad, te despiertas, con el sueño hecho añicos. Lo mismo ocurre con los demás engaños.

El ego es el mayor de los sueños. Tiene su belleza, su agonía.

Tiene su éxtasis, su agonía. Tiene su cielo y su infierno, porque ambos están allí. Los sueños son hermosos unas veces y otros son pesadillas, pero en ambos casos son sueños.

Por eso os digo que no despertéis de vuestro sueño antes de que llegue el momento. No; jamás hagáis nada antes de que llegue el momento. Dejad que las cosas se desarrollen, que lleguen a su momento, para que todo ocurra de forma natural.

El ego desaparecerá. Puede disolverse por sí solo. Siempre y cuando dejéis que se desarrolle y lo ayudéis a desarrollarse, no habrá necesidad de que vosotros os libréis de él.

Se trata de algo muy profundo. Si renuncias a él, el ego sigue dentro de ti. ¿Quién renunciará a él? Si piensas que tú renunciarás a él, *tú* eres el ego... de modo que renuncies a lo que renuncies, no será lo real. Lo real continuará y tú te habrás librado de otra cosa.

No puedes privarte del ego.

¿Quién lo hará? Es algo que ocurre, no algo que se hace. Te adentras en tu ego y llega un momento en el que todo resulta tan terrible que el sueño se deshace. Y de repente lo comprendes: el ganso está fuera, nunca ha estado dentro de la botella.

Nunca has sido un ego. Era simplemente un sueño que te rodeaba. Sí, un sueño necesario, y no hay que condenarlo, porque necesariamente formaba parte del desarrollo.

En la vida todo es necesario. Nada es innecesario, nada puede ser innecesario. Todo cuanto ha ocurrido tenía que ocurrir. Todo cuanto está ocurriendo ocurre por ciertas causas, muy profundas. Se necesita para mantener el engaño. Es como un capullo que te ayuda, que te protege, que te ayuda a sobrevivir. No hace falta permanecer dentro del capullo para siempre. Cuando estés preparado, rompe el capullo y sal.

El ego es como la cáscara del huevo y te protege, pero cuando estés preparado, rómpela, sal del cascarón. El ego es el cascarón, pero espera. Precipitarse no te servirá de mucha ayuda, no te servirán las prisas; quizá te entorpezcan. Deja pasar tiempo y no lo condenes porque, ¿quién lo condenará?

Ve a ver a los llamados santos, que hablan de humildad y modestia, y mírales a los ojos. No encontrarás un ego tan refinado en ninguna otra persona. Su ego ha adoptado la vestimenta de la religión, el yoga, la santidad, pero allí sigue. Quizá no estén acumulando riquezas, sino acumulando seguidores, porque la moneda ha cambiado y cuentan con muchos seguidores...

Quizá no anden en pos de las cosas de este mundo, sino del otro mundo, pero al fin y al cabo, los dos son mundos. Y pueden ser incluso más codiciosos, porque dicen que las cosas temporales, las cosas momentáneas de este mundo son placeres fugaces... y ellos desean los placeres eternos.

Tienen una codicia suprema. Los placeres momentáneos no los satisfacen. Ellos desean los placeres eternos. A menos que algo sea eterno no se sienten complacidos. Su codicia llega a lo más profundo, es absoluta, y la codicia es propia del ego.

La codicia es el hambre del ego. Por eso, a veces los santos son más egoístas que los pecadores y están mucho más alejados de lo divino. Y a veces los pecadores pueden llegar al dios más fácilmente que los llamados santos, porque el ego supone una barrera. Según mi experiencia, los pecadores pueden librarse del ego más fácilmente que los santos, porque los pecadores nunca han estado en contra del ego. Lo han alimentado, han disfrutado de él, han vivido completamente con él, mientras que los santos siempre han luchado contra él y nunca lo han dejado madurar.

De modo que mi actitud es la siguiente: hay que perder el ego, pero quizá haya que esperar mucho, y solo se perderá si antes se cultiva. En eso reside la dificultad del fenómeno, porque la mente dice: si tenemos que abandonarlo, ¿por qué cultivarlo? La mente dice: si tenemos que destruirlo, ¿por qué crearlo?

Si haces caso a la mente tendrás problemas. Como la mente es siempre lógica y la vida siempre ilógica, nunca coinciden. Se trata de simple lógica, de simples matemáticas, que si vas a destruir una casa, ¿por qué construirla? ¿Por qué tomarse la molestia? ¿Por qué tantos esfuerzos y pérdida de tiempo y energías? Si la casa aún no está ahí, ¿por qué construirla para después destruirla? La cuestión no es la casa; la cuestión eres tú.

Al construir la casa, cambiarás, y al destruir la casa cambiarás por completo, no serás el mismo... porque crear la casa, ese proceso, supondrá desarrollarte. Después, cuando la casa está terminada, la derribas. Eso significará una transformación.

La mente es lógica y la vida dialéctica. La mente sigue una línea simple, y la mente siempre salta de un extremo a otro, de una cosa a la opuesta.

La vida es dialéctica. Crea, y la vida dirá que destruyas. Nace, y la vida dirá que mueras. Gana, y la vida dirá que pierdas. Sé rico, y la vida dirá que seas pobre. Sé una cima, un Everest del ego, y después transfórmate en un abismo de la ausencia de ego. Entonces habrás conocido las dos cosas, lo ilusorio y lo real, el *maya* y el *brahma*.[49]

El otro día dijo que el esfuerzo es peligroso, pero que hay que trabajar con ahínco en las meditaciones. Para mi mentalidad alemana, esforzarse equivale a trabajar con ahínco. ¿Cómo se puede trabajar con ahínco sin esforzarse?

Se trata de un asunto delicado. El esfuerzo siempre se hace con desgana, siempre es parcial. Lo haces porque no sabes cómo obtener los resultados que deseas sin hacerlo. Si hubiera otro modo te olvidarías del esfuerzo y llegarías directamente a la conclusión. Nunca te centras por completo en el esfuerzo, es imposible, porque la idea está en el futuro, en el resultado final.

El esfuerzo está orientado hacia el futuro, orientado hacia el resultado. Se realiza el esfuerzo únicamente con miras a un resultado futuro, a un beneficio, a una compensación, por codicia.

Por eso dicen los maestros del zen que se necesita el esfuerzo sin esfuerzo.

¿A qué se refieren con el esfuerzo sin esfuerzo? Dicen que hay que trabajar con ahínco pero no con miras al futuro. Hay que disfrutarlo, sin ningún otro objetivo. Aun si no se consigue nada haciéndolo, es hermoso por sí mismo. Y eso es lo más difícil para la mente humana. Por eso lo llamo trabajar con ahínco.

Lo más difícil consiste en hacer algo porque sí, cantar porque sí, meditar porque sí, amar porque sí.

Eso es lo más difícil para la mente humana, porque la mente siempre tiene las miras puestas en el futuro. Dice: «¿Cómo que porque sí? ¿Para qué? ¿Qué voy a sacar en claro de eso?». Hay personas que vienen a verme y me dicen: «Podemos meditar, pero ¿qué vamos a sacar en claro? Podemos ser *sannyasins*, pero ¿qué vamos a obtener con eso?». Así es la mente... codiciosa.

Voy a contaros una cosa...

UN DÍA, EL *MULÁ* NASRUDÍN ESTABA MIRANDO POR LA VENTANA CUANDO VIO A UN ACREEDOR APROXIMÁNDOSE A LA CASA. Como sabía qué quería aquel tipo, llamó a su mujer y le dijo que recibiera a la visita.

La esposa del *mulá* abrió la puerta y dijo:

—Señor, sé que no hemos podido pagarle todavía, y aunque el *mulá* no está en casa en este momento, no para de pensar, noche y día, en cómo conseguir dinero para pagarle. Hasta me ha pedido que esté al tanto para que cuando pase un rebaño de ovejas recoja trocitos de la lana que se enganchan en los arbustos. Así, cuando tengamos suficiente lana, la tejeremos, haremos un par de chales, los venderemos y con ese dinero le pagaremos la deuda.

El acreedor se echó a reír, y el *mulá* salió de su escondrijo, diciendo:

—Si serás canalla... Como hueles el dinero, sonríes.

LA MENTE ES IGUAL DE CANALLA. En cuanto ve la mínima insinuación de alguna especie de futuro, sonríe. Se abalanza inmediatamente, se aferra a lo que sea... y dejas de estar aquí y ahora.

Se medita porque sí, como se ama porque sí.

Pregúntale a una rosa por qué florece. Florece sin más. Florecer es muy hermoso, sin ningún motivo. Pregúntales a los pájaros por qué cantan. Cantan sin más. Les gusta, les encanta, sin motivo.

Deshazte de la mente y desaparecerá el motivo. De modo que al menos durante unas horas al día haz cosas porque sí: bailar, cantar, tocar la guitarra, estar con amigos o contemplar el cielo. Al menos durante unas horas dedica tiempo a actividades gratuitas. Esas son las actividades en las que hay que trabajar con ahínco.

Ya sé que la mente es muy perezosa. Le gusta soñar y no quiere trabajar; por eso piensa sin cesar en el futuro. Pero la mente es muy perezosa y solo piensa en el futuro para eludir el presente y eludir así el reto del presente.

Me han contado una anécdota...

PASEANDO JUNTO A LA ORILLA DE UN RIACHUELO un hombre se topó con un joven tumbado indolentemente bajo un árbol con una caña de pescar en el agua, sobre la que el corcho cabeceaba frenéticamente.

—¡Eh! ¡Han picado! —gritó.

—Sí —contestó el pescador perezosamente—. ¿Le importaría sacarlo?

El paseante lo hizo, y el pescador le preguntó, aún tumbado:

—¿Le importaría sacar el pez, poner otro cebo en el anzuelo y echarlo al agua?

El hombre lo hizo y comentó jovialmente:

—Con lo vago que eres, deberías tener unos cuantos hijos para que se encargaran de estas cosas.

—No es mala idea —replicó el pescador bostezando—. ¿Tiene idea de dónde podría encontrar a una mujer embarazada?

ASÍ FUNCIONA LA MENTE: no quiere hacer nada. Se limita a esperar, a desear, a aplazar.

El futuro es un truco para aplazar el presente; el futuro es un truco para eludir el presente. No es que vayas a hacer nada en el futuro, no... porque estará la misma mente y dirá mañana, mañana. Morirás y no habrás hecho nada; solo pensar.

Y tanto pensar te ayuda a aguantar: no te sientes perezoso porque piensas tanto en las grandes cosas que vas a hacer, sueñas con grandes cosas y no haces las pequeñas cosas que tendrías que hacer ahora mismo. Trabajar con ahínco significa estar presente y hacer lo que te plantea como reto el presente.

«El otro día dijo que el esfuerzo es peligroso, pero que hay que trabajar con ahínco en las meditaciones.»

Sí, trabajar con ahínco... porque tendrás que ir en contra de la mente.

La dificultad del trabajo no radica en el trabajo mismo —el trabajo es extraordinariamente sencillo, muy simple—; la dificultad estriba en que, como la mente te nubla la visión, tienes que salir de ella.

«Para mi mentalidad alemana, esforzarse equivale a trabajar con ahínco.»

Eso lo comprendo, pero todas las mentes son alemanas. Por eso todo el mundo tiene tales dificultades, por eso todo el mundo encuentra su propio fascismo, su propio nazismo, su propio Hitler. Todo el mundo.

La mente es fascista y busca continuamente líderes, alguien que dirija.

El mundo entero se sorprendió cuando Alemania cayó en la trampa de Adolf Hitler. Nadie daba crédito; era casi ilógico. Un pueblo tan hermoso, con tal tradición de conocimientos, de hombres cultos, de grandes filósofos, Kant, Hegel, Feuerbach, Marx... Semejante cultura, con intelectos tan refinados, una cultura de grandes científicos, de grandes músicos, novelistas y poetas, el país de los filósofos y los profesores... En ningún otro país se ha respetado más que en Alemania la palabra «profesor».

¿Qué ocurrió para que un pueblo tan inteligente cayera en manos de un ser estúpido, casi subnormal, como Hitler?

Pero hay que comprender lo siguiente: que el saber, si es superficial, si se limita a la mente, no sirve de ayuda. El saber se mantiene en la superficie, mientras que en lo más profundo sigue siendo infantil.

Esos intelectuales, incluso un hombre como Martin Heidegger, un gran filósofo, quizá el más importante del siglo xx, también era partidario de Adolf Hitler. ¿Qué les ocurrió a esos gigantes para que apoyaran a un hombre que estaba medio loco?

Hay que comprenderlo; puede ocurrir y siempre ha ocurrido.

Esas grandes mentes solo son grandes en la superficie; en el fondo, su vida es infantil. Lo único que ha crecido es su intelecto, pero ellos no han crecido como personas. La mente de Heidegger era muy madura, pero su ser muy infantil. El ser, si es infantil, espera a alguien que lo dirija.

Una persona realmente madura no carga sus responsabilidades a nadie; se hace responsable de su propio ser. Pero resulta que este país de científicos, filósofos, profesores, poetas e intelectuales fue víctima de un hombre vulgar, mediocre, y ese hombre dominó el país.

Este hecho debería contribuir a que todos comprendieran la estupidez del intelecto. El intelecto es superficial.

Habría que avanzar en el desarrollo del ser, porque en otro caso siempre tenderemos, siempre estaremos dispuestos a convertirnos en víctimas de semejantes personas.

La mente está condicionada desde el exterior, puede ser gobernada desde el exterior. Hay que madurar hacia la no-mente, y solo entonces no os dominarán desde el exterior.

Solo la persona de no-mente es libre, independiente. No es ni alemana, ni india, ni inglesa, ni estadounidense... es sencillamente libre. Estadounidense, indio, alemán... no son sino nombres de las prisiones, no de los cielos de libertad. No son los cielos para volar, sino las prisiones en las que vivir.

Nadie es dueño de la persona libre; la persona libre es dueña de sí misma. La persona libre es sencillamente una energía sin nombre, forma, raza ni nacionalidad. Ya ha pasado la época de las naciones y las razas y se aproximan los tiempos del individuo.

En un mundo mejor no habrá ni alemanes, ni indios, ni hindúes ni cristianos... habrá individuos puros, absolutamente libres, que vivirán la vida a su aire, sin molestar a los demás y sin permitir que los demás los molesten.

Por otro lado, la mente es infantil y astuta a la vez. Puede ser víctima de cualquier Hitler, de cualquier patriotero, de cualquier loco con la suficiente audacia... y hay gente muy audaz, que no alberga la menor duda. En eso consistía el atractivo de Hitler. Era tan audaz que era la audacia personificada. Nunca se planteaba ninguna duda; se sentía absolutamente seguro de sí mismo. Y las personas que no tienen tal seguridad se sienten profundamente atraídas por un personaje así. Una persona tan segura de la verdad debe de haber encontrado la verdad. Esa gente empieza a seguirla, y debido a su inseguridad son víctimas de un loco, pero los locos siempre están muy seguros. Solo dudan quienes están muy alerta, muy conscientes. Sus dudas demuestran su estado de alerta y la complejidad de la vida.

Y la mente es muy astuta. Puede racionalizarlo todo.

Me han contado que...

REFUGIADO CON SU MUJER EN UNA APARTADA BUHARDILLA DE BERLÍN, para protegerse de los nazis, Berger decidió un día salir a tomar el aire. Mientras caminaba se encontró frente a frente con Hitler. El líder alemán sacó una pistola y señaló un montón de excrementos de caballo que había en la calle.

—¡A ver, judío! —gritó—. ¡Cómete eso o te mato!

Temblando, Berger hizo lo que le había ordenado. Hitler se echó a reír de tal manera que se le cayó el arma. Berger la recogió y dijo:

—¡Ahora, o te lo comes tú o disparo!

El *führer* se puso a cuatro patas y empezó a comer. Mientras realizaba esta tarea, Berger se escapó, se internó en un callejón, saltó una valla y subió a todo correr a la buhardilla. Cerró la puerta de un golpe y echó el cerrojo.

—¡Hilda, Hilda! —le gritó a su mujer—. ¿A que no sabes con quién he comido hoy?

La mente racionaliza continuamente. Incluso si comes excrementos de caballo puede convertirlos en una comida como es debido y en un «¡Hilda, Hilda! ¿A que no sabes con quién he comido hoy?».

Cuidado con las trampas de la mente. Y cuanto más alerta estés, más capaz serás de vivir en el momento, en el acto, completamente. No existe motivación alguna: lo haces porque te gusta, y por eso yo digo que es el trabajo más difícil.

Salir de la mente es el trabajo más difícil, pero no se trata de esfuerzo, sino de conciencia; no se trata de esfuerzo, sino de un intenso estado de alerta.[50]

13
La iluminación

¿Está la iluminación más allá de la naturaleza de las cosas?

La iluminación es la naturaleza misma de las cosas, pero nunca se ha expresado en tales términos. Por el contrario, se ha corrompido la mente de las personas creando un objetivo contrario a la naturaleza, con nombres increíbles como «supranaturaleza». Y el ser humano se ha visto enredado en esto por una sencilla razón: la naturaleza de las cosas ya está donde vosotros estáis.

No es una excitación, ni un reto, ni una invitación a poner a prueba tu ego. No es una estrella remota. Para alimentarse, la mente necesita algo muy difícil, algo casi imposible. Solo si logras lo imposible sentirás que eres especial.

La iluminación no es una cuestión de talento, no es como quien nace pintor, poeta o científico... Eso sí que es una cuestión de talento.

La iluminación es simplemente la fuente misma de la vida para todo el mundo. Ni siquiera tienes que salir de casa para buscarla. Si sales de tu casa para buscarla, la perderás, y quién sabe cuándo podrá volver.

La iluminación no es sino comprender el hecho de que «Soy lo que siempre he querido ser, nunca he sido otra cosa y jamás podré ser otra cosa». La definición misma de la naturaleza consiste en que no puedes superarla. Puedes realizar esfuerzos y provocar angustia, ansiedad, tristeza, pero no superarla. Porque eres tú, y ¿cómo vas a ir más allá de ti mismo?

Es la fuente misma de tu vida, tu existencia misma. Vayas a donde vayas, serás ella.

Se sabe de muchas personas cuya primera experiencia de sí mismas ha sido una simple carcajada. Ver lo absurdo de lo que intentaban hacer... ¡intentar ser ellos mismos! Es lo único imposible en este mundo, porque ya eres tú mismo... ¿cómo vas a intentar serlo?

Pero los sacerdotes, los llamados líderes religiosos y todos los que os quieren ver esclavizados os dan ideales. Os dicen: «A menos que os comportéis de cierta manera, os equivocaréis». A menos que hagáis lo que os mandan, no sois buenos. Nadie le ha preguntado a esas personas: «¿Quién os ha dado autoridad para decidir por otros? Si pensáis que algo está bien, hacedlo, pero no tenéis ningún derecho a decirle a nadie que siga vuestro ejemplo».

Los grandes corruptores, los grandes envenenadores son quienes han creado a los seguidores, porque seguir a alguien simplemente significa meterte en una situación absurda contra ti mismo: te dicen que tienes que ser alguien que nunca podrás ser. Esto ha creado todo un mundo de terrible sufrimiento.

A menos que comprendamos las raíces, no desaparecerá ese sufrimiento. Podremos tener más artilugios, más tecnología, pero no acabará el sufrimiento. No se trata solo de que los pobres sufran; según mi experiencia, el pobre sufre menos que el rico... el pobre, al menos, tiene alguna esperanza. El rico vive sin esperanza. Sabe que ha hecho todo lo que podía hacer, y su vida está tan vacía como siempre, o incluso más vacía que nunca. Y se aproxima la muerte, la vida se acorta por momentos, y la ha desperdiciado acumulando dinero, poder, prestigio. Ha desperdiciado su vida por ser santo, por orar ante dioses fabricados por el hombre.

Y todo esto se ha hecho sencillamente para que no puedas ser tú mismo.

Mi moral es muy sencilla, la que os enseño: no os volváis en contra de vuestra naturaleza. Ni aunque todos los budas posibles, de todas las épocas, se opusieran a ello, no les hagáis caso. No tienen nada que ver con vosotros. Hicieron lo que les parecía bueno para ellos, y vosotros tenéis que hacer lo que consideréis bueno para vosotros. ¿En qué consiste lo bueno? No lo puede definir ningún texto sagrado. No lo puede definir ningún criterio externo. Hay que comprender un criterio intrínseco: lo que te hace más feliz es bueno. La única moralidad es lo que te hace dichoso. Lo que te hace desgraciado es el único pecado. Lo que te aparta de ti mismo es lo único que has de evitar.

Regocíjate en ti mismo y estarás iluminado. Siempre lo has estado; no hay forma de no estarlo.

Lo he intentado de muchas maneras, pero he de reconocer que no lo he logrado: no he podido no estar iluminado. En cualesquiera posiciones, haciendo cualesquiera cosas, siempre me sorprendía; tanto si iba al norte como al sur, siempre estaba iluminado.

En Japón hay un muñeco muy bonito... quizá sea el pueblo que hace los muñecos más bonitos. Y este no es normal y corriente. En Japón lo llaman *daruma,* pero es la adaptación japonesa del nombre de Bodhidharma: el muñeco está hecho según la visión de Bodhidharma. Tiene las piernas pesadas y por arriba es muy ligero. De modo que se tire como se tire siempre adopta la postura del loto. Es inevitable. Quizá se haya olvidado y se haya convertido en un juguete para niños, pero representa lo que yo digo y lo que decía Bodhidharma, que es imposible no estar iluminado.

¿Quién te ha metido esa idea en la cabeza, que tienes que alcanzar la iluminación?

La señorita Prim, la vieja solterona, da una charla en el colegio femenino.

—Chicas, recordad una cosa —dice—. Cuando salgáis, nada de fumar en la calle, nada de mala conducta en público, y cuando los hombres os molesten, preguntaos lo siguiente: ¿vale la pena pagar toda una vida de vergüenza por una hora de placer? Bien. ¿Alguna pregunta?

Se oye una voz al fondo de la sala:

—¿Y cómo se consigue que dure una hora?

Hay personas a tu alrededor que te vuelven loco. Por lo demás todo es perfecto. Este es un mundo perfecto; no le falta nada, pero unos cuantos chiflados no pueden quedarse tranquilos a menos que empujen a los demás a correr en pos de sombras que nunca podrán ser reales.

Y cuanto más comprenden que no pueden hacerse realidad, mayor el sinsentido, mayor la desesperanza, mayor el sentimiento de absoluto vacío... y la tristeza se impone y aumenta a medida que pasa el tiempo.

Jamás aceptes ningún criterio que te haga desgraciado. Jamás aceptes una moralidad que te haga sentirte culpable. Jamás aceptes nada que intente imponerte algo en contra de tu carácter.

Sé tú mismo y serás perfecto.

Apártate de ti mismo y tendrás grandes dificultades. Todo el mundo las tendrá.

Según mi propia experiencia de contacto con miles de personas, nunca he visto a un hombre realmente desgraciado. Por el contrario; he conocido a personas que disfrutan de su desgracia, que exageran su desgracia. Da una tremenda lástima ver que unas personas que podrían haberse transformado en hermosas flores hayan quedado tan reducidas. No conocen el camino hacia su propia casa, y todo el mundo intenta ayudarlas a ir a otro sitio... «Sé un Jesucristo, sé un Buda, sé un Moisés.» Pero nadie te dice: «Sé tú mismo».

¿Qué relación existe entre Moisés y tú? ¿Cuáles son los vínculos entre Moisés y tú? Pero la gente rinde culto, y reza, con la esperanza de que algún día llegarán al ideal que imaginan. Naturalmente, siempre fracasan. Eres una rosa y vas a ser una rosa. Que el mundo entero lo aprecie o lo condene, no importa.

En cuanto una persona toma la postura de «Voy a hacerme valer»... no tiene nada que ver con el ego; se trata simplemente de protegerte ante un mundo criminal corrompido desde hace miles de años. Tienes derecho a protegerte, a que no te envenenen. Y no sentirás ninguna necesidad de un dios, de una religión, de un código moral, de una metodología, de hacer esfuerzos por alcanzar la iluminación.

LA ILUMINACIÓN

El simple hecho de ser natural supone más de lo que te imaginas. Salvo el hombre, la existencia entera está iluminada.

Nadie intenta conseguir otra cosa; todo el mundo está tranquilo, en paz con el universo.

El gran científico Julian Huxley sostiene una hipótesis que, aunque no hay forma de demostrarla, parece tener cierta trascendencia. Tras toda una vida de investigaciones llegó a la siguiente conclusión: «Parece que algo ha ido mal en el mecanismo mismo del hombre. Porque ningún árbol parece sentir angustia, ningún animal en libertad se suicida, ningún animal en libertad se vuelve homosexual». Pero en los zoológicos ocurre algo extraño. Cuando los animales viven en un zoológico, empiezan a adquirir características humanas, como la homosexualidad. Se ha descubierto que algunos se suicidan. Se vuelven pervertidos, empiezan a hacer cosas que no habían hecho sus antepasados, durante milenios. ¿Qué ocurre en el zoológico? Los animales pasan a formar parte de la sociedad humana, a imitar a los seres humanos. Se deforman, se vuelven antinaturales.

En mi opinión, la existencia entera es absolutamente sana, absolutamente serena, salvo el hombre. La idea de Julian Huxley posee cierto valor pragmático. Quizá no se pueda demostrar qué es lo que se ha torcido, porque el hombre es un mecanismo muy complejo, pero no cabe duda de que algo se ha torcido.

Desde mi punto de vista, lo que anda mal no es nada hereditario. Es algo que le ocurre a todo niño una y otra vez, porque todo niño nace en una sociedad que no está cuerda, y tiene que aprender el funcionamiento de las personas que están dementes. Cuando puede desarrollar cierta inteligencia, ya ha sido envenenado. Ya es demasiado tarde; se ha vuelto un imitador.

Los niños son inocentes. Vienen al mundo sin idea alguna de lo que va a ocurrir. Naturalmente, al verse rodeados de personas, empiezan a imitarlas. Es su forma de aprender, pero en el proceso de imitación y aprendizaje se produce el gran error que Julian Huxley considera genético. No es genético, sino cultural. Se debe a los adultos. El niño no tiene otra salida; tiene que aprender de personas que están enfermas. Y esos enfermos no aceptarán a nadie que no esté enfermo.

Cualquiera que esté sano, cualquiera que esté cuerdo, será odiado, envenenado, lapidado, porque la chusma tiene que elegir entre dos cosas: o el individuo tiene razón, y entonces la chusma y toda su historia están equivocadas, o si la chusma y su largo pasado, lo que se llama «el pasado de oro» tienen razón, hay que eliminar a esa persona, pues en otro caso planteará una pregunta constante.

Sócrates no fue envenenado sin razón. Sócrates era intolerable. Su presencia misma os molesta porque su altura, su inteligencia, su honradez, todo eso demuestra vuestra hipocresía. Naturalmente, la chusma no está dispuesta a aceptar el criterio de un solo hombre opuesto a la historia entera de la humanidad. Es mejor destruir a ese hombre, librarse de él. No para de fastidiar, diciéndote que no eres honrado, que vives en la mentira, que tus dioses son falsos, que tus esperanzas son simples consuelos, que estás intentando esconder tu desnudez.

Sabes muy bien que debajo de tu ropa eres una persona completamente distinta. Esas personas te lo recuerdan, y duele mucho que te recuerden tu falta de honradez para contigo mismo. Duele saber que tu amor no es amor sino celos, una forma atenuada de odio. Duele saber que tus dioses son falsos, una creación tuya, que tus sagradas escrituras son tan poco sagradas como cualquier libro. Lo más fácil es deshacerse de cualquier hombre como Sócrates y quedarte tranquilo en medio de tu desdicha, haciendo esfuerzos por alcanzar la iluminación.

Es una situación muy extraña. Siempre que alguien es natural y está iluminado, se le destruye y se intenta averiguar cómo alcanzar la iluminación.

Quizá tu búsqueda de la iluminación no sea sino una astuta estrategia para aplazar la iluminación. Aún más; incluso hablar de aplazamiento no es correcto.

Tienes la iluminación y estás intentando no tenerla. Todos tus esfuerzos por ser católico, protestante, por ser hindú o musulmán no son sino una estratagema para no reconocer tu iluminación.

LIMÍTATE A SER NATURAL PARA MANTENERTE EN SINTONÍA CON LA EXISTENCIA, para que puedas bailar en medio de la lluvia, para que puedas bailar al sol y bailar con los árboles, para que puedas comulgar incluso con las piedras, las montañas, las estrellas. Salvo esa, no existe otra iluminación.

Voy a definirlo: la iluminación consiste en estar en armonía con la existencia.

Estar en armonía con la naturaleza —la naturaleza misma de las cosas— es la iluminación. Ir en contra de la naturaleza solo conlleva desdicha, una desdicha que tú mismo creas. Nadie sino tú es responsable.[51]

¿Requiere la iluminación un momento especial, un lugar especial?

Todos los lugares son especiales, porque todos los lugares están desbordantes de Dios. Ningún lugar es normal y corriente. ¡Te puede llegar la iluminación incluso en el cuarto de baño! A la iluminación no le asusta un cuarto de baño. Puede ocurrir en cualquier parte. No hace falta que vayas a lugares sagrados, porque no hay ninguno. La existencia entera es sagrada. No hace falta que vayas a Varanasi, ni a Jerusalén ni a La Meca... Tonterías. Todos los sitios están llenos de Dios. Todo lugar es especial.

¿Y sobre qué momento especial preguntas? ¿Existe una razón, un clima especial para la iluminación?

En realidad, la iluminación no es algo que ocurra. Si ocurriese, quizá entonces, en cierto terreno, en cierto clima, en cierto lugar, en ciertos días resultaría más posible, pero la iluminación no es algo que ocurra.

La iluminación se limita a un reconocimiento, al reconocimiento de que siempre has estado iluminado, de que ni un solo momento has perdido esa iluminación; simplemente estabas dormido. Por eso te topas con extrañas experiencias *satori* de los maestros del zen.

Alguien que pasa por el mercado oye recitar el *sutra* del Diamante. Con un solo verso, le sobreviene la iluminación. ¿Cómo es posible? ¿Un solo verso del *sutra* del Diamante y ya te ha llegado la iluminación?

Sí, puede ocurrir, porque la iluminación es tu naturaleza, tu carácter mismo. No es algo que esté fuera. La flor ya está floreciendo, pero tú no la miras. Sigues mirando hacia otros lados, no hacia adentro.

Puede ocurrir... A veces sucede que el maestro pega al discípulo y de pronto —con el bastonazo del maestro en la cabeza algo se dispara— deja de pensar. De pronto lo reconoce, toma conciencia.

Cualquier cosa... Se cuenta que había un discípulo meditando en silencio, meditando durante meses enteros, años enteros. Un día llegó el maestro, con un ladrillo, y se puso a frotarlo contra una piedra ante el discípulo, que estaba sentado como un Buda. El discípulo había adquirido gran destreza en permanecer sentado durante horas, sin moverse, como una estatua. El maestro estaba frotando un ladrillo contra una piedra, y sin duda el discípulo se sintió muy molesto. Debió de darle dentera, con alguien frotando un ladrillo contra una piedra enfrente de él, y que encima fuera el maestro. Intentó controlarse, una y otra vez, y cuando no lo pudo soportar dijo:

—¡Ya vale! ¿Qué haces?

Y el maestro replicó:

—Estoy intentando hacer un espejo con este ladrillo. A base de frotar y frotar, un día será un espejo.

El discípulo dijo, riendo:

—Debes de haberte vuelto loco.

El maestro replicó:

—¿Y tú? Llevas años sin dejar de frotar el ladrillo de tu mente, ¿y crees que va a pasar algo?

De pronto se disiparon las nubes.

—¡Sí!

El discípulo lo reconoció y se postró a los pies del maestro.

Pero el maestro tiene que estar al tanto de los momentos en los que el sustrato de inconsciencia es muy leve.

La iluminación puede darse en cualquier lugar, en cualquier momento. Solo hay que dejar que se produzca. No se trata de tiempo ni de lugar; se trata de dejar que ocurra.

Ahora una parábola, una parábola zen moderna, que no encontraréis en los libros de zen:

La iluminación de un buscador...

Un joven muy serio se sentía confuso por los conflictos de mediados del siglo xx en Estados Unidos. Acudió a muchas personas en busca de una forma de resolver las discordias que lo atribulaban, pero siguió como estaba, atribulado.

Una noche, en un café, un sacerdote zen que se había autoordenado como tal le dijo:

—Ve a la mansión en ruinas a esta dirección que te he escrito. No hables con ninguno de los que viven allí. Debes guardar silencio hasta que salga la luna, mañana por la noche. Ve a la habitación grande que está a la derecha de la entrada, siéntate en la postura del loto sobre los escombros, en el rincón nororiental, de cara al rincón, y ponte a meditar.

El joven siguió las instrucciones del sacerdote zen. Mientras meditaba, no paraban de asaltarle las preocupaciones. Le preocupaba si lo que quedaba de las cañerías del segundo piso se desplomaría sobre el primero, donde estaba toda la basura sobre la que se había sentado. Le preocupaba cómo enterarse de cuándo saldría la luna a la noche siguiente. Le preocupaba qué dirían de él las personas que pasaban por la habitación.

Tanta meditación y preocupación se interrumpieron cuando le

llegó un efluvio del segundo piso, como para poner a prueba su fe. En aquel mismo momento entraron dos personas en la habitación. Una le preguntó a la otra quién era el hombre que estaba sentado allí. La segunda persona respondió: «Unos dicen que es un santo, y otros que es un gilipollas».

Al oírlo, aquel hombre recibió la iluminación.

SOLO SE TRATA DE ESTAR PRESENTE EN CUALQUIER SITUACIÓN. Al oír esto... no un *sutra* del Diamante, pero sin duda tuvo que oírlo, debía de estar muy atento. Es natural que cuando alguien habla de ti y dice: «Unos dicen que es un santo, y otros que es un gilipollas», dejes de pensar. Al oírlo, a aquel hombre le llegó la iluminación.

Puede ocurrir en cualquier momento, en cualquier lugar. Se puede acceder a la iluminación. No viene del exterior. Cuando desaparecen los pensamientos, sale de tu interior. Cuando los pensamientos dejan de reclamar tu atención y de repente guardas silencio, te mantienes atento, alerta, sale del centro mismo de tu ser. Surge como un perfume. Y desde el mismo momento en que ves que surge, es tuyo para siempre.[52]

En vista de que todo el mundo desea tanto la iluminación, ¿no será verdad que también tenemos todos mucho miedo? ¿Cuál es ese temor que nos impide relajarnos y ser nosotros mismos?

No existe un solo temor, sino muchos. En primer lugar, si deseas la iluminación, tienes que experimentar una muerte psicológica. Tienes que renacer como un ser espiritual nuevo, pero no sabes nada de espiritualidad. Lo único que conoces de ti mismo es tu mente, centrada en torno al ego.

Se trata de un fenómeno muy extraño, identificarse con algo que no eres, que has olvidado lo que eres, lo que has sido siempre, lo que siempre serás. No hay forma de ser otra cosa. Tu ser forma parte de lo existencial, pero existen múltiples estratos de condicionamientos... padres, profesores, sacerdotes, políticos... Entre tú, el tú real, y tú, el tú irreal, se interponen muchas personas.

Y como es natural, querías a tus padres y ellos te querían a ti. Te hayan hecho lo que te hayan hecho, fue algo completamente inconsciente, no algo intencionado. No querían que fueras hipócrita, pero te han hecho hipócrita. No dudo de sus buenas intenciones. Su intención era hacer de ti alguien estupendo, pero son tan inconscientes como tú. Sus padres les traspasaron su inconsciencia, como herencia, y lo mismo ocurre desde Adán y Eva. Cada generación carga a la siguiente generación de basura, estupideces y supersticiones.

Pero no te enfades con ellos. Habrás oído hablar de los «jóvenes airados». Los jóvenes airados son imbéciles. La ira no resuelve nada; lo complica todo, lo hace más difícil. Tus padres, tus profesores, tus vecinos no se merecen ira, sino compasión. No podían hacer otra cosa. Con todas sus buenas intenciones te han destruido, al igual que sus padres los destruyeron a ellos.

Y si no alcanzas la iluminación destruirás a tus hijos. Les impondrás todo tipo de gilipolleces, y encima por su bien.

Te han dicho que eres cristiano, que eres hindú, que eres musulmán. Viniste al mundo como una tabla rasa; no había nada escrito en ti. Tus padres te grabaron el nombre de cristiano y te impusieron la idea del cristianismo, y utilizaron tu miedo y tu codicia como instrumentos. Te inculcaron el miedo al infierno, la codicia por el cielo. Y, naturalmente, no querían que siguieras los senderos del pecado, sino el regio camino de la virtud.

No albergaban nada malo en sus intenciones; nadie pone en tela de juicio sus intenciones. Lo que sí se pone en tela de juicio es que no fueran inconscientes, que las semillas que estaban sembrando fueran ponzoñosas. Ni las buenas intenciones ni los buenos deseos van a cambiar esas semillas. Y cuando arraigan en ti resulta más difícil librarse de ellas, porque te has identificado con el árbol de la ponzoña.

A un cristiano le resulta difícil renunciar al cristianismo. Se sentirá como si estuviera traicionando algo. Si renuncia al cristianismo, pensará que está traicionando a Jesucristo. No está traicionando a nadie, sino simplemente intentando salir de todos los repugnantes condicionamientos que le han impuesto un montón de personas.

Ese es el miedo. Tienes miedo de librarte de cualquier condicionamiento porque ese condicionamiento te otorga cierta personalidad, pero como no te das cuenta, no te preocupa. Tu personalidad ha ocupado el lugar de tu individualidad. Y tirar por la borda tu personalidad, que significa tu pasado, todo tu pasado... No tienes elección. No se trata de que haya partes malas y puedas prescindir de ellas y de que haya partes buenas que puedas conservar.

Los demás te imponen tu pasado entero, de modo que no importa si es bueno o malo. Lo importante, lo que tienes que recordar consiste en que no es un descubrimiento tuyo, sino que es todo prestado, de segunda mano, de tercera mano... incluso puede haber pasado por millones de manos. Está realmente sucio.

Tienes que librarte por completo de él.

Se abrirá un vacío y te sentirás perdido. Antes te conocías, sabías quién eras. Se abrirá un vacío cuando no sepas quién eres, pero es una experiencia maravillosa, porque habrás recuperado la inocencia. Habrás renacido; es un renacimiento. Y a partir de ahí puedes empezar a descubrir.

Es un territorio nuevo en el que nunca habías estado. Te habían mantenido dando vueltas y más vueltas en la circunferencia de tu existencia. Es una aventura, un gran reto. Y surge el miedo. Surge el miedo porque lo que crees que eres está sin duda en tus manos, pero la individualidad a la que yo me refiero no está en tus manos. No sabes qué vas a descubrir, ni siquiera si hay algo que descubrir.

Hay un proverbio muy parecido en muchas lenguas: «Más vale pájaro en mano que ciento volando». Y lo que yo te pido es que dejes el pájaro en mano por algo de lo que aún estás muy lejos. El miedo es algo natural. No hay que preocuparse; solo hay que comprenderlo.

Lo único que puedo hacer es ponerlo muy claro, que no hay por qué sentir miedo. Puedes librarte de todo lo que te han añadido después de nacer, y seguirás viviendo... no solo viviendo, sino viviendo muy bien. No tienes por qué esperar la muerte. Puedes darle la muerte a tu personalidad ahora mismo, y renacer.

En eso consiste la iluminación: muere la personalidad y empieza a crecer y a florecer la individualidad que estaba reprimida por la personalidad.

Pero tu pregunta da lugar a otra pregunta. Al escucharme, o al leer algo sobre la idea de la iluminación, empiezas a ansiarla. Ahí está el problema principal. Dices: «Deseo la iluminación». El deseo establece una barrera. ¿Quién es ese «yo» que desea la iluminación?

Ese «yo» es tu ego, que te impide la iluminación. Ese «yo» que intentaba convertirse en gran líder, en la persona más rica del mundo, en el presidente más poderoso —de Estados Unidos o de la antigua Unión Soviética—, a ese mismo «yo» se le ocurre otra idea, la de ser incluso más importante que todos los presidentes y todos los ricos del mundo: la iluminación. El ego dice: «¡Qué bien! Quiero la iluminación».

El ego no puede llegar a la iluminación, al igual que la oscuridad no puede transformarse en luz.

Al escucharme a mí, o sacar la idea de otra parte, hay que recordar una cosa: que no puedes desear la iluminación. Puedes tener la iluminación, pero no puedes desearla, no puedes quererla. No es un producto que puedas adquirir. No es un país que puedas invadir. No está ahí fuera, no es algo que puedas encontrar.

La iluminación es el nombre de una experiencia interior en la que participan dos cosas: la muerte de la personalidad y el renacimiento de la individualidad.

Quienes viven en los monasterios del mundo entero desean ser iluminados, despertarse, ser liberados... muchas palabras para una misma experiencia. Pero son estúpidos. En realidad, al desear la iluminación convierten la iluminación en un producto más del mercado.

La iluminación no es algo que se pueda desear.

Entonces, ¿qué hacer? Hay que comprender la propia personalidad, estrato a estrato. Olvídate de la iluminación; no tiene nada que ver contigo. Solo hay una cosa cierta: que no puedes recibir la iluminación. Empieza con lo que eres.

Vete pelando tu personalidad, capa a capa, como quien pela una cebolla. Tira esas capas. Encontrarás más capas, pero llegará el momento en que desaparecerá la cebolla y solo quedará el vacío entre tus manos. Ese momento es el momento de la iluminación. No puedes desearla, porque el deseo añade otra capa a la cebolla, una capa mucho más peligrosa que las demás.

Ser presidente de un país no es gran cosa; cualquier imbécil puede llegar a ese cargo. Aún más; hay montones de imbéciles en ese puesto en el mundo entero. ¿A quién si no le iba a interesar ser presidente o primer ministro de un país? Jamás he conocido a una persona sensata que quisiera llegar a presidente.

¿Os habéis fijado en un hecho realmente curioso, que en épocas pasadas varios reyes alcanzaron la iluminación? En la India, Ashoka, uno de los emperadores más importantes del mundo. De hecho, la India no ha vuelto a ser tan importante como en su época. Varias regiones de la India han sufrido diversas invasiones, y han pasado a ser países distintos. En la actualidad, la India es solamente una tercera parte de lo que era durante el imperio de Ashoka.

Ha habido otros emperadores que alcanzaron la iluminación, en China, en Japón, en Grecia. Un emperador no es un hombre que desea ser emperador. Al igual que otros nacen mendigos, él nace emperador. Se lo toma como algo natural, que no se transforma en una capa de codicia alrededor de su cebolla.

Pero no sabemos de ningún presidente, de ningún primer ministro que haya alcanzado la iluminación. Parece extraño, pero la razón es muy clara. No se nace presidente, sino que hay que luchar por ello; tienen que mentir y prometer, a sabiendas de que no pueden cumplir esas promesas. Tienen que ser diplomáticos; no pueden decir lo que quieren. Dicen muchas cosas que nunca van a hacer. El político tiene que ser muy astuto.

No se sabe de ningún político que haya alcanzado la iluminación, por la sencilla razón de que en un mundo democrático, en el que ha desaparecido la monarquía, ser jefe de Estado constituye uno de los mayores deseos del ego, pero el deseo de iluminación es el máximo deseo; no se puede desear nada más importante. Pides la dicha máxima, pides la máxima sabiduría existencial.

Que la iluminación no sea un deseo, porque entonces no la alcanzarás. Te propongo que te olvides de la iluminación. No tiene nada que ver contigo, jamás la verás; ocurre cuando no eres. Cuando has pelado la cebolla por completo, cuando se ha evaporado tu ego, ahí está. Pero no puedes decir: «Yo he alcanzado la iluminación». Ese «yo» ya no existe; existe la iluminación.

Es natural sentir miedo, porque tienes que deshacerte de toda tu personalidad, y ahora mismo es lo único que tienes. No sabes que hay algo detrás. Quieres ganar algo más, y yo te digo que pierdas todo lo que te conforma. Ese es el miedo. Si haces caso al miedo, no hay esperanza.

Pero ¿qué tienes en realidad? Angustia, ansiedad, aburrimiento, desesperación, fracaso... miles de complejos. En eso consiste tu tesoro. Fíjate en él. ¿Por qué tener miedo de abandonar ese tesoro, de librarte de la angustia, de deshacerte del aburrimiento?

Pero las cosas son realmente complicadas. ¿Por qué estás aburrido? ¿Y por qué no puedes librarte del aburrimiento? Debe de haber algún interés oculto. Te aburres con tu mujer o tu marido. Llega un momento en que todo esposo y toda esposa se hartan el uno del otro, se aburren, pero hay una complicación. No puedes despedirte sin más de tu cónyuge. Tenéis hijos, los dos los queréis, no queréis abandonarlos. Habrá una pelea ante los tribunales por esos niños, porque los dos no podéis quedaros con ellos.

Tenéis cierto prestigio en lo social. La gente os considera una pareja modélica porque siempre os ven cariñosos al uno con el otro. Cuando sales de casa para ir a la oficina le das un beso a tu mujer, cuando vuelves le das otro beso, como un ritual. Para ti no significa nada, para ella tampoco significa nada, y los dos lo sabéis. Y mientras besas a tu esposa te dices para tus adentros: «¡Al diablo con todo esto!».

Pero la gente no oye lo que dices para tus adentros. Solo ve. «Treinta años de matrimonio y siguen queriéndose. Es como si aún llevaran el cartel de "Recién casados" en la trasera del coche. Parece que su luna de miel no acaba nunca... ¡Treinta años de luna de miel!»

Es interminable. Fingís ante los demás; tenéis que mantener la idea de ser la mejor pareja a ojos de la gente. Son vuestras inversiones.

Quizá te hayas enriquecido al casarte con una mujer rica. Si la dejas volverás a ser pobre, y no quieres. Quizá tengas un buen trabajo porque tu mujer es guapa —vivimos en un mundo muy extraño—, o por las relaciones y las influencias de tu mujer. Podrías perder el trabajo si la dejaras.

De modo que, ¿cómo librarse del aburrimiento, cuando está relacionado con tantas inversiones?

Hace falta valor, mucho valor. Y me gustaría decirte que es mejor ser pobre pero sin aburrimiento, mucho mejor que emperador pero aburrido, porque el aburrimiento es pobreza espiritual. Y este nunca llega solo. Si te aburres surgirán la angustia, la desesperación, una continua tensión mental: ¿qué hacer? Tienes que seguir viviendo con una mujer o un hombre a quien te gustaría matar, y encima darle besos.

Librarse del aburrimiento significa dar un paso revolucionario, a cualquier precio. No puedes arrastrarte por la vida aburrido, porque entonces, ¿qué sentido tiene vivir? Y a tu alrededor verás a todo el mundo aburrido. Alguien puede estar aburrido de su trabajo. No quería ser médico, pero sus padres lo obligaron porque es un trabajo respetable, lucrativo. Te lucras, te respetan y encima dicen que realizas un gran servicio público, porque sirve a la humanidad. ¡Es fantástico!

Tus padres te obligaron a ser médico. Detestas ese trabajo, nunca te gustó; querías ser pintor, pero nadie te hizo caso. Te decían: «Estás loco. Si quieres ser pintor te morirás en la calle, pidiendo limosna. Déjate de tonterías. Cuando se es joven se tienen ideas muy románticas. Tranquilo, muchacho. También nosotros hemos sido jóvenes y también hemos soñado con grandes cosas, pero ahora sabemos que todas esas ideas románticas pasan. Si te dejamos que seas pintor, no nos lo perdonarás jamás. No podemos consentirlo».

Quieres ser músico, bailarín, escultor, pero nadie va a apoyarte. Querías ser bailarín y eres empresario; estás aburrido. En realidad, quieres colgarte de un árbol un día de estos y acabar con todo, pero tampoco puedes porque tienes tanto que hacer... Tienes que presentar la declaración de la renta, y Hacienda anda detrás de ti... No te queda tiempo para ahorcarte.

Tienes muchas cosas por acabar. En primer lugar tienes que acabarlo todo y después podrás ahorcarte, pero las cosas siempre seguirán inacabadas. Y la idea de ahorcarte te proporciona cierta tranquilidad, cierto placer, al pensar que, sea cual sea la situación, siempre queda una salida, que siempre puedes ahorcarte. Así que, ¿para qué darse prisa? ¿Y quién sabe? A lo mejor mañana cambian las cosas, a lo mejor encuentras a la mujer de tu vida.

No existe la mujer de tu vida, ni el hombre de tu vida; nadie los ha encontrado, jamás. Pero sí existe la fantasía de encontrarlos... Cuando se enamoran, todas las parejas piensan que están hechos el uno para el otro, que han encontrado a la persona con la que siempre habían soñado. Es la persona en la que siempre habían pensado, que siempre habían deseado, pero cuando acaba la luna de miel sabes que estás atrapado con una persona que no te conviene, que no estáis hechos el uno para el otro.

Sin embargo, sigues fantaseando: «¿A lo mejor con otra mujer...?», porque en el mundo hay tantas mujeres, tantos hombres... Esta vez te has equivocado, pero quizá la siguiente...

UN AMIGO MÍO SE CASÓ TRES VECES. En la India resulta difícil divorciarse. Echó a perder casi toda su vida por culpa de las mujeres. Aunque las leyes no son fáciles, logró divorciarse, porque en la India se consigue casi todo. Lo único que se necesita es dinero, y él tenía dinero. Se puede sobornar a todo el mundo. Se trata de una tradición nacional, y no precisamente nueva. Es muy antigua.

Si los indios sobornan a Dios, ¿cómo va a importarles sobornar a un funcionario o a un juez? Cuando un indio va al templo y le dice a su dios: «Si me toca la lotería, te haré una ofrenda de cinco rupias de dulces» o «Daré un banquete para once brahmanes», ¿qué hace? El premio de la lotería asciende a un millón de rupias, y con cinco rupias quiere sacar un millón. Los indios llevan siglos enteros sobornando a Dios; es algo que han heredado. Nadie se siente culpable por ello.

Puedes sobornar a cualquiera; ni tú te sentirás culpable ni el sobornado se sentirá culpable, porque está trabajando para ti. Es casi como el pago por el trabajo. Y el trabajo que hace cuesta mucho más que el soborno que le das. Se puede hacer cualquier cosa. Puedes cometer un asesinato y el tribunal te dejará libre, como a una persona respetable. Lo único que se necesita es dinero.

De modo que mi amigo siguió pensando que mañana podía ser diferente. Cambió de esposa en tres ocasiones, y siempre me decía:

—Esta vez no voy a enamorarme de una mujer como la que voy a abandonar. ¡Menuda bruja!

Y yo replicaba:

—Siempre te enamorarás de una auténtica bruja.

Un día me dijo:

—Qué cosa más rara. Fíjate, resulta que siempre tienes razón. La segunda mujer era tan bruja como la primera, y la tercera tan bruja como las demás. ¿Cómo puedes predecirlo?

Le contesté:

—Yo no lo predigo, no soy astrólogo. Sencillamente, te conozco. Sé qué clase de mujer te atrae. ¿Por qué te enamoraste de la primera? ¿Has analizado qué cualidades de esa mujer te atrajeron, te has parado a pensarlo? ¿Y quién te va a encontrar a esa otra mujer? Tú, y nadie más que tú, y te volverás a sentir atraído por lo mismo. No has cambiado, ni ha cambiado lo que te atrae. Nunca te has preocupado de darte cuenta que tú eres el responsable de haber elegido a esa mujer. Por eso has adquirido el mismo producto tres veces, una vez, y otra y otra. No es cuestión de divorcio, ni cuestión de cambiar de mujer. De lo que se trata es de que cambies tu mente.

Pero la gente siempre intenta echarle la culpa a los demás. Estás angustiado porque tus hijos se están haciendo hippies. Tu hija fuma marihuana, tu hijo hace todo lo que a ti te parece mal: pelo largo, barba, drogas, ha dejado la universidad... Estás angustiado. ¿Qué va a pasar? Le echas la culpa de tu angustia a tu hija, a tu hijo, a tu mujer... Cualquiera te sirve.

¿Crees que si tu hijo fuera por el buen camino, si tu hija no se hubiera quedado embarazada antes de casarse, si no tomaran drogas... crees que no te sentirías angustiado? Conozco a muchas personas cuyas hijas hacen cuanto les dicen, cuyos hijos estudian lo que quieren los padres, y sin embargo están angustiados por otra cosa. Siempre encuentran algo por lo que preocuparse.

Si tienes hijos, te preocupas por tus hijos. Si no los tienes, te preocupas porque Dios no te los ha dado. Parece un verdadero zoológico, este mundo nuestro.

Deshacerte de las capas del ego significa que estás dispuesto a suicidarte psicológicamente. Voy a llamarlo *sannyas*, para que quede mejor, porque si lo llamo suicidio te asustará aún más.

Has venido aquí para alcanzar la iluminación, no para suicidarte, pero lo cierto es que a menos que te suicides no habrá iluminación. La gente quiere la iluminación, pero no quiere renunciar a nada, no quiere perder nada.

Quieres la iluminación tal y como eres. Pues bien; es imposible. Tendrás que cortar con muchas cosas que se han hecho casi idénticas a ti. Y eso es lo que yo hago continuamente: machacarte, golpearte, escandalizarte. Y seguiré haciendo todo lo posible para escandalizarte, para herirte, porque quiero que seas consciente de que es tu ego el que se siente herido, el que recibe la herida.

No sigas tu temor instintivo, porque eso te hará cobarde, degradará tu humanidad. Es una humillación que tú mismo te impones. Siempre que percibas algún temor, lucha contra él. Es un criterio muy sencillo: siempre que percibas un temor, lucha contra él y crecerás, te expandirás, te aproximarás al momento en que el ego desaparece, porque solo funciona con el miedo. Y cuando desaparece el ego se produce la iluminación; no es una suma.

La iluminación no es algo que se añada a ti. La iluminación es algo que forma una unidad completa contigo mismo. Es un fenómeno de resta, porque tú ya no existes. No te ocurre a ti; ocurre cuando dejas de poner obstáculos, cuando ya no eres. Por eso llamo a la iluminación suicidio psicológico.[53]

14
La normalidad

Ser un Buda, recibir la iluminación,
es un fenómeno de lo más normal.

SER UN BUDA, recibir la iluminación, es un fenómeno de lo más normal. Cuando digo «normal» me refiero a que así debe ser. Si parece algo extraordinario es por ti, porque pones muchos obstáculos... y te encanta ponerlos.

Primero pones los obstáculos y después intentas superarlos. Y te sientes eufórico. En primer lugar, no existe ningún obstáculo, pero el ego no se sentirá a gusto; hay que crear un largo camino hasta el punto que estaba más próximo, el más íntimo. Y nunca habías pasado de largo.

De modo que no busques nada misterioso. Limítate a ser sencillo e inocente, y entonces la existencia entera se abrirá ante ti. No te volverás loco. Sonreirás ante lo absurdo de lo que tenías tan cerca pero no podías alcanzar, donde no había ninguna barrera. En cierto sentido, estaba dentro de ti. Resulta milagroso que no lo encontraras.

Si el vacío es real, todo lo que está allí, la realidad entera se abrirá ante ti. No es que ahora esté cerrada; está abierta. Eres tú quien está cerrado, y tu mente ocupada.

Cuando tu mente esté vacía, desocupada, te abrirás a esa realidad, y se producirá un encuentro. Entonces todo será hermoso, absolutamente normal.

Por eso se dice que quien lo ha conocido se vuelve completamente normal. Se hace uno con la realidad. Ir en pos de lo especial es como funciona el ego, y el funcionamiento del ego crea distancias entre lo real y tú.

Quédate vacío y todo te ocurrirá, pero no esperes nada especial. El nirvana no es nada especial. Cuando digo esto, ¿qué le ocurre a tu mente? Cuando digo que el nirvana no es nada especial, ¿qué sientes? ¿Cómo te sientes? Un poco decepcionado. Seguramente se te planteará la pregunta: entonces, ¿para qué luchar? ¿Para qué esforzarse? ¿Para qué meditar? ¿Para qué estas técnicas?

Fíjate en esa mente: esa mente es el problema. La mente desea algo especial, y debido a ese deseo no para de crear cosas especiales. En realidad no hay nada especial: o toda la realidad es especial o nada lo es.

Debido a ese deseo, la mente ha creado cielos, el paraíso, y no se conforma con uno solo; crea muchos. Los cristianos tienen un cielo, los hindúes siete... Como hay tantas personas buenas tiene que existir una jerarquía. Las mejores, ¿adónde irán? Es algo interminable. En la época de Buda había una secta que creía en setecientos cielos. Hay que poner los egos en su lugar, y el más elevado debe ir al cielo más elevado.

Eso es lo que hacemos todos. Tenemos una concepción de algo especial al final, y debido a ese algo «especial» seguimos avanzando, pero hay que recordar que precisamente a causa de ese algo «especial» no nos movemos hacia ninguna parte, solo con los deseos. Y un movimiento impulsado por el deseo no significa progreso, porque es un movimiento circular.

Si puedes seguir meditando —sabiendo que no va a ocurrir nada especial, que solo llegarás a reconciliarte con la realidad normal y corriente, que estarás en armonía con esta realidad normal y corriente—, si puedes meditar con esa mentalidad, la iluminación es posible en este mismo momento.

Pero con esa mentalidad no te apetecerá meditar. Dirás: «Mejor dejarlo si no va a pasar nada especial». Muchas personas vienen a verme y me dicen: «Llevo tres meses meditando y todavía no ha ocurrido nada». Un deseo... y ese deseo constituye la barrera. Puede producirse en un instante si desaparece el deseo.

De modo que no hay que desear lo misterioso. No desees nada. Quédate tranquilo, con la realidad tal y como es.

Sé normal... Ser normal y corriente es maravilloso, porque no existen la tensión ni la angustia. Ser normal y corriente es misterioso, precisamente porque es tan sencillo.

Para mí, la meditación es un juego, un entretenimiento, no un trabajo, pero para vosotros sigue siendo un trabajo, seguís considerándolo un trabajo. Convendría comprender la diferencia entre trabajo y juego.

El trabajo está orientado hacia un fin, algo que no es suficiente en sí mismo. Tiene que llevar a alguna parte, desembocar en algo. Es un puente, un medio, sin ningún significado en sí mismo. El significado está oculto en el objetivo.

Jugar es algo completamente distinto. No tiene ningún objetivo o, si acaso, constituye un objetivo en sí mismo. La felicidad no queda fuera de ese juego, no está detrás de ese juego; estar en él equivale a ser feliz. Fuera de él no tendrás felicidad, no existe significado alguno más allá del juego, porque todo en él es intrínseco, interno. Juegas sin motivo alguno, simplemente porque lo disfrutas en el momento, sin ningún objetivo.

Por eso solo los niños pueden jugar realmente; cuanto más crecemos, menos capaces somos de jugar. Porque cada vez te propones más objetivos, más porqués, más «por qué voy a jugar»; tienes que conseguir algo, porque si no, no tiene sentido. El valor intrínseco no significa nada para ti. Solo los niños saben jugar, porque no piensan en el futuro. Saben vivir sin noción del tiempo, eternamente.

El trabajo es tiempo; el juego es eterno.

La meditación debe ser como el juego, sin un objetivo concreto. No debes meditar para conseguir algo, porque entonces no tiene sentido. No puedes meditar si andas buscando algo en la meditación. Solo puedes meditar si juegas, si disfrutas, si no buscas nada en la meditación, porque es maravillosa en sí misma.

La meditación porque sí... Entonces es eterna, y no surge el ego.

Sin deseos no puedes proyectarte al futuro; sin deseos no puedes tener expectativas, y sin deseos nunca te sentirás decepcionado.

Sin deseos desaparece el tiempo... te trasladas de un momento de eternidad a otro momento de eternidad. No se da una sucesión... Y jamás preguntarás por qué no ocurre nada especial.

He de reconocer que aún no he llegado a desentrañar el misterio. El misterio se esconde en el juego mismo; el misterio consiste en no tener deseos, en no contar el tiempo. Y ser normal es el «objetivo», si se me permite utilizar este término. El objetivo consiste en ser normal.

Si puedes ser normal y corriente te liberarás, y para ti dejará de existir el *sansara*, el mundo. Este mundo no es sino la lucha por ser algo extraordinario. Algunos lo intentan en la política, otros en la economía, otros en la religión, pero el deseo es siempre el mismo.[54]

¿Qué es la inocencia? ¿Ser inocente te exige llevar una vida sencilla?

La inocencia es un estado de conciencia sin pensamiento, otro nombre de la no-mente, la esencia misma del estado del Buda. Es cuando entras en sintonía con la ley suprema de las cosas, cuando dejas de luchar y empiezas a fluir con ella.

La mente lucha con toda su astucia, porque el ego brota gracias a la lucha, y la mente, con su astucia, solo puede existir en torno al ego. Tienen que estar juntos; son inseparables. Si desaparece el ego, también desaparece la mente y lo que queda es la inocencia. Si luchas con la vida, si vas contra la corriente, si no eres natural, espontáneo, si vives del pasado y no en el presente, no eres inocente.

Vivir del pasado significa llevar una vida irresponsable: es la vida de la reacción. No comprendes la situación; te limitas a repetir las viejas soluciones... y cada día, a cada momento, se te plantean problemas nuevos. La vida cambia sin cesar y la mente permanece estática. En eso consiste el problema: en que la mente sigue siendo un mecanismo estático y la vida un flujo continuo. De ahí que no pueda darse una comunión entre la vida y la mente.

Si sigues identificándote con la mente seguirás medio muerto. No participarás del júbilo que desborda la existencia. No asistirás a esa fiesta que no cesa: el canto de los pájaros, la danza de los árboles, el fluir de los ríos. Y tendrías que formar parte de esa totalidad.

Quieres ser diferente, quieres demostrar que vas a llegar más alto que los demás, que eres superior a los demás, y recurres a la astucia. Solamente mediante la astucia puedes demostrar tu superioridad. Es un sueño, es algo falso, porque en la existencia no hay nadie superior a nadie ni nadie inferior a nadie. La brizna de hierba y la gran estrella son iguales. La existencia es comunista, no existe la jerarquía; pero el hombre quiere ser superior a todo lo demás, quiere conquistar la naturaleza, y por eso tiene que luchar continuamente. Todos los problemas surgen de esa lucha.

La persona inocente es la que ha renunciado a esa lucha, a la que ya no le interesa ser superior, a la que no le interesa interpretar un papel, demostrar que es especial, que se ha transformado en una rosa o en una gota de rocío sobre una hoja de loto, que ha pasado a formar parte de esta infinidad, que se ha fundido, fusionado y hecho una con el océano y es simplemente una ola, que no conoce la idea del «yo».

La desaparición del «yo» es la inocencia.

Por consiguiente, la inocencia no te exige que lleves una vida sencilla; la inocencia no puede exigirte nada. Todas las exigencias son producto de la astucia. Todas las exigencias están fundamentalmente destinadas a luchar, a ser alguien.

La inocencia vive sencillamente, sin ninguna idea de cómo vivir.

En cuanto entra en juego el «cómo» empiezas a complicarte. La inocencia es una respuesta sencilla al presente. Las ideas conforman el pasado acumulado: cómo vivió Buda —vive así y serás budista—, cómo vivió Jesucristo —y serás cristiano—, pero así te estarás imponiendo algo a ti mismo.

Dios jamás crea a dos personas iguales; cada individuo es único. De modo que si te impones la figura de Jesús serás un impostor. Todos los cristianos están abocados a ser impostores, como todos los hindúes, todos los jainistas y todos los budistas, porque intentan ser alguien que no pueden ser.

No puedes ser Buda Gautama. Puedes llegar a ser un Buda, pero no el Buda Gautama. «Buda» significa despierto —y a eso tienes un derecho inalienable—, pero Gautama es un ser individual. Puedes ser un Cristo, pero no Jesucristo; Jesús es un ser individual. Cristo es otro nombre que se le puede dar al estado del Buda, a la «budeidad», el estado máximo de conciencia. Sí, es posible, tienes ese potencial, puedes florecer hasta alcanzar la «conciencia de Cristo», pero nunca llegarás a ser Jesús, porque es imposible, y más vale que lo sea. Pero así han vivido siempre las personas religiosas, intentando seguir a alguien, imitando. Un imitador no puede ser sencillo, porque tiene que ajustar continuamente la vida a sus ideas.

Una persona verdaderamente inocente sigue la vida, se limita a fluir con la vida; no tiene ningún objetivo como tal. Si tienes un objetivo no puedes ser inocente. Tendrás que ser listo, astuto, manipulador; tendrás que planear las cosas, guiarte por ciertos mapas. ¿Cómo puedes ser inocente, con tanta porquería como te han puesto los demás a las espaldas? No serás sino una fotocopia de Jesús, de Buda o de Mahavira, pero no el original.

Bodhidharma lo dice una y otra vez: «Encuentra tu rostro original». Y la única forma de encontrar tu rostro original es renunciar a las imitaciones. ¿Quién va a decidir los requisitos? Nadie puede decidirlo, y cualquier decisión supondrá una molestia, porque es posible que la vida no resulte como tú lo esperas. En realidad, las cosas nunca salen tal y como las esperas. La vida es un cambio continuo, para el que no puedes prepararte. A la vida no le hacen falta ensayos.

Hay que ser espontáneo, y en eso consiste la inocencia. Pues bien: si eres espontáneo no puedes ser ni cristiano, ni hindú ni budista, sino simplemente un ser humano.

La sencillez no es un requisito, sino una consecuencia de la inocencia, algo parecido a tu sombra. No hay que intentar ser sencillo; si intentas ser sencillo, el intento mismo destruye la sencillez. No se puede ejercitar la sencillez, porque esa sencillez sería superficial;

la sencillez ha de seguirte como una sombra. No tienes que preocuparte por ella, no tienes que mirar constantemente por detrás del hombro para comprobar que te está siguiendo. Esa sombra no tiene más remedio que seguirte.

Alcanza la inocencia, y la sencillez te llegará como un regalo de Dios.

Y la inocencia significa la transformación a la no-mente, al no-ego, abandonar toda idea de objetivos, logros, ambiciones y vivir lo que sucede en el momento.

Por eso no te digo que seas célibe. Sí, puede ocurrir que se dé el celibato, pero no es cuestión de practicarlo, sino de algo que sencillamente te ocurrirá. No cabe duda de que antes de ser un Buda se es célibe, pero no es un requisito. Recuérdalo, y que no se te olvide: no es un requisito que tengas que cumplir para convertirte en Buda.

No; simplemente con ser cada día más consciente de tu mente, a medida que la mente empieza a desaparecer, se distancia más de ti y empiezas a comprender que eres algo distinto, que no eres la mente, descubrirás cuántas cosas ocurren con la desaparición de la mente.

Empezarás a vivir el momento, porque es la mente la que acumula el pasado, y no puedes depender de ella. Tus ojos estarán limpios, no cubiertos por el polvo del pasado. Te librarás del pasado muerto.

Y quien está libre del pasado muerto está libre para la vida, para vivir, auténtica, sincera, apasionada, intensamente. Puede encenderse con la vida y con la celebración de la vida, pero la mente no para de distorsionar, de entrometerse, de decirte: «Haz esto, haz lo otro». Es como un maestro de escuela.

Quien medita se libra de la mente, y en cuanto deja de dominarte el pasado, el futuro sencillamente desaparece, porque el futuro no es sino una proyección del pasado. En el pasado has experimentado ciertos placeres que te gustaría repetir una y otra vez: esa es tu proyección para el futuro. En el pasado has padecido muchas desdichas; ahora las proyectas al futuro porque no quieres volver a vivirlas. El futuro no es sino una forma modificada del pasado.

Cuando desaparece el pasado, también desaparece el futuro. ¿Qué queda entonces? Este momento... ahora.

Vivir aquí y ahora es la inocencia. No puedes cumplir los mandamientos religiosos si quieres ser verdaderamente inocente. Quien tiene que pensar constantemente en qué hacer y qué no hacer, quien se preocupa constantemente por lo que está bien y lo que está mal no puede vivir con inocencia. Incluso si siempre hace lo que está bien según sus condicionamientos, no estará bien. Si simplemente sigue a otros, ¿cómo puede estar bien? Quizá estuviera bien para ellos, pero lo que estaba bien para una persona hace dos mil años no puede ser lo mismo para ti en la actualidad. ¡Ha llovido mucho! La vida no es nunca la misma, ni siquiera durante dos segundos seguidos.

Tiene razón Heráclito: «No puedes adentrarte dos veces en el mismo río». Y yo digo: «No puedes adentrarte ni siquiera una vez en el mismo río», porque el río fluye muy deprisa.

Una persona inocente no vive según ciertos requisitos impuestos por la sociedad, la Iglesia, el Estado, los padres, la educación. La persona inocente vive de su propio ser, su propia responsabilidad. Responde a la situación que se le plantea. Acepta el reto, se enfrenta a él, y hace lo que desea hacer su ser en ese momento, sin guiarse por ciertos principios.

La persona inocente no tiene principios, ni ideología. La persona inocente carece por completo de principios. La persona inocente carece por completo de carácter, porque tener carácter significa tener pasado, tener carácter significa estar dominado por otros, significa que la mente sigue siendo la dictadora y tú un simple esclavo.

No tener carácter, ni principios, y vivir el momento... Al igual que el espejo refleja cuanto se pone ante él, tu conciencia refleja y tú actúas movido por ese reflejo. Eso es la conciencia, ese es el estado de meditación, ese es el *samadhi*, la inocencia, la santidad, la «budeidad».

De modo que no existen requisitos para la inocencia, ni siquiera el requisito de llevar una vida sencilla. Puedes llevar una vida sencilla, imponerte una vida sencilla, pero no será sencilla. Y puedes vivir en un palacio, rodeado de lujos, pero si vives en el momento llevarás una vida sencilla. Puedes llevar una vida de mendigo pero no serás sencillo si te has impuesto el esfuerzo de ser mendigo. Si ha pasado a ser tu carácter no eres sencillo. Sí, de vez en cuando incluso un rey lleva una vida sencilla —no sencilla en el sentido de que no tenga el palacio y muchos bienes, claro que no—, sino que no es un acaparador, un posesivo.

Hay que comprender lo siguiente: que aunque no tengas bienes puedes ser posesivo. Puede existir el sentido de la posesión sin poseer nada, y también puede ocurrir lo contrario, no ser posesivo aun poseyendo muchas cosas. Se puede vivir en un palacio y sentirse completamente libre de él.

Voy a contar una historia zen:

HABÍA UN REY A QUIEN LE IMPRESIONABA la vida sencilla e inocente que llevaba un monje budista. Poco a poco fue aceptándolo como maestro. Lo observó —era un hombre muy calculador— e hizo averiguaciones sobre su carácter. «¿Hay alguna laguna en su vida?» Cuando quedó convencido lógicamente —sus espías le contaron que en la vida de aquel hombre no había mancha alguna, que era absolutamente puro, sencillo, un gran santo, un Buda— fue a ver al monje, se postró a sus pies y dijo:

—Señor, quiero que vengáis a vivir a mi palacio. ¿Por qué vivir aquí?

Aunque lo estaba invitando, en el fondo esperaba que aquel hombre rechazara la oferta, que le dijera: «No, gracias. Soy un hombre sencillo. ¿Cómo voy a vivir en un palacio?». Hay que ver, la complejidad de la mente humana: el rey lo invita, con la esperanza de que si el santo acepta la invitación él no cabrá en sí de gozo y, sin embargo, con un trasfondo, porque si realmente era santo, el monje lo rechazaría. Diría: «No, yo soy un hombre sencillo. Viviré debajo del árbol; así es mi vida sencilla. He abandonado el mundo, he renunciado al mundo, y no puedo volver a él».

Pero el santo era realmente santo; debía de ser un Buda. Dijo:
—De acuerdo. ¿Dónde está el carruaje? Traed vuestro carruaje e iré al palacio. Por supuesto, cuando se va al palacio, hay que ir con elegancia. ¡Traed el carruaje!

El rey se quedó atónito. Este hombre parece un farsante, un estafador. Finge tanta sencillez para pillarme, pensó. Pero era demasiado tarde; lo había invitado y no podía desdecirse. Como era hombre de palabra, un samurai, un guerrero, un gran rey, dijo para sus adentros: «De acuerdo. Me ha pillado. Este hombre no vale nada. Ni siquiera lo ha rechazado una sola vez. Tendría que haberlo rechazado».

Tuvo que llevar el carruaje, pero no estaba contento, no estaba alegre, mientras que el santo estaba contentísimo. El santo se sentó en el carruaje como un rey, y el rey también se sentó, muy triste, con una expresión un poco absurda. Y la gente que los miraba por la calle decía: «¿Qué pasa? ¡El faquir desnudo...!». El monje iba sentado en el carruaje como un auténtico emperador, y el rey parecía muy pobre en comparación con aquel hombre, que iba tan contento, saltando de alegría. Y cuanto más alegre se ponía él, más triste se sentía el rey. «¿Cómo voy a deshacerme de este hombre? Me he dejado atrapar en sus redes. Tantos espías... y no han visto que este hombre tiene un plan trazado.» Como si hubiera estado debajo de ese árbol durante años para impresionar al rey. Todas estas ideas se le venían a la cabeza al monarca.

El rey había preparado la mejor habitación para el santo, por si acaso iba al palacio, pero nunca creyó que fuera. Tal es la división de la mente humana: haces una cosa, pero esperas otra. Si el santo hubiera sido astuto habría rechazado la oferta, habría dicho que no.

El rey había preparado la mejor habitación. El santo llegó a esa habitación —llevaba años bajo el árbol— y dijo:
—Que me traigan esto, que me traigan lo otro. Si hay que vivir en el palacio, hay que vivir como un rey.

El rey se sentía cada día más desconcertado. Naturalmente, como había invitado al santo, le llevaron cuanto pedía, pero al rey le apesadumbraba cada día más, porque el santo vivía como un rey; aún más, mejor que el propio rey, porque el rey tenía preocupaciones y el santo no tenía ninguna. Dormía de noche, de día. Disfrutaba del jardín, de la piscina, y no hacía más que descansar. Y el rey pensaba: «Este hombre es un parásito».

Llegó un día en que ya no lo pudo soportar más. El santo había salido a dar un paseo por el jardín, y el rey también salió y le dijo:

—Quiero decirte una cosa.

El santo replicó:

—Sí, ya lo sé. Querías decírmelo incluso antes de que abandonara mi árbol. Querías decírmelo cuando acepté tu invitación. ¿Por qué has esperado tanto? Estás pasándolo mal sin necesidad. Veo que estás triste. Ya no vienes a verme, ya no me planteas las grandes preguntas metafísicas y religiosas que me hacías antes, cuando vivía debajo del árbol. Lo sé... Pero ¿por qué has tardado seis meses? Eso no lo entiendo. Deberías haberlo preguntado inmediatamente, y todo se habría solucionado en el momento, allí mismo. Sé lo que quieres preguntar, pero pregúntalo.

El rey dijo:

—Solo quiero preguntarte una cosa. A ver, ¿cuál es la diferencia entre tú y yo? Estás viviendo con más lujos que yo, y yo tengo trabajo y tengo preocupaciones y muchas responsabilidades, pero tú no tienes ni que trabajar ni que preocuparte de nada ni responsabilizarte de nada. ¡Tengo envidia! Y claro que he dejado de venir a verte, porque no creo que exista ninguna diferencia entre tú y yo. Yo poseo muchas cosas, pero tú vives con esas cosas que yo poseo, con más. Todos los días dices: «¡Traed el carruaje de oro! Quiero dar un paseo por el campo. ¡Traed esto, traed lo otro!». Te traen una comida deliciosa... Y ahora ya no vas desnudo, llevas la mejor ropa. Entonces, ¿cuál es la diferencia entre tú y yo?

El santo se echó a reír y contestó:

—A esa pregunta solo puedo contestar si te vienes conmigo. Vamos a salir de la capital.

El rey lo siguió. Cruzaron el río y siguieron. El rey no paraba de preguntar.

—¿Para qué ir más lejos? ¿Por qué no me contestas ahora mismo?

El santo contestó:

—Espera un poco. Estoy buscando el sitio adecuado para contestarte.

Llegaron a las fronteras mismas del reino, y el rey dijo:

—Ya ha llegado el momento. Estamos en la frontera.

El santo replicó:

—Eso es lo que estaba buscando. Yo no voy a volver. ¿Tú vas a venir conmigo o vas a volver?

El rey dijo:

—¿Cómo voy a ir contigo? Tengo mi reino, mis bienes, mis esposas, mis hijos... ¿Cómo voy a ir contigo?

Y el santo replicó:

—¿Comprendes ahora la diferencia? Yo me voy y no miraré hacia atrás, ni una sola vez. He estado en el palacio, y he vivido con todas las cosas que te pertenecían, pero yo no era posesivo. Tú sí eres posesivo. Ahí está la diferencia. Me voy.

Se desvistió y se quedó desnudo, le dio la ropa al rey y le dijo:

—Toma tu ropa y vuelve a ser feliz.

Entonces el rey comprendió que había hecho el tonto, que aquel hombre era una auténtica joya, algo inusual. Se postró a sus pies y dijo:

—No te vayas. Vuelve. No te había comprendido. Acabo de ver la diferencia. Sí, esa es la verdadera santidad.

El santo dijo:

—Puedo volver, pero has de recordar que otra vez te pondrás triste. Para mí no existe diferencia entre ir hacia este lado o hacia el otro, pero tú volverás a ponerte triste. Déjame que te haga feliz. No voy a volver. Me voy.

Cuanto más se empeñaba el santo en marcharse, más se empeñaba el rey en que volviera, pero el santo dijo:

—Ya está bien. Me he dado cuenta de que eres imbécil. Podría volver, pero en cuanto dijera que vuelvo, vería en tus ojos lo que pensabas antes: «A lo mejor me vuelve a engañar. A lo mejor es un gesto vacío, lo de devolverme la ropa y decir que se marcha, para impresionarme». Si vuelvo te sentirás fatal otra vez, y no quiero que te sientas mal.

HAY QUE RECORDAR LA DIFERENCIA. La diferencia no se establece con las posesiones, sino con el sentido de la posesión. Una persona sencilla no es quien no posee nada, sino quien no tiene sentido de la posesión, quien nunca mira hacia atrás.

La sencillez no es algo que pueda ponerse en práctica; la sencillez solo puede ser la consecuencia de la inocencia.

Si se reprime algo —y en eso consiste cultivarlo—, empezará a aparecer por otra parte, de una forma distinta. Así te harás más complejo, así te harás más astuto y calculador, más disciplinado, más con un carácter que la gente respetará y honrará.

Si quieres disfrutar de tu ego, la mejor manera consiste en ser santo, pero si realmente deseas festejar la existencia, la mejor manera consiste en ser normal, completamente normal y corriente, y vivir la vida normal sin pretensiones.

Vive el momento: eso es la inocencia, y con la inocencia basta. No intentes ser sencillo. Lo han intentado millones de personas, y no se han vuelto sencillas. Por el contrario, se han hecho sumamente complejas, se han enmarañado en su propia jungla, en sus propias ideas.

Sal de la mente: eso es la inocencia. Sé una no-mente: eso es la inocencia. Y todo lo demás vendrá a continuación. Y cuando todo lo demás viene a continuación, tiene una belleza propia. Al cultivarlo, es plástico, sintético, no natural. Cuando llega sin haberse cultivado, es una bendición, es la gracia.[55]

¿Cuáles son las cualidades de una persona madura?

Las cualidades de una persona madura son muy extrañas. En primer lugar, no es una persona; deja de ser una persona. Tiene una presencia, pero no es una persona. En segundo lugar, es más bien un niño, sencillo e inocente.

Por eso digo que las cualidades de una persona madura son muy extrañas, porque la madurez le da la sensación de haber experimentado, de haber envejecido. Físicamente puede ser viejo, pero espiritualmente es un niño inocente. Su madurez no consiste solo en la experiencia que ha adquirido en el transcurso de la vida. Entonces no será un niño, ni será una presencia; será una persona experimentada, que sabe mucho, pero no madura.

La madurez no tiene nada que ver con las experiencias de la vida. Tiene que ver con el viaje hacia adentro, con las experiencias del interior.

Cuanto más se adentra alguien en sí mismo, más maduro es. Cuando llega al centro mismo de su ser es completamente maduro. Pero en ese momento desaparece la persona y solo permanece la presencia... Desaparece el ser uno mismo; solo permanece el silencio. Desaparece el conocimiento; solo permanece la inocencia.

Para mí, la madurez es otro nombre que se le da a las cosas cuando se hacen realidad, cuando tu potencial se hace realidad. La semilla ha realizado un largo viaje y ha dado fruto.

La madurez tiene un perfume, da una tremenda belleza al individuo. Da inteligencia, la inteligencia más aguda posible. Lo convierte en amor, nada más que amor. Su actividad es amor, y también su inactividad es amor. Su vida es amor, y también su muerte. No es sino una flor de amor.

En Occidente hay definiciones de la madurez muy infantiles. En Occidente se entiende por madurez dejar de ser inocente, haber vivido muchas experiencias, que no te dejes engañar fácilmente, que sepas evitar que se aprovechen de ti, que tengas en tu interior algo sólido como una roca... una protección, una seguridad.

Esta definición es vulgar, mundana. Sí, en el mundo encontrarás personas con este tipo de madurez, pero mi forma de ver la madurez es completamente distinta, diametralmente opuesta a esta definición. La madurez no te transformará en roca, sino que te hará vulnerable, blando, sencillo.[56]

15

La libertad

El hombre es el único ser sobre la faz de la tierra que tiene libertad.

El HOMBRE es el único ser sobre la faz de la tierra que tiene libertad. Un perro nace perro, vive como perro y muere como perro; no tiene libertad. Una rosa seguirá siendo una rosa; no existe posibilidad de transformación, no puede convertirse en loto. En esos casos no hay elección, no hay libertad. Ahí está la diferencia del hombre, en eso consiste la dignidad del hombre, su carácter especial, único, en la existencia.

Por eso digo que Charles Darwin no tiene razón, porque clasifica al hombre con los demás animales, sin ni siquiera tener en cuenta la diferencia fundamental. La diferencia fundamental radica en lo siguiente: todos los animales nacen con un programa, y solamente el hombre nace sin un programa. El hombre nace como una tabla rasa, como una pizarra en blanco, en la que no hay nada escrito. Hay que escribir lo que quieras escribir, porque será tu creación.

El hombre no es solamente libre... Quisiera insistir en que el hombre es la libertad misma. Es su núcleo esencial, su alma. Cuando se le niega la libertad al hombre se le está negando su mayor tesoro, su reino. Entonces se convierte en un mendigo, con una situación mucho peor que la de los demás animales, porque al menos ellos están dotados de un programa. El hombre está sencillamente perdido.

En cuanto se comprende que el hombre nace como la libertad misma, se abren todas las dimensiones posibles. Entonces depende de cada cual qué ser o qué no ser. Será tu propia creación. Entonces la vida se convierte en una aventura... no en un desarrollo, sino en una aventura, una exploración, un descubrimiento.

La verdad no te la dan; tienes que crearla tú. En cierto modo, te estás creando a ti mismo en cada momento. Si aceptas la teoría del destino, también eso supone un acto de decisión sobre tu vida. Al aceptar el fatalismo eliges la vida del esclavo... ¡y la eliges tú! Tú has decidido entrar en una prisión, tú has decidido vivir encadenado, tú y solamente tú. Y puedes salir de esa prisión.

En eso consisten *sannyas*, en aceptar tu libertad. Naturalmente, a la gente le da miedo ser libre, porque la libertad supone riesgos. Nunca sabemos qué hacemos, adónde vamos, en qué va a acabar todo. Si no eres un producto confeccionado, toda la responsabilidad es tuya.

No puedes descargar la responsabilidad sobre otros. En última instancia te enfrentarás a la existencia con plena responsabilidad, la tuya, seas quien seas, seas lo que seas. No puedes rehuirla, no puedes eludirla. Ese es el miedo, y por ese miedo se han elegido diversas actitudes deterministas.

Y es curioso que las personas religiosas y las irreligiosas solo coincidan en un punto: que la libertad no existe. No coinciden en todo lo demás, pero su coincidencia en un punto resulta curiosa. Los comunistas dicen que son ateos, irreligiosos, pero también que el hombre está condicionado por la situación económica, política y social. El hombre no es libre; la conciencia del hombre está condicionada por fuerzas externas. Pues es la misma lógica. Se puede llamar a la fuerza externa estructura económica; Hegel la llamaba Historia —recuerda, con «H» mayúscula—, y las personas religiosas la llaman Dios, también con «D» mayúscula. Dios, la historia, la economía, la política, la sociedad... todas son fuerzas externas, pero todas coinciden en una cosa: que no somos libres.

Y aquí es donde difiere una persona verdaderamente religiosa.

Yo te digo que eres absolutamente libre, libre sin condiciones.

No evites la responsabilidad; con evitarla no conseguirás nada. Cuanto antes la aceptes, mejor, porque podrás empezar a crearte a ti mismo inmediatamente. Y en el momento en que empiezas a crearte a ti mismo surge una gran alegría, y cuando has terminado de crearte, como tú querías, se produce una inmensa satisfacción, como cuando un pintor acaba un cuadro le da el último toque, y su corazón se inunda de alegría. El trabajo bien hecho proporciona una gran paz, se tiene la sensación de haber participado de Dios.

La única oración consiste en ser creativo, porque solo mediante la creatividad se participa de Dios; no hay otra forma de participar. No hay que pensar en Dios, sino participar de alguna manera. No puedes limitarte a observar; tienes que participar, y solo entonces probarás el misterio.

Crear un cuadro no es nada, crear un poema no es nada, crear música no es nada en comparación con crearte a ti mismo, con crear tu conciencia, tu ser.

Pero la gente tiene miedo, y hay razones para ese miedo. La primera, el riesgo, porque tú eres el único responsable. La segunda, que la libertad se puede utilizar mal, porque tú puedes elegir ser lo que no debes ser.

La libertad significa elegir entre lo que está bien y lo que está mal. Si solo eres libre para elegir lo que está bien, eso no es libertad.

Sería como cuando Ford fabricó sus primeros automóviles, todos ellos negros. Llevaba a los clientes al salón de exposiciones y les decía: «Pueden elegir el color que quieran siempre y cuando sea el negro».

¿Qué clase de libertad sería esa, siempre y cuando se respeten los Diez Mandamientos, siempre y cuando se ajuste al *Gita* o al Corán, siempre y cuando se ajuste a las enseñanzas de Buda, Mahavira, Zaratustra...? Eso no es libertad.

La libertad significa fundamental, intrínsecamente, ser capaz de ambas cosas, de elegir entre lo que está bien y lo que está mal.

Y el peligro consiste —de ahí el temor— en que lo que está mal siempre resulta más fácil. Lo que está mal es una cuesta abajo y lo que está bien una cuesta arriba. Subir la cuesta resulta difícil, arduo, y cuanto más asciendes, más ardua resulta la tarea. Pero ir cuesta abajo es muy fácil; no hay que hacer nada, porque la fuerza de gravedad lo hace por ti. Puedes rodar como una piedra desde la cima y llegarás al valle; no tienes que hacer nada.

Pero si quieres elevarte en la conciencia, si quieres elevarte en el mundo de la belleza, la verdad, la dicha, ansías las cimas más elevadas que se puedan alcanzar, y eso presenta grandes dificultades.

En segundo lugar, cuanto más te eleves, mayor será el peligro de caer, porque el sendero se estrecha y te rodean por todas partes valles oscuros. Basta un mal paso y caerás al abismo, desaparecerás. Es más cómodo, más agradable caminar por tierra llana, no preocuparse por las alturas.

La libertad te ofrece la oportunidad de caer por debajo del nivel de los animales o de elevarte por encima de los ángeles. La libertad es una escalera: por un lado de la escalera se llega al infierno, y la otra roza el cielo. Es la misma escalera; eres tú quien toma la decisión, qué dirección tomar.

Desde mi punto de vista, si no eres libre no puedes hacer mal uso de tu libertad; no se puede hacer mal uso de la falta de libertad. El prisionero no puede abusar de su situación, porque está encadenado, no es libre para hacer nada. Y esa es la situación de todos los animales, salvo el hombre. Los animales no son libres. Nacen para ser cierta clase de animal y cumplirán su destino. En realidad, la naturaleza lo hará por ellos; no se les exige que hagan nada. La vida no les presenta ningún desafío.

Solamente el hombre tiene que enfrentarse al desafío, al gran desafío, y muy pocas personas han decidido arriesgarse, subir a la cima, descubrir las cumbres supremas. Solo unos cuantos —un Buda, un Jesucristo—, muy pocos... Se pueden contar con los dedos de una mano.

¿Por qué no ha decidido la humanidad entera alcanzar el estado de dicha de Buda, el estado de amor de Jesucristo, el estado de alegría de Krisna? ¿Por qué? Por la sencilla razón de que resulta peligroso incluso aspirar a semejantes alturas; es mejor no pensar en ello. Y la mejor manera de no pensar en ello consiste en aceptar que la libertad no existe... que estás determinado, que se te da un guión antes de que nazcas y tienes que ajustarte a él.

Y solo se puede hacer mal uso de la libertad, no de la esclavitud.

Por eso se ve tanto caos en el mundo actualmente. Nunca había existido tal caos, por la sencilla razón de que el hombre nunca había sido tan libre. En Estados Unidos disfrutan de la mayor libertad que se ha conocido jamás en el mundo entero, en toda la historia. Siempre que hay libertad estalla el caos, pero el caos merece la pena porque únicamente de ese caos pueden nacer las estrellas.

Yo no quiero imponer ninguna disciplina, porque toda disciplina es una sutil esclavitud. No dicto mandamientos, porque cualesquiera mandamientos que te den desde fuera te esclavizarán, te encarcelarán.

Yo solo enseño a ser libre, y después dejo que tú elijas lo que quieres hacer con la libertad. Si quieres caer por debajo del nivel de los animales, será decisión tuya, y tienes todo el derecho de hacerlo, porque es tu vida. Si decides eso, es tu prerrogativa, pero si comprendes la libertad y su valor no empezarás a caer, no quedarás por debajo de los animales, sino que empezarás a elevarte por encima de los ángeles.

El hombre no es una entidad, sino un puente... un puente entre dos eternidades: el animal y el Dios, lo inconsciente y lo consciente. Desarrolla la conciencia, desarrolla la libertad, da todos los pasos por decisión propia: créate a ti mismo y asume toda la responsabilidad.[57]

La mente normal y corriente siempre descarga la responsabilidad sobre otros

La mente normal y corriente siempre descarga la responsabilidad sobre otros. Es siempre el otro quien te hace sufrir. Tu esposa te hace sufrir, tu marido te hace sufrir, tus padres te hacen sufrir, tus hijos te hacen sufrir, o si no, el sistema económico de la sociedad, el capitalismo, el comunismo, el fascismo, la ideología política dominante, la estructura social, el destino, el *karma*, Dios... Cualquier cosa.

La gente se inventa miles de maneras de evitar las responsabilidades, pero en el momento que dices que alguien —Fulanito o

Menganito— te hace sufrir no puedes hacer nada para cambiarlo. ¿Qué vas a hacer? Cuando cambie la sociedad, cuando llegue el comunismo y exista un mundo sin clases, todo el mundo será feliz, pero hasta entonces es imposible. ¿Cómo ser feliz en una sociedad pobre? ¿Cómo ser feliz en una sociedad dominada por los capitalistas? ¿Cómo ser feliz en una sociedad burocrática? ¿Cómo ser feliz en una sociedad que no te da libertad?

Excusas y más excusas... excusas para eludir una sola idea: «Soy responsable de mí mismo. Nadie es responsable por mí. Es únicamente mi propia responsabilidad. Sea lo que sea, yo soy mi propia creación».

Eso significa el *sutra* de Atisha: «Échale toda la culpa a alguien». Ese alguien eres tú.

En cuanto se asienta esta idea: «Yo soy responsable de mi vida —de todos mis sufrimientos, mi dolor, de todo lo que me ha ocurrido y me ocurre—, yo lo he elegido; estas son las semillas que sembré y ahora estoy cosechando; yo soy el responsable», en cuanto comprendes de forma natural esta idea, todo lo demás resulta sencillo.

La vida empieza entonces a tomar un giro distinto, empieza a avanzar hacia una nueva dimensión, la dimensión de la conversión, la revolución, la mutación... porque en cuanto sé que yo soy el responsable, también sé que puedo abandonarlo en el momento que lo desee.

¿Puede alguien impedirte que te despidas de tus desdichas, que transformes tu desdicha en felicidad? Nadie puede hacerlo. Incluso si estás en la cárcel, encadenado, nadie puede encarcelarte; tu mente sigue libre. Por supuesto que te encuentras en una situación muy limitada, pero incluso en esa situación tan limitada puedes cantar una canción. Puedes llorar de impotencia o cantar una canción. Incluso con cadenas en los pies puedes bailar; incluso el ruido de las cadenas será melodioso.

El siguiente *sutra* dice: «Sé agradecido con todos». Atisha es de lo más científico. Primero dice que toda la responsabilidad debe recaer sobre ti mismo y a continuación dice que seas agradecido con todo el mundo. Ahora que nadie salvo tú es responsable de tus desdichas, si la desdicha es culpa tuya, ¿qué pasa?

«Sé agradecido con todos.»

Pues que todo el mundo está creando un espacio para que te transformes, incluso quienes piensan que te están obstaculizando, incluso aquellos a quienes consideras enemigos. Tus amigos, tus enemigos, la gente buena y la gente mala, las circunstancias favorables y las desfavorables, todo contribuye a crear el contexto en el que puedas transformarte y llegar a ser un Buda.

Sé agradecido con todos, con quienes han ayudado, con quienes han puesto dificultades, con quienes han mostrado indiferencia. Sé agradecido con todos, porque todos juntos están creando el contexto en el que nacen los budas, en el que tú puedes ser un Buda.[58]

¿Qué es la ausencia de deseo? ¿Consiste en no tener ningún deseo o en ser completamente libre para tenerlo o no tenerlo?

Si estás completamente libre de deseo estarás muerto, dejarás de vivir. Eso nos han enseñado: no tengas deseos. ¿Qué puedes hacer? Puedes ir eliminando los deseos, y cuantos más elimines, más se empobrecerá tu vida. Si destruyes todos los deseos, te habrás suicidado, suicidado espiritualmente.

No; el deseo es la energía de la vida, el deseo es vida. ¿A qué me refiero entonces cuando digo: «Líbrate del deseo»?

A lo que me refiero es a lo segundo, a ser libre, completamente libre, para tener o no tener deseos.

El deseo no debería convertirse en una obsesión: ese es el significado. Deberías ser capaz de... Por ejemplo, ves una casa preciosa, de otra persona, recién construida, y se te despierta el deseo de tener una casa como esa. Pues bien; ¿eres o no eres libre de sentir ese deseo? Si eres libre, yo diría que careces de deseos. Si dices: «No soy libre. Este deseo me obsesiona. Incluso si quiero librarme de él, no puedo librarme. Veo esa casa en sueños, pienso en ella. Me da miedo ir a esa calle, porque esa casa me da envidia, me altera». Si dices: «No soy capaz de tener ni de no tener ese deseo», no estás sano, los deseos te dominan y tú eres una víctima. Sufrirás mucho porque hay millones de cosas a tu alrededor, y si se apoderan de ti tantos deseos acabarás destrozado.

Así es como ocurre: alguien llega a primer ministro y tú quieres ser primer ministro; alguien se hace muy rico, y tú quieres ser muy rico; alguien llega a ser un escritor famoso, y tú quieres ser un escritor famoso. Y de repente otra persona llega a esto o lo otro, y el de más allá a esto o a lo otro... Montones de personas que hacen montones de cosas. Y desde cada rincón se te abalanza un deseo que se apodera de ti, y no eres capaz de decir ni sí ni no... Puedes volverte loco.

Así se ha vuelto loca la humanidad entera. Todos esos deseos te llevan de acá para allá, y te fragmentas, porque muchos deseos han tomado posesión de tu ser.

Y esos deseos también son contradictorios. Por lo tanto, no solo se trata de que tú te fragmentas, sino de que te conviertes en una pura contradicción. Una parte de ti quiere hacerse muy rico; otra parte quiere ser poeta... Algo muy complicado. Es complicado ser rico y poeta. Un poeta no puede ser tan cruel; le resultará muy difícil hacerse rico.

El dinero no es poesía; el dinero es sangre, explotación. Un poeta digno de tal nombre no puede explotar, y un poeta digno de tal nombre tiene cierta visión de la belleza. No puede ser tan feo como para privar de belleza a tantas personas solo por su deseo de acumular dinero.

Resulta que quieres ser político y también quieres meditar, ser meditador. Imposible. Los políticos no pueden ser religiosos. Pueden fingir serlo, pero no pueden. ¿Cómo va a ser religioso un político? La religión significa carecer de ambición y la política no es sino pura ambición.

La religión significa: soy feliz tal y como soy.

La política significa: solo seré feliz cuando llegue a lo más alto... No soy feliz tal y como soy. Tengo que correr, que apresurarme, y destruir si es necesario. Por las buenas o por las malas, pero tengo que llegar a lo más alto. Tengo que demostrar mi valía.

Naturalmente, un político tiene complejo de inferioridad. La persona religiosa no tiene ningún complejo, ni de inferioridad ni de superioridad. Los políticos fingen ser religiosos porque da buenos resultados en la política.

Ser religioso significa no ser ambicioso, no tener ambiciones de estar en otra parte, de ser otro... Solamente ser y estar aquí y ahora.

Pero si tienes esas dos ideas, querer ser político y también meditador, te verás en dificultades, te volverás loco. Si eres honrado, te volverás loco; si no eres honrado, no te volverás loco, sino hipócrita. Eso son los políticos.

Y no estoy diciendo que todos los que están en la religión no sean políticos: de cien personas, noventa y nueve también son políticos, pero con una política diferente, la política religiosa. Tienen su propia jerarquía, y el sacerdote quiere llegar a Papa... Eso también es política. O el pecador quiere llegar a santo... También es política, también es complejo de inferioridad. En cuanto empiezas a meterte en la santidad, en lo religioso, te rodeará ese ego que dice «soy más santo que tú». Según tú, todos son condenables, todos están condenados y solo tú te vas a salvar. Así puedes sentir lástima de todo el mundo, de esos pobrecillos que van a ir al infierno. También eso es política.

Un persona verdaderamente religiosa no conoce el ego. Ni siquiera es humilde —esto hay que recordarlo—; carece de ego hasta tal punto que ni siquiera es humilde. La humildad es también un fingimiento del ego; la persona humilde también intenta ser humilde y demostrar: «Soy humilde», o en el fondo puede albergar ideas como «Soy el más humilde en el mundo entero». Cómo no: ¡el ego!

Muchos deseos se apoderarán de ti y muchos serán contradictorios, y entonces te sentirás dividido, perderás tu integridad, dejarás de ser un individuo.

Me preguntas: «¿Qué es la ausencia de deseo?».

Pues bien, son dos cosas distintas. Conoces la ausencia de deseo, y entonces tienes que cortar tu vida por completo, entonces tienes que cortarlo todo. Entonces te conviertes en un monje jainista, como una concha vacía descontento de todo, de ti mismo, sin creatividad, sin ganas de festejar la vida, sin flores. O bien conoces el deseo, y entonces te destrozas. Los dos estados son terribles.

Lo que hay que hacer es librarse completamente del deseo, de tal modo que puedas elegir, que siempre puedas elegir, entre tener o no tener. Entonces serás realmente libre.

Y entonces tendrás creatividad, ganas de festejar la vida, la alegría de los deseos, y el silencio, la paz y la tranquilidad de la ausencia de deseos.[59]

¿Cómo puedo distinguir entre un amor propio iluminado y la egolatría?

La diferencia es sutil pero muy clara, nada difícil; sutil, pero no difícil. Si eres ególatra, sufrirás mucho. El sufrimiento indicará que estás enfermo.

La egolatría es una enfermedad, un cáncer del alma. La egolatría te pondrá cada día más tenso, más nervioso, no dejará que te relajes. Te llevará a la locura.

El amor propio es justo lo contrario de la egolatría. En el amor a uno mismo no hay «uno mismo», solo amor. En la egolatría no hay amor, solo «uno mismo».

Al amarte a ti mismo empezarás a sentirte más relajado. Una persona que se ama a sí misma se siente completamente relajada. Amar a otro puede crear cierta tensión, porque el otro no siempre tiene que sintonizar contigo. El otro puede tener sus propias ideas. El otro es un mundo diferente, y existen muchas posibilidades de que se produzca un choque. Existen todas las posibilidades de que se produzca la tormenta porque el otro es un mundo distinto. Siempre se da una sutil lucha entre ambos.

Pero cuando te amas a ti mismo, no hay nadie más. No hay conflicto... Es silencio puro, una maravilla. Estás a solas; nadie te molesta. No necesitas para nada al otro.

Y para mí, una persona que es capaz de tan profundo amor hacia sí misma es capaz de amar a otros. Si no puedes amarte a ti mismo, ¿cómo vas a amar a otros? En primer lugar tiene que suceder de cerca, en tu interior, y después extenderse a los demás.

Las personas quieren amar a los demás, sin darse cuenta de que ni siquiera se aman a sí mismas. ¿Cómo pueden amar a otros? No puedes compartir lo que no tienes. Solamente puedes dar a los demás lo que ya tienes.

Por consiguiente, el primer paso, el fundamental, para llegar al amor consiste en amarse a sí mismo, pero en eso no existe «mismidad». Voy a explicarlo.

El «yo» surge como contraste frente al «tú». El «yo» y el «tú» existen juntos. El «yo» puede existir en dos dimensiones. Una de las dimensiones es «yo-ello»: tu casa, tú, tu coche, tú, tu dinero... «yo-ello». Cuando se da este «yo», este «yo» del «yo-ello», ese «yo» es casi como una cosa. No es conciencia; es como estar dormido, roncando a pierna suelta. Tu conciencia no está ahí. Eres como las cosas, una cosa más entre las cosas: una parte de tu casa, de tus muebles, de tu dinero.

¿Te has fijado? El que anda en pos del dinero poco a poco empieza a adquirir las características del dinero. Se convierte simplemente en dinero. Pierde la espiritualidad, deja de ser espíritu. Queda reducido a cosa. Si te gusta el dinero, acabarás siendo como el dinero. Si te gusta tu casa, poco a poco te harás materialista. Siempre te transformarás en lo que amas, en lo que te gusta. El amor es alquimia.

No ames lo que no debes, porque te transformará. Nada tiene tanta capacidad de transformación como el amor. Ama lo que puede elevarte, lo que puede llevarte hasta las cimas más elevadas. Ama algo que esté más allá de ti. En eso consiste la religión, en ofrecerte un objeto de amor como Dios de modo que no exista la posibilidad de la caída. Hay que elevarse.

Existe una clase de «yo» como el «yo-ello», y otra clase de «yo», el «yo-tú». Cuando amas a una persona, surge otro tipo de «yo» en ti: el «yo-tú». Amas a una persona, te haces persona.

Pero ¿qué pasa al amarse a uno mismo?... No existe ni el «ello» ni el «tú». Desaparece el «yo» porque el «yo» solamente puede existir en dos contextos: «ello» y «tú». El «yo» es la forma, el «ello» y el «tú» funcionan como el marco. Cuando desaparece el marco, desaparece el «yo». Cuando te dejan solo, eres, pero no tienes un «yo», no sientes un «yo». Simplemente eres una profunda «presencia».

Solemos decir: «Yo soy». En ese estado, cuando estás profundamente enamorado de ti mismo, desaparece el «yo». Solo queda una «presencia», la pura existencia, el ser. Te llena de una profunda dicha. Será una gran fiesta, un gozo. No habrá ningún problema para distinguir entre las dos cosas.

Si te sientes cada día más desdichado, has iniciado el viaje hacia la egolatría.

Si te sientes cada día más tranquilo, más silencioso, más feliz, más centrado, has iniciado otro viaje, el viaje hacia el amor a ti mismo. Si inicias el viaje del ego empezarás a ser destructivo con los demás, porque el ego intenta destruir el «tú». Si tomas el camino del amor propio desaparecerá el ego.

Y cuando desaparece el ego dejas que el otro sea sí mismo, le das absoluta libertad.

Si no tienes ego no puedes crear una prisión para el otro, para el que amas; no puedes enjaularlo. Permites que el otro vuele como un águila por las alturas. Permites que el otro, que la otra, sean tal como son; les das absoluta libertad.

El amor da absoluta libertad, el amor es libertad... libertad para ti y libertad para quien amas.

El ego es esclavitud... esclavitud para ti y para tu víctima. Pero el ego puede jugarte muy malas pasadas. Es muy astuto, y sus formas de actuar muy sutiles, porque puede fingir que es amor a sí mismo.

Voy a contar una anécdota...

UN DÍA, AL *MULÁ* NASRUDÍN SE LE ILUMINÓ EL ROSTRO al reconocer al hombre que bajaba las escaleras del metro delante de él. Le dio tales palmadas en la espalda que el hombre estuvo a punto de caerse, mientras el *mulá* gritaba:

—¡Golberg, estás desconocido! ¡Pero si has engordado lo menos quince quilos desde la última vez que te vi! ¡Y encima te has operado de la nariz, y para mí que has crecido medio metro!

El hombre lo miró muy enfadado y replicó, en tono glacial:

—Usted perdone, pero no me llamo Goldberg.

—¡Vaya, vaya! —dijo el *mulá* Nasrudín—. ¡O sea, que hasta te has cambiado el nombre!

EL EGO ES MUY ASTUTO Y SIEMPRE SE JUSTIFICA Y RACIONALIZA. Si no estás bien alerta, puede esconderse tras el amor a uno mismo. La misma expresión «uno mismo» puede servirle de protección. Puede decirte: «Soy tú, tú mismo». Puede cambiar de peso, puede cambiar de estatura, de nombre. Y como es simplemente una idea, no hay problema: puede hacerse pequeño o grande, porque solo es una fantasía tuya.

Debes tener mucho cuidado. Si realmente quieres crecer en el amor, has de tener mucho cuidado. Hay que dar cada paso plenamente alerta, para que el ego no encuentre ningún escondrijo en el que refugiarse.

Tu verdadero ser no es ni «yo» ni «tú», ni tú ni el otro. Es algo trascendental.

Lo que llamas «yo» no es tu ser real. Ese «yo» se impone a la realidad. Cuando te diriges a alguien como «tú», no te diriges al ser real del otro, sino que le pones una etiqueta. Cuando se quitan todas las etiquetas, queda el ser real, y el ser real es tan tuyo como de los demás. El ser real es uno.

Por eso decimos que participamos del ser de los demás, que somos miembros unos de otros. Nuestra realidad real es Dios. Podemos ser como icebergs flotando en el mar —parecen separados—, pero una vez que nos fundamos, no quedará nada.

Desaparecerá la definición, desaparecerá la limitación, y con ellas el iceberg. Pasará a formar parte del océano.

El ego es un iceberg. Fúndelo, disuélvelo en las profundidades del amor, para que desaparezca y pases a formar parte del océano.

Me han contado una cosa...

EL JUEZ PARECÍA MUY SERIO. DIJO:

—*Mulá*, tu esposa dice que la golpeaste en la cabeza con un bate de béisbol y la tiraste escaleras abajo. ¿Qué tienes que alegar?

El *mulá* Nasrudín se frotó la nariz con la mano, meditando. Por último respondió:

—Señoría, supongo que esta historia tiene tres aspectos: el de mi esposa, el mío y la verdad. —Y tenía toda la razón—. Ha oído dos aspectos de la verdad, pero hay tres —añadió.

Y tenía toda la razón.

Están tu historia, la mía y la verdad: yo, tú y la verdad.

La verdad no es ni tú ni yo. Tú y yo son imposiciones sobre la inmensidad de la verdad.

«Yo» es falso, «tú» es falso... utilitario, útil en el mundo. Resultaría difícil manejarse en el mundo sin el «yo» y el «tú». Pues bien; utilicémoslos, pero sabiendo que son solo recursos del mundo. En realidad no existen ni el «tú» ni el «yo». Existe algo, alguien, una energía sin limitaciones, sin límites. De ella venimos y en ella volvemos a desaparecer.[60]

Notas

1. *From Death to Deathlessness* [De la muerte a la inmortalidad] (capítulo 6)
2. *From Bondage to Freedom* [De la esclavitud a la libertad] (capítulo 33)
3. *From the False to the Truth* [De la falsedad a la verdad] (capítulo 18)
4. *The Book of Wisdom* [El libro de la sabiduría] (capítulo 16)
5. *The Book of Wisdom* [El libro de la sabiduría] (capítulo 16)
6. *This Very Body the Buddha* [Este cuerpo, este Buda] (capítulo 6)
7. *Ectasy: The Forgotten Language* [El éxtasis, ese lenguaje olvidado] (capítulo 4)
8. *The Transmission of the Lamp* [La transmisión de la lámpara] (capítulo 26)
9. *The Heart Sutra* [El sutra del corazón] (capítulo 6)
10. *The Goose is Out* [El ganso está fuera] (capítulo 5)
11. *The Revolution* [La revolución] (capítulo 2)
12. *The Sun Rises in the Evening* [El sol sale por la tarde] (capítulo 10)
13. *The Fish in the Sea is not Thirsty* [El pez no tiene sed en el mar] (capítulo 3)
14. *The Dhammapada: The Way of the Buddha* [El Dhammpada. El camino del Buda] (vol. 1, capítulo 4)
15. *I Say unto You* [A ti te lo digo] (vol. 2, capítulo 4)
16. *Bodhidharma: The Geatest Zen Master* [Bodhidharma, el mayor maestro zen] (capítulo 2)
17. *Beyond Psychology* [Más allá de la psicología] (capítulo 25)
18. *Socrates Poisoned Again After Twenty-Five Centuries* [Sócrates envenenado de nuevo tras veinticinco siglos] (capítulo 28)
19. *The Razor's Edge* [El filo de la navaja] (capítulo 25)
20. *Beyond Psychology* [Más allá de la psicología] (capítulo 39)
21. *That Art Thou* [Ese eres tú] (capítulo 3)
22. *Beyond Psychology* [Más allá de la psicología] (capítulo 19)
23. *Beyond Psychology* [Más allá de la psicología] (capítulo 19)
24. *Om Mani Padme Hum* (capítulo 24)

25. *The Razor's Edge* [El filo de la navaja] (capítulo 29)
26. *The Razor's Edge* [El filo de la navaja] (capítulo 6)
27. *Philosophia Perennis* (vol. 2, capítulo 4)
28. *The Path of the Mystic* [El sendero del místico] (capítulo 42)
29. *From Misery to Enlightenment* [Del sufrimiento a la iluminación] (capítulo 7)
30. *From Misery to Enlightenment* [Del sufrimiento a la iluminación] (capítulo 7)
31. *Beyond Psychology* [Más allá de la psicología] (capítulo 26)
32. *The Last Testament* [El Último Testamento] (vol. 1, capítulo 3)
33. *The Invitation* [La invitación] (capítulo 10)
34. *The Fish in the Sea is not Thirsty* [El pez no tiene sed en el mar] (capítulo 13)
35. *The Wild Geese and the Water* [Los gansos silvestres y el agua] (capítulo 4)
36. *Yoga: The Science of the Soul* [El yoga, ciencia del alma] (vol. 9, capítulo 6)
37. *The Secret of Secrets* [El secreto de los secretos] (vol. 1, capítulo 12)
38. *The Secret* [El secreto] (capítulo 20)
39. *The Supreme Doctrine* [La doctrina suprema] (capítulo 13)
40. *The Perfect Way* [El camino perfecto] (capítulo 8)
41. *The Invitation* [La invitación] (capítulo 7)
42. *Om Mani Padme Hum* (capítulo 2)
43. *The Dhammapada: The Way of the Buddha* [El Dhammapada. El sendero del Buda] (vol. 2, capítulo 8)
44. *Guida Spirituale* (capítulo 2)
45. *Come Follow to You* [Ven, síguete] (vol. 4, capítulo 6)
46. *The Secret* [El secreto] (capítulo 2)
47. *The Secret* [El secreto] (capítulo 18)
48. *The Dhammapada: The Way of the Buddha* [El Dhammapada. El sendero del Buda] (vol. 12, capítulo 10)
49. *My Way: The Way of the White Clouds* [Mi camino, el camino de las nubes blancas] (capítulo 8)
50. *Dang Dang Doko Dang* (capítulo 10)
51. *Om Mani Padme Hum* (capítulo 11)
52. *The Wisdom of the Sands* [La sabiduría de las arenas] (vol. 2, capítulo 2)
53. *From the False to the Truth* [De lo falso a la verdad] (capítulo 26)
54. *The Book of Secrets* [El libro de los secretos] (VBT, vol. 2, capítulo 26)
55. *The White Lotus* [El loto blanco] (capítulo 6)
56. *Beyond Psychology* [Más allá de la psicología] (capítulo 37)

57. *Philosophia Ultima* (capítulo 2)
58. *The Book of Wisdom* [El libro de la sabiduría] (capítulo 5)
59. *Walk Without Feet, Fly Without Wings and Think Without Mind* [Camina sin pies, vuela sin alas y piensa sin mente] (capítulo 3)
60. *The Beloved* [El amado] (vol. 2, capítulo 10)

Acerca del autor

Resulta difícil clasificar las enseñanzas de Osho, que abarcan desde la búsqueda individual hasta los asuntos sociales y políticos más urgentes de la sociedad actual. Sus libros no han sido escritos, sino transcritos a partir de las charlas improvisadas que ha dado en público en el transcurso de treinta y cinco años. El londinense *The Sunday Times* ha descrito a Osho como uno de los «mil creadores del siglo XX», y el escritor estadounidense Tom Robbins como «el hombre más peligroso desde Jesucristo».

Acerca de su trabajo, Osho ha dicho que está ayudando a crear las condiciones para el nacimiento de un nuevo tipo de ser humano. A menudo ha caracterizado a este ser humano como Zorba el Buda: capaz de disfrutar de los placeres terrenales, como Zorba el griego, y de la silenciosa serenidad de Gautama Buda. En todos los aspectos de la obra de Osho, como un hilo conductor, aparece una visión que conjuga la intemporal sabiduría oriental y el potencial, la tecnología y la ciencia occidentales.

Osho también es conocido por su revolucionaria contribución a la ciencia de la transformación interna, con un enfoque de la meditación que reconoce el ritmo acelerado de la vida contemporánea. Sus singulares «meditaciones activas» están destinadas a liberar el estrés acumulado en el cuerpo y la mente, y facilitar así el estado de la meditación, relajado y libre de pensamientos.

Osho® Meditation Resort

EL Meditation Resort fue creado por Osho con el fin de que las personas puedan tener una experiencia directa y personal con una nueva forma de vivir, con una actitud más atenta, relajada y divertida. Situado a unos ciento sesenta kilómetros al sudeste de Bombay, en Puna, India, el centro ofrece diversos programas a los miles de personas que acuden a él todos los años procedentes de más de cien países.

Desarrollada en principio como lugar de retiro para los marajás y la adinerada colonia británica, Puna es en la actualidad una ciudad moderna y próspera que alberga numerosas universidades e industrias de alta tecnología. El Meditation Resort se extiende sobre una superficie de más de dieciséis hectáreas, en una zona poblada de árboles conocida como Koregaon Park. Ofrece alojamiento de lujo para un número limitado de huéspedes, y en las cercanías existen numerosos hoteles y apartamentos privados para estancias desde varios días hasta varios meses.

Todos los programas del centro se basan en la visión de Osho de un ser humano cualitativamente nuevo, capaz de participar con creatividad en la vida cotidiana y de relajarse con el silencio y la meditación. La mayoría de los programas se desarrollan en instalaciones modernas, con aire acondicionado, y entre ellos se cuentan sesiones individuales, cursos y talleres, que abarcan desde las artes creativas hasta los tratamientos holísticos, pasando por la transformación y terapia personales, las ciencias esotéricas, el enfoque zen de los deportes y otras actividades recreativas, problemas de relación y transiciones vitales importantes para hombres y mujeres.

Durante todo el año se ofrecen sesiones individuales y talleres de grupo, junto con un programa diario de meditaciones.

Los cafés y restaurantes al aire libre del Meditation Resort sirven cocina tradicional india y platos internacionales, todos ellos confeccionados con vegetales orgánicos cultivados en la granja de la comuna. El complejo tiene su propio suministro de agua filtrada.

PARA MÁS INFORMACIÓN

Para obtener más información sobre cómo visitar este centro de la India, o conocer más sobre Osho y su obra, se puede consultar *www.osho.com*, amplio sitio web en varias lenguas que incluye un recorrido por el Meditation Resort y un calendario de los cursos que ofrece, un catálogo de libros y cintas, una lista de los centros de información sobre Osho de todo el mundo y una selección de sus charlas. También puede dirigirse a Osho International, Nueva York, *oshointernational@oshointernational.com*